DESIGN by

Sasha Kagan

PULLOVER
JACKEN
WESTEN

MOSAIK VERLAG

INHALT

Titel der Originalausgabe:
The Sasha Kagan Sweater Book
A Dorling Kindersley Book
Übersetzung aus dem Englischen:
Ursula Bischoff
Einbandgestaltung: Angelika Spichtinger
Redaktion: Claudia Bräunig

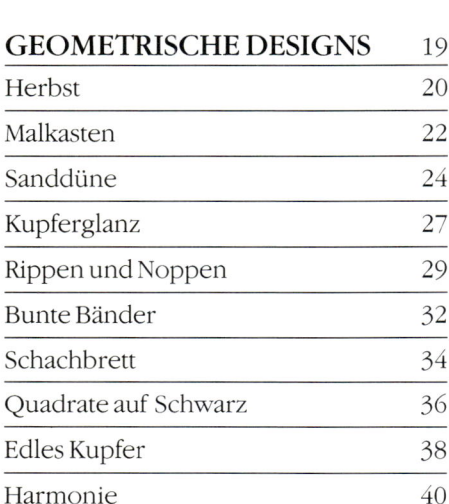

GEOMETRISCHE DESIGNS	19
Herbst	20
Malkasten	22
Sanddüne	24
Kupferglanz	27
Rippen und Noppen	29
Bunte Bänder	32
Schachbrett	34
Quadrate auf Schwarz	36
Edles Kupfer	38
Harmonie	40

BLUMEN	43
Herbstblumen	44
Iris	46
Ringelblume	48
Frühlingsblumen	50
Rosen	52
Gänseblümchen	54
Sommerblumen	5?
Stiefmütterchen	58

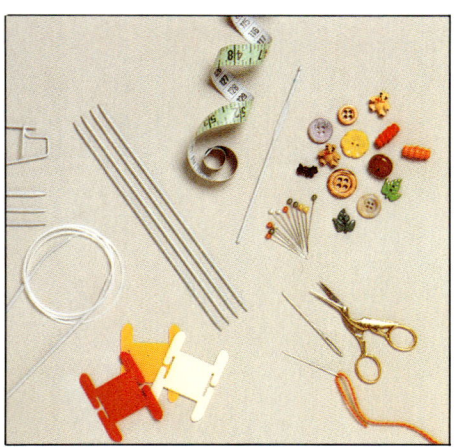

FOLKLORE 60

Kaktus 62

Holländer 64

Navajo 66

Pierrot 68

Zickzack 71

Chitimacha 74

Porzellan 76

Islam 78

Blätter 80

Mosaik 82

PLASTISCHE MUSTER 85

Terrierparade 86

Rennläufer 88

Teddybär 90

Seemöwe 92

Kätzchen 94

Figürchen 96

Schmetterling 98

Dackel 100

Schwarzer Kater 102

Maikäfer 104

Regenweiblein 106

Katzenkinder 108

Foxterrier 111

MASSE UND GARNE 115

STRICKSCHULE 124

Grundtechniken 126

Spezialtechniken 134

EINLEITUNG

Dieses Buch ist für all jene gedacht, die sich einmal an ein ganz besonderes Strickstück heranwagen möchten, sei es, um ihre Garderobe mit einem exklusiven Designermodell zu bereichern oder weil sie schon genug »normale« Strickpullover im Schrank haben oder ganz einfach aus Freude am künstlerischen gestalterischen Hobby. Die hier vorgestellten Modelle — Pullover, Pullunder, Westen und Jacken — sind nicht nur besonders schön und modisch, sie haben auch ein ausgefallenes Design und jedes stellt ein kleines Kunstwerk dar. Handgestricktes ist nach wie vor »en vogue« und für ein wirklich schönes Strickstück muß man oft ein kleines Vermögen hinlegen. Dazu kommt, daß auch die Strickmode — wie alle Bereiche der Mode — einem ständigen Wechsel von Stilrichtungen, Materialien und Farben unterworfen ist. Das, wofür man heute viel Geld bezahlt hat, ist morgen schon wieder unmodern geworden.

Diesem kurzlebigen Trend versuche ich mit meinen Designs entgegenzuwirken. Meine Modelle sind zeitlos aktuell und mit viel Liebe und Sorgfalt gearbeitet. Für mich als strickbegeisterte Modedesignerin ist es wichtig, daß ein Modell lange Zeit getragen und mit der jeweiligen Trendmode kombiniert werden kann. Bei meinen Entwürfen lege ich großen Wert auf eine individuelle Farbgebung und gute Qualität, wobei ich traditionelle Garne, wie Shetland oder Baumwolle, bevorzuge.

In diesem Buch habe ich einige der schönsten und erfolgreichsten Modelle aus meinen Sommer- und Winterkollektionen der letzten Jahre zusammengestellt. Sie finden Pullover, Jacken, Westen mit den dazu passenden Accessoires für jeden Geschmack — Modelle für alle Gelegenheiten mit verschieden dominierenden Motiven —, strenge geometrische Designs, zarte Blumenmuster, Strickmodelle im Folklorestil und originelle plastische Muster. Jedes Strickmodell wird mit einem Foto vorgestellt und durch eine ausführliche Arbeitsanleitung samt der dazugehörigen Strickschrift ergänzt. Viele der Modelle können in verschiedenen Größen nachgestrickt werden, so daß für Ihre ganze Familie etwas dabei ist. Für alle, die gerade erst zu stricken begonnen haben oder deren Strickkünste etwas »eingerostet« sind, ist die detaillierte Strickschule am Ende des Buches eine unentbehrliche Hilfe.

Mir hat es sehr großen Spaß gemacht, diese Modelle zu entwerfen und ich wünsche Ihnen ebensoviel Freude beim Stricken und Tragen Ihres »Designerpullovers«.

Sascha Kapan

Über meine Arbeit

Ich habe zunächst am Exeter College of Art Malerei, danach am Royal College of Art Textildruck studiert und arbeite nun schon seit einigen Jahren als Strickmusterdesignerin. Seit 1972 lebe ich in Wales, wo ich mich 1977 mit nur vier Heimarbeiterinnen selbständig machte, eigene Modelle fertigte und verkaufte. Heute beschäftige ich 100 Strickerinnen im ganzen Land und verkaufe meine Modelle mit viel Erfolg an Modehäuser und Boutiquen in London, Mailand, Berlin, New York und San Francisco.

Die Strickbegeisterung liegt in unserer Familie. Meine Mutter, eine leidenschaftliche Strickerin und versierte Schneiderin, sammelte schöne Garne und alte Strickmuster; sie vermittelte mir auch schon früh, daß zum Stricken sehr viel Ideenreichtum und handwerkliches Geschick gehört. Ich bin glücklich, daß in unserem zunehmend technologisch orientierten Zeitalter das Handwerk des Strickens als kreatives Hobby heute wieder so beliebt geworden ist.

Bei der Arbeit an meinen Entwürfen lasse ich mich von den verschiedensten Dingen inspirieren. Vieles entstammt meiner Phantasie, und ich brauche nur ein Blatt Papier, um meine Vorstellungen in Strickschriften umzusetzen. Ich habe in meinem Studio Hunderte von Garnproben gesammelt, aus denen ich die einzelnen Farbkompositionen auswähle. Sobald ich eine Idee für die farbliche Gestaltung habe, wird das Design als Arbeitsgrundlage für meine Strickerinnen auf Millimeterpapier übertragen.

Bevor ich mich jedoch endgültig für ein Farbschema entscheide, werden mehrere Musterstücke gearbeitet, um zu sehen, wie die Farbzusammenstellung wirkt. Sind Farben und Muster schließlich festgelegt, wird die Strickvorlage zusammen mit einer detaillierten Arbeitsanleitung und den entsprechenden Garnproben an meine Strickerinnen verschickt.

Ganz oben und darunter: Mein Studio mit Pinnwand, auf der ich meine Ideen sammele.
Links: Eine Auswahl älterer Strickmusterhefte, die mich zu vielen meiner Modelle inspiriert haben.
Rechts: Strickmuster im Entstehen.

8

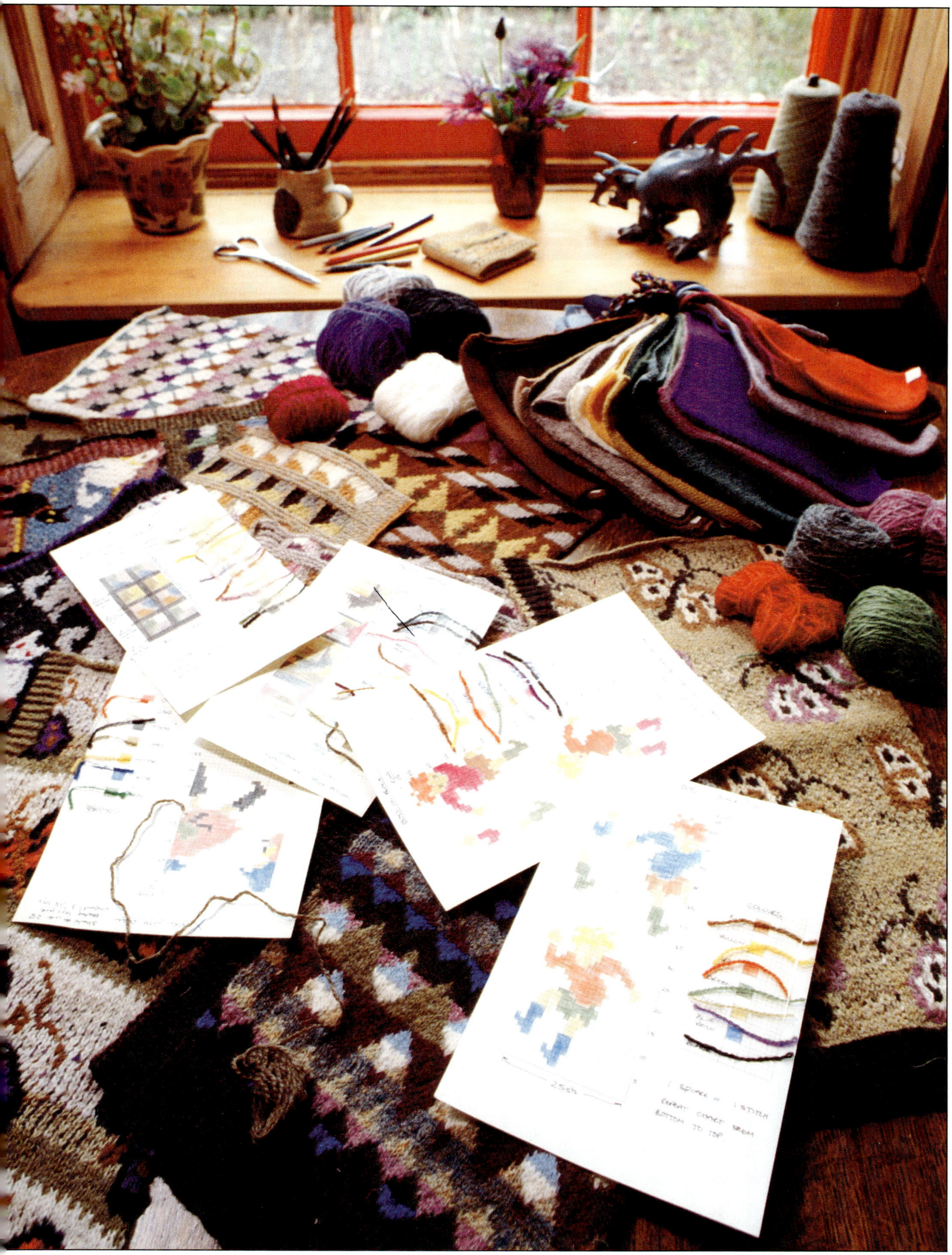
COLOURS
25sts
1 SQUARE = 1 STITCH
REPEAT CHART FROM
BOTTOM TO TOP

Genau diese Strickvorlagen und Arbeitsanleitungen habe ich für Sie in diesem Buch zusammengestellt.

Über meine Designs

Während die meisten meiner geometrischen und streng linearen Muster Produkte meiner Phantasie darstellen, finde ich die Anregungen für meine figurativen plastischen Designs in der ländlichen Idylle meiner walisischen Heimat oder auf Reisen. Auch alte Stoffmuster und Stilrichtungen vergangener Epochen haben mich zu einer Fülle von Ideen angeregt und die Nostalgiewelle ist ebenfalls nicht unbemerkt an mir vorübergegangen. Viele meiner nostalgischen Designs basieren auf der Mode der 30er und 40er Jahre.

Eine weitere Grundlage meiner nostalgischen Designs bilden verschiedene Sticktechniken, wie z. B. Spitzenstickereien, Petit-Point-Stickerei und Bortenstickereien, die ich versuche in Strickmuster umzusetzen. Dabei werden die Stickstiche zu Strickmaschen umgeformt und zu einem kompletten Muster zusammengesetzt, das den Proportionen eines bestimmten Strickmodells angepaßt wird.

Meine Modelle sind nicht in erster Linie am Verkauf orientiert oder für eine spezifische Käuferschicht entworfen, die Ideen für die Mustergestaltung sind vielmehr auf eine bestimmte Atmosphäre, auf eine Jahreszeit zurückzuführen, oder auf eine Reise, wie z. B. das Modell »Kaktus« (S. 62), das im Sommerurlaub im Südwesten der USA entstand. Normalerweise steht immer nur ein bestimmtes Thema im Mittelpunkt meiner Kollektion. Dies ist entweder ein geometrisches Motiv, im nächsten Jahr vielleicht Schmetterlinge und Vögel und im Jahr darauf Blumen und plastische Muster. Außerdem ist jede Kollektion durch eine eigene Farbnuancierung gekennzeichnet.

Farben

Ich höre oft von meinen Kunden, daß der große Erfolg meiner Designs hauptsächlich auf der geschickten Farbzusammenstellung basiere. Die Wahl der Farben entspricht meinem ganz persönlichen Geschmack und einem »Versuch und Irrtumverfahren«. Erst mit Hilfe der Musterstücke gelingt es mir festzustellen, wie eine bestimmte Farbkombination wirkt. Abwechslungsreichtum ist für einen Designer besonders wichtig und deshalb wähle ich für jede Kollektion neue charakteristische Grundfarben aus. So hatte ich mich 1983 zum Beispiel für dunkle Farben, Grautöne und Schwarz entschieden. In dieser Zeit entstand das Terriermotiv (S. 86 und S. 111). 1984 habe ich mit leuchtenderen Farben experimentiert und in einem anderen Jahr dominierten Pastellfarben wie bei den Blumendesigns. Da ich mich immer auf jeweils einige wenige Grundfarben beschränke, wirken meine Modelle schon allein durch die Farbgebung einheitlich und harmonisch. Durch eine Veränderung der Vordergrund- oder Hintergrundschattierung erreiche ich Vielfalt und Abwechslung innerhalb der Kollektion und vermeide gleichzeitig ein Durcheinander von Farben. Besonders gerne verwende ich

links: Bei der Arbeit.
rechts: Dasselbe Muster in verschiedenen Farben.

zwei kontrastierende Farben in einem Design, z.B. folgt ein kräftiges Rost auf ein zartes Pink, oder ein weißes Mohairgarn wird von einem kräftigen braunen Shetlandgarn abgelöst. Durch eine kontrastierende Farbfolge vermeide ich Monotonie und meine Modelle sind dadurch besonders vielseitig tragbar.

Schnitte

Bei allen Modellen bevorzuge ich klassische, zeitlose Formen. In meinen Kollektionen habe ich mich auf einige Grundformen beschränkt, die zu jedem Typ passen. Im Rahmen dieser Grundschnitte kann ich die Muster immer wieder variieren. Bei besonders komplexen Designs ist die Form bewußt noch einfacher gehalten, damit das Muster besser zur Geltung kommt.

Zu jeder Kollektion gehören eine Weste, ein langärmliger Pullover und eine Strickjacke. Westen sind sehr praktisch und vielseitig, man trägt sie im Sommer wie im Winter und kann sie mit der übrigen Garderobe gut kombinieren. Außerdem hat man eine Weste schnell gestrickt, so daß man sie auch einmal verschenken kann. Um Zeit zu sparen, ist das Rückenteil daher oft einfarbig im Rippenmuster gestrickt.

Langärmlige Pullover sind für kalte Tage gedacht und oft in kräftigen warmen Farbschattierungen gearbeitet. Das Muster findet sich meist in Rücken-, Vorderteil und Ärmeln wieder. Ist es jedoch besonders dominierend, wie z.B. beim Modell »Holländer« (S. 64), bleiben die Ärmel einfarbig, damit das Modell nicht zu unruhig wirkt.

Strickjacken ergänzen und bereichern jede Grundgarderobe. Ein schlichtes Kleid oder ein Rock mit einer meiner Strickjacken kombiniert, bekommt eine ganz neue aparte Wirkung. Obwohl ich die klassischen Grundformen meiner Modelle in jeder Kollektion beibehalte und nur selten einen neuen Schnitt in mein Repertoire aufnehme, verändere ich jedes Jahr einige Details, um dem jeweiligen Modetrend gerecht zu

Grundformen:
Links: Pullover mit rundem Ausschnitt.
Von oben nach unten: Kurze Jacke, Jacke mit Schößchen und Rückenteil einer Weste im ge streiften Rippenmuster.

werden. Westen mit Schalkragen, Jacken mit Schößchen und dazu passende Mützen und Kappen geben klassischen traditionellen Formen modischen Pfiff und rücken bestimmte Designs in den Vordergrund.

Viele meiner Designs sind für Frauen und Männer entworfen. In diesem Buch sind einige Modelle besonders für »Ihn« geeignet und in entsprechenden Größen angegeben. Die plastischen Muster dagegen sind besonders bei jungen Leuten beliebt, sie eignen sich aber auch gut für Kinderpullover.

Garne

Ich bevorzuge Shetlandgarn, weil es in besonders vielen Farbnuancen erhältlich und sehr leicht zu verstricken ist. Da es sehr fein ist und sich auf der Rückseite der Arbeit problemlos mitführen läßt, eignet es sich hervorragend für komplizierte Muster. Gelegentlich verwende ich auch Mohair-, Seiden- oder Lurexgarne, um die Musterwirkung meiner Modelle zu unterstreichen, arbeite jedoch selten im Strukturmuster, da ich mich in erster Linie auf farbige Muster konzentriere. Meine Frühjahrs- und Sommerkollektion wird größtenteils mit Baumwollgarnen gefertigt. Hier erscheinen helle Farben und einfachere Designs, denn die glatten Flächen, die durch die Verwendung dieses Materials entstehen, würden einem zu komplizierten Design die Wirkung nehmen. Aus diesem Grund habe ich bei den Modellen aus Baumwolle oft auf großzügige, figurative Motive zurückgegriffen. Das verwendete Garn sollte fein sein — ich nehme entweder eine 2fädige Shetlandwolle, wobei das Muster in manchen Modellen durch Mohairreihen unterbrochen oder durch Lurex-Flecken betont

Links: Pullover mit rundem Ausschnitt und einfarbigen Ärmeln.
Links unten: Weste.
Rechts unten: Pullover mit U-Boot-Ausschnitt.

wird, oder ein 4fädiges Baumwollgarn. Wenn Sie sich für die Original-Sasha-Kagan-Garne interessieren, finden Sie den Bezugsquellennachweis am Ende dieses Buches.

Entwürfe

Es gibt unendlich viel Möglichkeiten, nach eigenem Entwurf zu stricken. Am einfachsten ist es, wenn Sie meine Muster in den Farben Ihrer Wahl nacharbeiten. Sie können z.B. den Hintergrund nach Belieben heller oder dunkler gestalten, so daß das Muster mehr oder weniger stark zur Geltung kommt, oder sich für eine ganz andere Grundfarbe entscheiden. So können Sie z.B. für das Modell »Seemöwe« (S. 92) ein kräftiges Marineblau wählen, um den Hintergrund stärker zu betonen (siehe rechts). Bei der Wahl der Hintergrundschattierung sollten Sie jedoch immer darauf achten, daß die Garne, die auf der Rückseite der Arbeit mitgeführt und eingewebt werden, nicht durch die Grundfarbe hindurchschimmern.

Wenn Sie eine etwas kompliziertere Arbeit nicht scheuen, können Sie ein bestimmtes Muster auch nach einem Farbschema, das zu einem anderen Modell gehört, stricken. So lassen sich z.B. die Farben des Modells »Foxterrier« (S. 111) auf das Modell »Schwarzer Kater« (S. 102) übertragen, das in dieser veränderten Farbgestaltung wieder ganz anders wirkt. Wenn Sie die Farben verändern, achten Sie jedoch darauf, daß die Anzahl der Farben übereinstimmt, oder überlegen Sie vorher, auf welche sie verzichten können.

Vielleicht gefallen Ihnen zwar meine Designs, doch die von mir gewählten Farben passen nicht zu ihrer Garderobe – dann sollten Sie sich für völlig andere Farbtöne entscheiden. Prüfen Sie in diesem Fall zunächst einmal, wie die gewünschten Farben nebeneinander wirken: Hebt eine Farbe die benachbarte besonders hervor? Bildet sie einen starken Kontrast zu den übrigen Farben? Handelt es sich um eine neutrale Schattierung? Ist sie dunkler oder heller als die nächstliegenden Farben? Sie sollten bei der Auswahl Ihrer Farben darauf achten, daß Sie mit Ihrer eigenen Farbkomposition denselben Mustereffekt wie den der Vorlage erzielen. Das Motiv des Modells »Dackel« (S. 100) ließe sich z.B. sehr gut in Primärfarben vor einem dunklen Hintergrund, ungeachtet der natürlichen Farbe eines Dackels, arbeiten. Ebenso läßt sich die Farbe der Terrier in den Modellen »Terrierparade« (S. 86) und »Foxterrier« (S. 111) verändern und eine völlig andere Wirkung erzielen.

Umgekehrt lassen z.B. weniger lebhafte Farben auf grauem Hintergrund das Modell »Quadrate auf Schwarz« (S. 36) wesentlich sanfter und wärmer erscheinen.

Neben diesen Anregungen, die Ihnen zeigen, wie Sie meine Formen und Farben nach Ihrem eigenen Geschmack abwandeln können, ist es auch möglich, z.B. einmal nur einen Rapport in ein sonst einfarbiges Strickstück einzuarbeiten. So wirkt zum Beispiel ein unifarbener Kinderpullover mit einem Rapport aus dem Modell »Regenweiblein« (S. 106) oder »Teddybär« (S. 90) sehr lustig.

Wenn Sie Lust haben, versuchen Sie doch einmal, selbst ein Modell zu entwerfen und ein Motiv, das Ihnen besonders gut gefällt, in ein Strickmuster umzusetzen. Dabei sollten Sie beachten, daß Sie die einzelnen Motive gestaffelt, wie die Steine beim Bau einer Mauer, anordnen und sie nicht linear übereinandersetzen, so daß nur die Muster jedes zweiten Rapports an gleicher Stelle stehen. Bei eindeutig horizontalen

Oben rechts: Glatt links gestrickte Reihen aus weißem Mohair trennen die einzelnen Musterfolgen. *Links:* Beispiele für verschiedene Hintergrund- und Musterfarben.

Designs ist es wirkungsvoller, die Musterfolge abwechselnd nach rechts und links auszurichten, um »Bewegung« in das Gesamtbild zu bringen (siehe das Hundemotiv rechts).
Wenn Ihre Grundfarbe besonders stark im Vordergrund steht, können Sie das Design durch waagerechte, mehr oder weniger breite Strukturmuster-Streifen, z. B. glatt rechts gestrickte Reihen oder durch ein anderes Garn zwischen den Musterfolgen, unterbrechen. Ich habe auch immer wieder festgestellt, daß die Farbe der Einfassungen sehr wichtig ist und oft eine ganz andere Wirkung hat als die, welche man ursprünglich erzielen wollte. Sie muß nicht immer nur eine Nebenfunktion haben oder zur Hervorhebung der Grundfarbe dienen, manchmal kann auch ein kontrastierender Effekt der Einfassungen sehr schön sein. In jedem Fall sollten Sie vorher mit verschiedenen Garnen experimentieren, bevor Sie sich endgültig festlegen. Dadurch verhindern Sie, daß eine interessante und subtile Farbkombination möglicherweise zerstört wird.
Wenn Sie sich erst einmal mit Mustern und Designs befaßt haben, ob sie nun von mir oder aus eigenem Entwurf stammen, werden Sie feststellen, daß sich ein Muster aus dem anderen entwickelt. Farben, die z. B. in einem kräftigen, figurativen Design verwendet werden, wirken viel harmonischer in einem feineren, geometrischen Design und umgekehrt. Es ist

immer ratsam, kleine Probestücke Ihres Musters, einschließlich der Reihen, die der Unterbrechung dienen, anzufertigen, damit Sie die Wirkung Ihrer Arbeit überprüfen können.

Bevor Sie beginnen

Zu jedem Modell, das Sie in diesem Buch finden, gehört eine genaue Beschreibung des Strickmusters und die dazugehörige Strickschrift. Allen, die zum erstenmal Muster stricken, empfehle ich, vorher die Strickschule am Ende des Buches genau durchzulesen. Dort finden Sie detaillierte Anleitungen, wie die Strickschrift gelesen wird, eine Liste der gebräuchlichen Abkürzungen (S. 142) und eine Schritt für Schritt aufgebaute Beschreibung der einzelnen Stricktechniken. Die meisten Modelle sind, soweit es möglich war, in mehreren Größen zu Beginn jeder Strickanleitung angegeben. Eine Aufschlüsselung der Größenangaben befindet sich auf S. 116−123, zusammen mit einem Schnittschema, damit Sie sich eine bessere Vorstellung von dem Modell machen können. Diese und die im jeweiligen Modell angegebenen Maße beziehen sich auf die ebenfalls genau beschriebene Maschenprobe. Wie die einzelnen Garne verarbeitet werden und wie man die Maschenprobe dem Muster entsprechend strickt, ist auf S. 134−137 nachzulesen. Diese Seiten sind auch für Anfänger im Musterstricken empfehlenswert. Sollte Ihre Maschenprobe nicht mit der Vorlage übereinstimmen, entwickelt sich das Muster nicht der Fotografie entsprechend. Sind bei einem Modell mehrere Größen aufgeführt, finden Sie Maßangaben, benötigte Garnmengen und Maschenzahl jeweils in Klammern hinter der Originalgröße.

Viele Modelle sind speziell auf Frauen zugeschnitten. Bei diesen Strickanleitungen befindet sich die Knopflochblende für Jacken und Westen auf der rechten Seite des Vorderteils. Wollen Sie das Modell für einen Mann nacharbeiten, läßt sich die Blende problemlos auf der linken Vorderteilseite anbringen.

Anleitungen für die Fertigstellung finden Sie am Ende der einzelnen Modellbeschreibungen und in der Strickschule auf S. 140−141.

Neben den Schnittschemata auf S. 116−123 sind Garnproben abgebildet, um Ihnen eine bessere Vorstellung von den verwendeten Materialien zu ermöglichen. Die Mengenangaben der für die einzelnen Modelle benötigten Garne beziehen sich normalerweise auf die handelsübliche Mindestmenge. Manchmal werden jedoch nur minimale Mengen gebraucht, um z. B. Augen oder Farbflecken einzuarbeiten. Dafür können Sie, falls vorhanden, Wollreste verwenden. Deshalb sollten Sie sich, bevor Sie mit der Arbeit beginnen, das Muster genau ansehen. Bedenken Sie dabei auch, daß die Garnmenge von der Art und Weise, wie Sie die Muster stricken und die Farben zusammenstellen, abhängt.

Ein kleiner Tip noch zum Schluß: Sparen Sie keinesfalls am Material, denn es wäre schade und ärgerlich, wenn Ihr mit viel Mühe gestrickter Pullover bereits nach kurzer Zeit aufgrund billiger Wolle untragbar geworden wäre.

Oben: Beim Entwurf eines Strickmusters.
Unten: Bei der Auswahl von Garnen.

Die angegebenen Größen entsprechen folgenden Brustweiten (bei einer Körpergröße von 1,68 m):			
Größe	34	Brustweite	81 cm
	36		85 cm
	38		89 cm
	40		93 cm
	42		97 cm
	44		101 cm
	46		105 cm
	48		111 cm
	50		117 cm

(s. auch S. 129 Maßnehmen)

Oben: Im Kreis meiner Familie.
Unten: Erstellung von Musterproben.

GEOMETRISCHE DESIGNS

HERBST

*Eine dreiviertellange warme Jacke für kalte Tage in herbstlichen Farben,
mit gestreiften Blenden im Rippenmuster und Seitentaschen.*

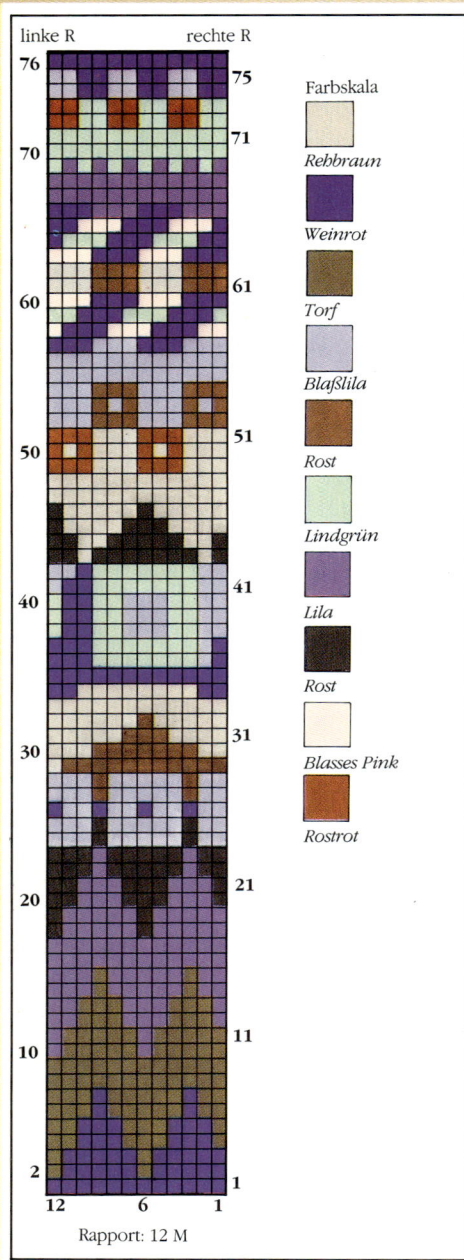

linke R   rechte R

Rapport: 12 M

Farbskala

Rehbraun

Weinrot

Torf

Blaßlila

Rost

Lindgrün

Lila

Rost

Blasses Pink

Rostrot

Material

Garn
Nehmen Sie für dieses Modell ein 2fädiges
Shetlandgarn.

Garn A	175 g (Rehbraun)
Garn B	75 g (Weinrot)
Garn C	75 g (Torf)
Garn D	75 g (Blaßlila)
Garn E	75 g (Rost)
Garn F	75 g (Lindgrün)
Garn G	50 g (Lila)
Garn H	50 g (Rost)
Garn J	25 g (Blasses Pink)
Garn K	25 g (Rostrot)

Stricknadeln
Je ein Paar Stricknadeln Nr. 3½, Nr. 3 und Nr.
2½; 8 Knöpfe

Größen 40 und 42

Bei unterschiedlichen Angaben: Größe 42 in
Klammern (siehe auch Schnittschema S. 116)

Maschenprobe
32 M und 32 R = 10 × 10 cm im Strickmuster
mit Stricknadeln Nr. 3½

Rückenteil

Mit Nadeln Nr. 2½ und Garn A 142 (154) M
anschl. ** 18 cm im Rippenmuster (1 M rechts, 1
M links) in folgenden Farben stricken:
1. R: Garn C
2. R: Garn E
3. R: Garn A
18 cm lang R 1–3 wiederholen und mit Garn A
enden **. In der folgenden Rückreihe wie folgt
zun.: (Garn C) 1 (7) M im Rippenmuster, * 6 M
im Rippenmuster, zweimal im Rippenmuster in
die nächste M einstechen; von * an 19mal wiederholen, danach 1 (7) M im Rippenmuster =
162 (174) M.
Mit Nadeln Nr. 3½ glatt rechts nach der Strickschrift arbeiten, wobei die ungeraden (rechtsgestrickten) R von rechts nach links und die
geraden (linksgestrickten) R von links nach
rechts gelesen werden. Das Muster in den
rechtsgestrickten R wie folgt arbeiten: *Für Größe 40* M 1–12 13mal wiederholen und die R mit
M 1–6 beenden; *für Größe 42* M 1–12 14mal
wiederholen und die R mit M 1–6 beenden. Die
linksgestrickten R gegengleich arbeiten. Im
Strickmuster bis zur 64. R des 2. Rapports in der
Höhe und einer Gesamthöhe von ca. 62 cm
fortfahren.
Armausschnitte: Beidseitig in den nächsten
beiden R 10(12) M abk. = 142 (150) M. Geradeaus bis zum Ende der 62. (66.) R des 3. Rapports
und einer Gesamthöhe von ca. 84 (85) cm
stricken.
Schulterschrägung: Zu Beginn der nächsten
8 R je 11 (12) M abk. Die restl. 54 (54) M auf
einmal abk.

Vorderteile

Linkes Vorderteil
*** Mit Nadeln Nr. 2½ und Garn A 64 (68) M
anschl. Das Bündchen wie beim Rückenteil von
** bis ** arbeiten. In der folgenden Rückreihe
wie folgt zun.: (Garn C) 0 (4) M im Rippenmuster, * 7 (5) M im Rippenmuster, zweimal in die
nächste M einstechen; von * an 7 (9)mal wiederholen, 0 (4) M im Rippenmuster = 72 (78) M.
Mit Nadeln Nr. 3½ glatt rechts im Einstrickmuster weiterarbeiten. Das Muster in den rechtsgestrickten Reihen wie folgt aufteilen: *Für Grö-*

ße 40 M 1–12 6mal wiederholen; *für Größe 42*
M 1–12 6mal wiederholen und die R mit M 1–6
beenden. Die linksgestrickten R gegengleich
arbeiten. Im Strickmuster bis zur 22. (24.) R
fortfahren. ***
Tasche: Tasche über die nächsten 32 R wie
folgt arbeiten: In der folgenden R die ersten 32
(38) M stricken, wenden, die restlichen 40 M auf
einer Hilfsnadel stillegen. Die nächsten 31 R
des Strickmusters über die 32 (38) M arbeiten –
bis zur vollendeten 54. (56.) R der Strickschrift.
In der rechtsgestrickten R über die 40 stillgeleg-
ten M 32 R im Strickmuster bis R 54 (56) der
Strickschrift arbeiten. Nun alle M auf eine Nadel
nehmen und geradeaus im Strickmuster bis
zum Ende der 64. R des 2. Rapports und einer
Gesamthöhe von ca. 62 cm weiterarbeiten.
Armausschnitt: 10 (12) M zu Beginn der
nächsten R abk. = 62 (66) M. Geradeaus bis
zum Ende der 39. (43.) R des 3. Rapports weiter
arbeiten.
Halsausschnitt: Zu Beginn der nächsten
Rückreihe 5 M abk. In den folgenden 13 R an
der Halsausschnittkante 1 M abk. = 44 (48) M
Arbeiten Sie weiterhin geradeaus bis zur 62.
(66.) R des 3. Rapports und einer Gesamthöhe
von ca. 84 (85) cm.
Schulterschrägung: Ketten Sie zu Beginn der
nächsten und in jeder folgenden 2. R dreimal je
11 (12) M ab.

Rechtes Vorderteil
Wie das linke Vorderteil arbeiten. Tasche, Arm
und Halsausschnitt und Schulterschrägung gegengleich arbeiten.

Ärmel

Mit Nadeln Nr. 2½ und Garn A 68 (70) M anschl.
Wie beim Rückenteil 20 cm im Rippenmuster
stricken. In der letzten R wie folgt zun.: 2 (5) M
im Rippenmuster, * 3 (2) M im Rippenmuster, zweimal in die nächste M einstechen;
von * an 15 (19) mal wiederholen, danach 2
(5) M im Rippenmuster = 84 (90) M.
Mit Nadeln Nr. 3½ glatt rechts im Einstrickmuster nach der Strickschrift arbeiten. Das
Muster in den rechtsgestrickten R wie folgt
aufteilen: *Für Größe 40* M 1–12 7mal wiederholen; *für Größe 42* M 1–12 7mal wiederholen, die R mit M 1–6 beenden. Die
linksgestrickten R gegengleich arbeiten.
Nach der Strickschrift weiterarbeiten und
beidseitig 1 M in der 3. und jeder folgenden
4. R zun., bis sich 144 (150) M auf der Nadel
befinden. Bis zum Ende der 48. R des 2. Rapports geradeaus weiterarbeiten. Wenn Sie
eine Gesamthöhe von ca. 58 cm erreicht
haben, alle M zugleich abk.

Vordere Blenden

Messen Sie 9 cm vom unteren Saum aufwärts a
der Vorderteil-Öffnungskante ab und markieren Sie den Punkt.

Rechtes Vorderteil

Mit Nadeln Nr. 2½ und Garn A auf der rechten Seite der Arbeit 216 (220) M aufnehmen und von der Markierung bis zum Beginn der Halsausschnittkante stricken. 5 R im Rippenmuster in derselben Farb- und Streifensequenz wie das Rückenteilbündchen arbeiten.

Knopflöcher: In der 6. R 8 Knopflöcher wie folgt einarbeiten: 6 (7) M im Rippenmuster stricken, * 4 M abk., 25 M im Rippenmuster; von * an 6mal wiederholen, 4 M abk., 3 (6) M im Rippenmuster. Die nächste R im Rippenmuster stricken, dabei die 4 abgeketteten M der Vorreihe wieder anschl. 8 weitere R stricken, danach eine zweite R Knopflöcher auf gleicher Höhe einarbeiten. 5 weitere R im Rippenmuster stricken, danach alle M auf einmal abk.

Linkes Vorderteil

Mit Nadeln Nr. 2½ und Garn A auf der rechten Seite der Arbeit, an der Halsausschnittkante beginnend, 216 (220) M bis zur Markierung aufnehmen. 22 R im Rippenmuster, der rechten Vorderteilblende entsprechend, jedoch ohne Knopflöcher, arbeiten. Danach alle M. abk.

Kragen

Mit Nadeln Nr. 2½ und Garn A 116 (118) M aufnehmen. Eine R im Rippenmuster und Garn A stricken. Nach der Farbfolge den Kragen im gestreiften Rippenmuster weiterarbeiten, dabei beidseitig in der nächsten und jeder folgenden 2. R 5mal je 1 M zun. Danach beidseitig je 1 M in den nächsten 6 R zun. = 140 (142) M. Im Rippenmuster 4 R geradeaus stricken, dann beidseitig in den nächsten 6 R je 1 M abn.; in der nächsten, danach 5mal in jeder 2. R beidseitig je 1 M abn. = 116 (118) M. Eine R ohne Abnahme arbeiten, danach alle M auf einmal abk.

Tasche

Taschenblende
Linkes Vorderteil: Mit Nadeln Nr. 2½ und Garn A auf der rechten Seite 34 M an der Taschenschlitzkante, die der Vorderteilkante am nächsten liegt, aufn. 12 R im Rippenmuster nach der Streifenfolge arbeiten. Danach alle M auf einmal abk.

Rechtes Vorderteil: Gegengleich arbeiten.

Taschenfutter
Mit Nadeln Nr. 3 und Garn A auf der rechten Seite 34 M anschl. und an der zweiten Taschenschlitzkante hinter der Rippenblende 13 cm glatt rechts stricken; danach alle M abk. Zweites Taschenfutter gegengleich arbeiten.

Fertigstellung

Alle Teile, mit Ausnahme der im Rippenmuster gestrickten, auf der linken Seite leicht dämpfen. Schulter- und Seitennähte schließen, dabei oben 3 (4) cm offenlassen. Ärmel und Kragen wie bei Modell »Blätter« (S. 81) annähen. Ärmelbündchen zur Hälfte nach innen einschlagen und auf der Innenseite der Ärmel locker anheften. Vordere Blenden zur Hälfte einschlagen, so daß die doppelten Knopflöcher in der rechten Vorderteilblende übereinander liegen. Blenden auf der Innenseite locker anheften und Knopflöcher mit einem Knopflochstich säumen. Bündchen zur Hälfte nach innen einschlagen und feststecken. Am Vorderteil locker anheften, dabei die doppelten Kanten an der Vorderteil-Öffnungskante mitfassen. Die freien Kanten des Taschenfutters an der Innenseite anheften. Taschenkanten in Form bringen. 8 Knöpfe, den Knopflöchern entsprechend, auf der linken Blende anbringen. Nähte auf der Innenseite leicht dämpfen.

MALKASTEN

*Zarte Malkastenfarben, weiß umrandet, lassen dieses sommerliche Modell
besonders feminin wirken. Das Muster wird durch kraus rechts gestrickte Reihen unterbrochen.
Der Rücken wird einfarbig weiß im Rippenmuster gearbeitet.*

Material

Garn

Nehmen Sie für dieses Modell ein Baumwollgarn. Für die unterschiedlichen Größen werden verschiedene Garnmengen benötigt.

Garn A	300 g	(Weiß)
	(300/350 g)	
Garn B	50 g	(Gelb)
Garn C	50 g	(Braun)
Garn D	50 g	(Blaßgrün)
Garn E	50 g	(Pink)
Garn F	50 g	(Rost)
Garn G	50 g	(Mittelblau)
Garn H	50 g	(Flaschengrün)
Garn K	50 g	(Flieder)

Stricknadeln

Je ein Paar Stricknadeln Nr. 3½, Nr. 3 und Nr. 2½

Größen 34, 38/40 und 44

Bei unterschiedlichen Angaben: Größen 38/40
und 44 in Klammern (siehe auch Schnittschema
S. 116)

Maschenprobe

34 M und 38 R = 10 × 10 cm im Strickmuster
mit Nadeln Nr. 3½

Vorderteil

Mit Nadeln Nr. 2½ und Garn A 132 (142/154) M
anschl. 5 (5/6) cm im Rippenmuster (1 M r, 1 M
l) stricken und mit einer Rückreihe enden. 1 R

M arbeiten, dabei wie folgt zun.: 1 (7/7) M l, * 6 (4/3) M l, zweimal l in die nächste M einstechen; von * an 9 (15/19)mal wiederholen, 1 (7/7) M l = 142 (158/174) M.
Mit Nadeln Nr. 3½ glatt rechts nach der Strickschrift arbeiten, wobei die ungeraden (rechtsgestrickten) R von rechts nach links und die geraden (linksgestrickten) R von links nach rechts gelesen werden. Das Muster in den rechtsgestrickten R wie folgt aufteilen: *Für Größe 34* M 1–8 17mal wiederholen und die R mit M 1–6 beenden; *für Größe 38/40* M 1–8 19mal wiederholen und die R mit M 1–6 beenden; *für Größe 44* M 1–8 21mal wiederholen und die R mit M 1–6 beenden. Linksgestrickte R gegengleich arbeiten. Die ersten 6 R (1–6) kraus r, danach R 7–14 glatt r stricken. In der Musterfolge (6 R kraus r, 8 R glatt r) bis R 48 (54/56) des 2. Rapports und einer Gesamthöhe von ca. 32 (34/37) cm weiterarbeiten.
Arm- und Halsausschnitt: Im Strickmuster zu Beginn der nächsten 2 R jeweils 13 (14/16) M abk. = 116 (130/142) M. *Gleichzeitig* die Arbeit für den Halsausschnitt wie folgt teilen: In der folgenden R 2 M r zus.str., danach das Strickmuster über die folgenden 55 (62/68) M der R weiterarbeiten, wenden, die restlichen 59 (66/72) M auf einer Hilfsnadel stillegen. Nach der Strickschrift mit diesen ersten 56 (63/69) M die nächste R gerade arbeiten. ** Zu Beginn der folgenden R 2 M r zus.str., danach das Muster beenden. Die folgende R gerade im Muster arbeiten. Zu Beginn der folgenden R 2 M r zus.str., danach wieder im Strickmuster bis zu den beiden letzten M stricken**. Von ** bis ** wiederholen, bis 32 (35/39) M übrigbleiben. Nun den Armausschnitt geradeaus weiterarbeiten, dabei aber weiterhin an der Halsausschnittkante 1 M abn., bis 24 (27/32) M übrigbleiben. Im Strickmuster geradeaus bis R 30 (38/50) des 4. Rapports und einer Gesamthöhe von ca. 56 (59/63) cm weiterarbeiten.

Schulterschrägung: Zu Beginn der folgenden R 8 (9/12) M abk. Danach zu Beginn jeder 2. R 8 (9/10) M abk. Nun mit den M auf der Hilfsnadel weiterarbeiten. Die ersten beiden M in der Mitte auf eine Sicherheitsnadel nehmen, danach mit den restlichen 57 (62/68) M der rechten Schulter weiterarbeiten. Rechten Hals- und Armausschnitt sowie Schulterschrägung gegengleich beenden.

Rückenteil
Mit Nadeln Nr. 2 ½ und Garn A 142 (158/174) M anschl. 5 (5/6) cm im Rippenmuster stricken. Mit Nadeln Nr. 3 das gesamte Rückenteil mit Garn A im Rippenmuster arbeiten. Bis zu den Armausschnitten geradeaus hocharbeiten, so daß das Rückenteil die gleiche Gesamthöhe wie das Vorderteil hat = ca. 32 (34/37) cm.
Armausschnitte: Jeweils 8 (9/11) M zu Beginn der nächsten beiden R abn. Danach in jeder 2. R beidseitig 2 M r zus.str., bis 94 (104/118) M übrigbleiben. Weiter geradeaus bis zur Schulterschrägung arbeiten, so daß der Rücken die gleiche Gesamthöhe wie das Vorderteil hat = ca. 56 (59/62) cm.
Schulterschrägung: Je 8 (9/12) M zu Beginn der nächsten beiden R abn. Danach zu Beginn der nächsten 4 R jeweils 8 (9/10) M abn. Die restlichen 46 (50/54) M auf eine Hilfsnadel legen.

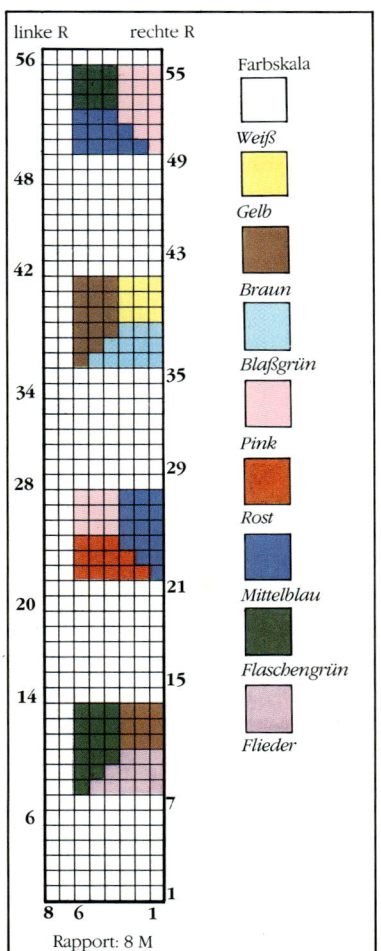

linke R		rechte R		Farbskala
			55	
56			49	□ *Weiß*
48			43	▨ *Gelb*
42				▨ *Braun*
			35	▨ *Blaßgrün*
34			29	▨ *Pink*
28				▨ *Rost*
20			21	▨ *Mittelblau*
14			15	▨ *Flaschengrün*
6			7	▨ *Flieder*
	8 6	1	1	

Rapport: 8 M

Halsausschnittblende

Vorder- und Rückenteil an der rechten Schulternaht zusammennähen. Mit Nadeln Nr. 2½ und Garn A, an der linken Schulter beginnend, 82 (90/94) M aufnehmen und an der linken Halsausschnittkante bis zur vorderen Mitte, die Sie mit farbigem Garn markieren, stricken. Danach die beiden mittleren M auf der Sicherheitsnadel abstricken und die Stelle mit farbigem Garn markieren. Dann 82 (90/94) M an der rechten Halsausschnittkante aufnehmen, danach die 46 (50/54) M der Hilfsnadel für die rückwärtige Halsausschnittkante abstricken. An der rechten Halsausschnittskante bis 2 M vor dem Markierungspunkt weiterarbeiten; danach 1 M abheben, 1 M r, die abgeh. M über die abgestr. ziehen; die 2 M der vorderen Mitte l stricken; 2 M r zus.str. und bis zum Ende der linken Seite im Rippenmuster weiterarbeiten. In der nächsten R an der linken Halsausschnittkante im Rippenmuster bis 2 M vor der Markierung auf dieser Seite zurückstricken, 1 M abh., 1 M r, die abgeh. M über die abgestr. ziehen, die beiden Mittelmaschen r stricken, 2 M r zus.str., bis zum Ende im Rippenmuster weiterarbeiten. Diese beiden R noch 4mal wiederholen. Danach alle M im Rippenmuster abk., aber weiter wie zuvor beschrieben abnehmen.

Armausschnittblende

Linke Schulternaht und Rippenteil zusammennähen. Mit Nadeln Nr. 2½ und Garn A auf der rechten Seite des Strickteils 174 (182/190) M aufnehmen und rund um das Armloch stricken. 10 R im Rippenmuster in Garn A stricken. Im Rippenmuster abk. Die zweite Blende genauso arbeiten.

Fertigstellung

Vorderteil leicht auf der linken Seite dämpfen, dabei das Rippenmuster aussparen. Seitennähte schließen und leicht dämpfen.

SANDDÜNE

Eine kurze Jacke mit dreiviertellangen Ärmeln und eingearbeiteten Taschen in sanften Sandfarben. Dieses Modell kann auch in kräftigeren Farben nachgearbeitet werden, um einen lebhafteren Effekt zu erzielen.

Material

Garn

Nehmen Sie für dieses Modell ein 2fädiges Shetlandgarn.

Garn A 150 g (Sand)
Garn B 125 g (Elfenbein)
Garn C 75 g (Blaßlila)
Garn D 50 g (Mittelbraun)
Garn E 25 g (Perlmutt)
Garn F 25 g (Hellgrün)

Stricknadeln

Je ein Paar Stricknadeln Nr. 3½, Nr. 3 und Nr. 2½; 5 Knöpfe

Größen 36/38/40

Einheitsgröße (siehe auch Schnittschema S. 116)

Maschenprobe

30 M und 32 R = 10 × 10 cm im Strickmuster mit Nadeln Nr. 3½

Rückenteil

Mit Nadeln Nr. 2½ und Garn A 128 M anschl. 5 cm im Rippenmuster (1 M r, 1 M l) stricken, dabei in der letzten Rückreihe wie folgt zun.: * 7 M im Rippenmuster, zweimal in die nächste M einstechen; von * an 16mal wiederholen = 144 M.

Mit Nadeln Nr. 3½ glatt rechts nach der Strickschrift arbeiten, wobei die ungeraden (rechtsgestrickten) R von rechts nach links und die geraden (linksgestrickten) R von links nach rechts gelesen werden. Das Muster wie folgt aufteilen: Die R mit den M 10−17 beginnen, danach alle 17 M des Rapports (M 1−17) 8mal stricken. Linksgestrickte R gegengleich arbeiten, am Ende der R Extramaschen arbeiten. Gerade hocharbeiten bis zur 18. R des 3. Rap-

ports und einer Gesamthöhe von ca. 28 cm.

Armausschnitte: Im Strickmuster zu Beginn der nächsten beiden R je 8 M abn. Danach beidseitig in jeder R je 1 M abn., bis 108 M übrigbleiben. Geradeaus nach der Strickschrift bis zur 28. R des 5. Rapports und einer Gesamthöhe von ca. 49 cm arbeiten.

Schulterschrägung: Im Strickmuster zu Beginn der nächsten 4 R je 6 M abn. Danach zu Beginn der folgenden 6 R je 7 M abn. Die restlichen 42 M halbieren und jede Hälfte auf einer Hilfsnadel stilllegen.

Vorderteile

Taschenfutter

Beginnen Sie mit dem Taschenfutter. Mit Nadeln Nr. 3 und Garn A 28 M anschl. 6 cm glatt rechts mit Garn A stricken und mit einer linksgestrickten R enden. M auf einer Hilfsnadel stillegen. Zweites Taschenfutter gegengleich arbeiten.

Linkes Vorderteil

Mit Nadeln Nr. 2½ und Garn A 58 M anschl. 5 cm im Rippenmuster und Garn A arbeiten, dabei in der letzten Rückreihe wie folgt zun.: * 6 M im Rippenmuster, zweimal in die nächste M einstechen; von * an 7mal wiederholen, 2 M im Rippenmuster = 66 M.
Mit Nadeln Nr. 3½ glatt rechts nach der Strickschrift arbeiten, dabei das Muster in den rechtsgestrickten R wie folgt aufteilen: M 1–17 3mal wiederholen, danach die R mit M 1–15 beenden. Die linksgestrickten R gegengleich arbeiten. Im Strickmuster geradeaus weiterarbeiten bis zur vollendeten 14. R der Strickschrift.
Tasche: Die Tasche in der 15. R wie folgt einarbeiten. Die ersten 19 M im Strickmuster arbeiten, die folgenden 28 M auf eine Hilfsnadel nehmen. Statt dieser 28 M die 28 M des Taschenfutters im Strickmuster arbeiten, danach die R im Strickmuster beenden. Geradeaus hochstricken bis zur 18. R des 3. Rapports und einer Gesamthöhe von ca. 28 cm.
Arm- und Halsausschnitt: Im Strickmuster zu Beginn der nächsten R 8 M abk., danach im Strickmuster bis zu den beiden letzten M der R arbeiten; 2 M r zus.str.; an der Armausschnittkante in den nächsten 10 R je 2 M r zus.str., danach geradeaus weiterarbeiten. *Gleichzeitig* an der Halsausschnittkante in jeder folgenden 4. R nach der ersten Abnahme in R 19 1 M abk., bis 33 M übrigbleiben. Danach bis zur 28. R des 5. Rapports und einer Gesamthöhe von ca. 49 cm geradeaus hocharbeiten.
Schulterschrägung: Im Strickmuster zu Beginn der nächsten und in der folgenden 2. R je 6 M abk. Dann zu Beginn der nächsten, danach in jeder 2. R je 7 M abk.

Rechtes Vorderteil

Wie das linke Vorderteil stricken. Die Tasche, den Arm- und Halsausschnitt sowie die Schulterschrägung jedoch gegengleich arbeiten.

Ärmel

Mit Nadeln Nr. 2½ und Garn D 62 M anschl. Eine R im Rippenmuster arbeiten. Mit Garn A 8 cm im Rippenmuster weiterarbeiten, dabei in der letzten Rückreihe wie folgt zun.: 11 M im Rippenmuster, * zweimal in die nächste M einstechen, von * an 39mal wiederholen, danach 11 M im Rippenmuster = 102 M.
Mit Nadeln Nr. 3½ glatt rechts nach der Strickschrift arbeiten, dabei M 1–17 6mal in den rechtsgestrickten R wiederholen, die linksgestrickten R gegengleich arbeiten. Im Strickmuster geradeaus hochstricken bis zur vollendeten 18. R des 3. Rapports und einer Gesamthöhe von ca. 31 cm.
Armkugel: Im Strickmuster je 8 M zu Beginn der nächsten beiden R abk. Beidseitig in der nächsten und danach in jeder folgenden 2. R insgesamt 9mal 2 M r zus.str. Sie sollten jetzt die 11. R des 4. Rapports fertiggestellt haben. Danach 24 R geradeaus arbeiten bis 7. R des 5. Rapports. Beidseitig in der nächsten, dann in jeder folgenden 2. R 6mal 2 M r zus.str. Nun 10mal beidseitig in jeder R 2 M r zus.str. Dann die restlichen M abk. Die weite Armkugel wird gefältelt in den Armausschnitt eingesetzt. Den zweiten Ärmel genauso arbeiten. Die Schulternähte schließen.

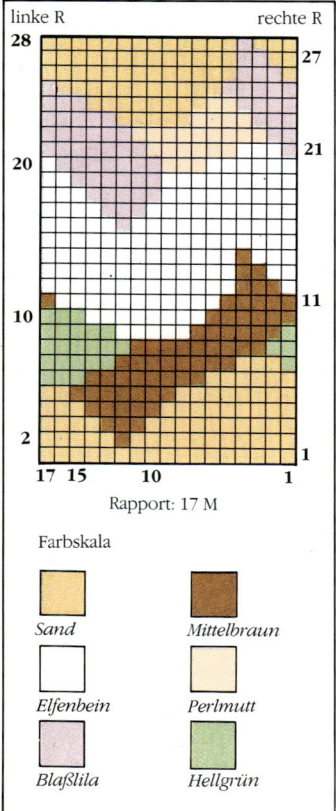

linke R   rechte R

Rapport: 17 M

Farbskala

Sand   Mittelbraun

Elfenbein   Perlmutt

Blaßlila   Hellgrün

Vordere Ausschnittblenden

Rechtes Vorderteil

Auf der rechten Seite des Modells mit Nadeln Nr. 2½ und Garn A, an der unteren Kante beginnend, 93 M an der vorderen Öffnungskante aufnehmen und bis zu Beginn des Halsausschnittes stricken; dann 92 M an der Seitenkante des Halsausschnittes bis zur linken Mitte, inklusive der 21 M des Rückenteils auf der Hilfsnadel, abstricken = 185 M. 3 R im Rippenmuster mit Garn A stricken.
Knopflöcher: In der 4. R des Rippenmusters 5 Knopflöcher wie folgt einarbeiten: 4 M im Rippenmuster stricken, * 3 M abk., 18 M im Rippenmuster; von * an 3mal wiederholen, 3 M abk., bis zum Ende der R im Rippenmuster arbeiten. In der nächsten R (5. R des Rippenmusters) im Rippenmuster zurückstricken, dabei die 3 abgeketteten M der Vorreihe wieder anschl. 4 R im Rippenmuster mit Garn A arbeiten. Nun eine R im Rippenmuster mit Garn D arbeiten. Alle M mit Garn D abk.

Linkes Vorderteil

Mit Nadeln Nr. 2½ und Garn A auf der rechten Seite der Arbeit die 21 M der Hilfsnadel stricken, danach 71 M aus dem Halsausschnitt und weitere 93 M an der vorderen Öffnungskante bis zur unteren Kante aufnehmen = 185 M. Wie die rechte Ausschnittblende, jedoch ohne Knopflöcher, arbeiten.

Taschenblenden

Mit Nadeln Nr. 2½ und Garn A die 28 M der Hilfsnadel im Rippenmuster stricken. 7 R mit Garn A arbeiten. Abschließend mit Garn D 1 R stricken und alle M mit Garn D abk. Die zweite Taschenblende genauso arbeiten.

Fertigstellung

Alle Teile auf der linken Seite leicht dämpfen; das Rippenmuster dabei aussparen. Seitennähte schließen. Ärmel im Armausschnitt feststecken, dabei die Weite an der Armkugel in Falten legen und feststecken. Ärmel einnähen. Vordere Blenden in der hinteren Mitte zusammennähen. Die Seiten der oberen Taschenteile festnähen und die Kanten des Taschenfutters auf der linken Seite leicht anheften. 5 Knöpfe, den Knopflöchern entsprechend, annähen. Nähte leicht von links dämpfen.

Material: Mütze

Garn

Nehmen Sie ein 2fädiges Shetlandgarn, wenn nicht anders angegeben.

Garn A   50 g (Schwarz)
Garn B   50 g Lurexgarn (Kupfer)
Garn C   25 g (Rost)
Garn D   25 g (Torf)
Garn E   50 g (Weinrot)

Stricknadeln

Je ein Paar Stricknadeln Nr. 3½ (lang oder Rundstricknadel) und Nr. 2½ (lang oder Rundstricknadel)

Größen

Einheitsgröße (siehe auch Schnittschema S. 116)

Maschenprobe

32 M und 32 R = 10 × 10 cm im Strickmuster mit Nadeln Nr. 3½

KUPFERGLANZ

*Dunkle geometrische Schattierungen, optisch aufgehellt durch kupfernen Lurex,
lassen diese Weste mit passender Mütze besonders elegant wirken.
Für einen weniger festlichen Effekt kann man statt des Kupfergarns ein Shetlandgarn verwenden.*

Mützenband

Mit Nadeln Nr. 2½ und Garn A 160 M anschl. Im Rippenmuster (1 M r, 1 M l) nach der folgenden Farbfolge arbeiten:

R 1: Garn E
R 2: Garn B
R 3: Garn A

Die R 1—3 wiederholen, bis das Hutband ca. 11 cm mißt; mit einer R in Garn A enden. In der nächsten Rückreihe wie folgt zun.: (Garn E) * 1 M l, in die nächste M einmal von vorne und einmal von hinten einstechen und l M stricken; von * an bis zum Ende wiederholen = 240 M.
Mütze: Mit Nadeln Nr. 3½ glatt rechts im Einstrickmuster nach der Strickschrift arbeiten, wobei die ungeraden (rechtsgestrickten) R von rechts nach links und die geraden (linksgestrickten) R von links nach rechts gelesen werden. Die 16 M des Rapports 15mal in der R wiederholen. Die R 1—54 nach der Strickschrift arbeiten.
Nun mit der rechten Seite nach oben glatt rechts nach der Streifenfolge weiterarbeiten, dabei wie folgt abnehmen:

R 1: (Garn E) * 8 M r, 1 M abheben, 1 M r, die abgeh. M über die abgestr. ziehen. Von * an bis zum Ende wiederholen = 26 M.
1 R l (Garn B), 1 R r (Garn A) arbeiten.
R 4: (Garn E) * 7 M l, 1 M abh., die abgeh. M über die abgestr. ziehen; von * an bis zum Ende wiederholen = 192 M. 1 R r (Garn B), 1 R l (Garn A).
R 7: (Garn E) * 6 M r, 1 M abh., 1 M r, die abgeh. M über die abgestr. ziehen; von * an bis zum Ende wiederholen = 168 M.
1 R l (Garn B), 1 R r (Garn A).
R 10: (Garn E) * 5 M l, 1 M abh., die abgeh. M über die abgestr. ziehen; von * an bis zum Ende wiederholen = 144 M.
Dann 1 R r (Garn B), 1 R l (Garn A). Im weiteren Verlauf in jeder 3. R (d.h. 24 M in jeder Abnahmereihe) wie folgt abn.: * 1 M l, 1 M abh., 1 M l, die abgeh. M über die abgestr. ziehen; von * an bis zum Ende wiederholen = 48 M; ** 1 R r M, 1 R l M arbeiten. Am Ende der nächsten R 2 M r zus.str. Von ** an noch einmal wiederholen. 2 R geradeaus arbeiten — 6 M bleiben übrig. Faden abschneiden, dabei ein 15 cm langes Stück übriglassen. Das Fadenende durch die restlichen 6 M führen, zusammenziehen und sichern.

Fertigstellung

Das im Strickmuster gefertigte Teil von links leicht dämpfen. Die Mütze bis zur Kante des Mützenbandes mit einem 15 cm langen Wollfaden schließen. Das Mützenband zur Hälfte zusammenlegen, so daß die Innenseiten aufeinanderliegen. Feststecken und anheften.

Material: Weste

Garn

Garn A 125 g (150/150) g (Schwarz)
Garn B   75 g Lurexgarn (Kupfer)
Garn C   25 g (Rost)
Garn D   25 g (Torf)
Garn E   50 g (Erika)

Stricknadeln

Je ein Paar Stricknadeln Nr. 3½, Nr. 3 und Nr. 2½; 5 Knöpfe

Größen 36, 38/40 und 42/44

Bei unterschiedlichen Angaben: Größen 38/40 und 42/44 in Klammern (siehe auch Schnittschema S. 116)

Maschenprobe

32 M und 32 R = 10 × 10 cm im Strickmuster mit Nadeln Nr. 3½

Vorderteil

Taschenfutter

Mit dem Taschenfutter wie folgt beginnen: Mit Nadeln Nr. 3 und Garn A 28 (32/36) M anschl. 7 cm glatt rechts mit Garn A stricken; mit einer R linker M enden. M auf einer Hilfsnadel stillegen. Die zweite Tasche genauso arbeiten.

Linkes Vorderteil

** Mit Nadeln Nr. 2½ und Garn A 66 (72/78) M anschl. Im Rippenmuster (1 M r, 1 M l) nach folgender Farbfolge arbeiten:

R 1: Garn E
R 2: Garn B
R 3: Garn A

R 1—3 bis zu einer Höhe von 5 cm wiederholen, mit einer Rückr. enden **.
Mit Nadeln Nr. 3½ glatt rechts nach der Strickschrift arbeiten, wobei die ungeraden (rechtsgestrickten) R von rechts nach links und die geraden (linksgestrickten) R von links nach rechts gelesen werden. M 1—16 4mal *für alle Größen* wiederholen; danach die R mit M 1—2 *für Größe 36*, mit M 1—8 *für Größe 38/40* und mit M 1—14 *für Größe 42/44* beenden. Linksgestrickte R gegengleich arbeiten. Im Strickmuster bis zum Ende der 20. R weiterarbeiten.
Fortsetzung S. 31

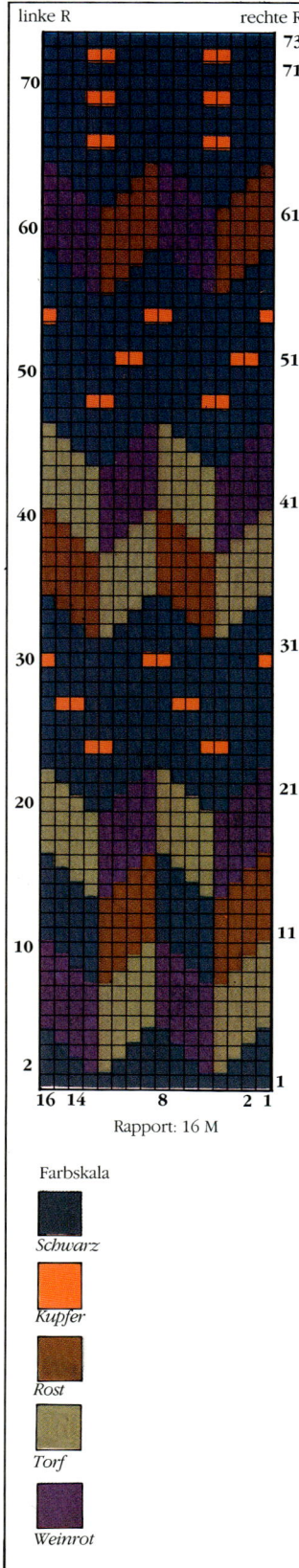

linke R   rechte R

Rapport: 16 M

Farbskala

Schwarz

Kupfer

Rost

Torf

Weinrot

RIPPEN UND NOPPEN

Zwei schlichte Modelle im Stil der 30er Jahre. Der eng anliegende Rippenpullover
fällt durch schräg laufende Streifen und das gerade gestrickte Mittelteil auf.
Der Noppenpullover hat weit geschnittene Puffärmel.

Material: Rippenpullover

Garn
Nehmen Sie für dieses Modell 350 g 2fädiges Shetlandgarn (kräftiges Pink).

Stricknadeln
Je ein Paar Stricknadeln Nr. 3 und Nr. 2½; 1 Häkelnadel Nr. 2½; 2 kleine Knöpfe

Größen 38/40

Einheitsgröße (siehe auch Schnittschema S. 116)

Maschenprobe
48 M und 44 R = 10 × 10 cm im Rippenmuster
Anmerkung: Bei der Anweisung »1 tiefe gestochene M l + r arbeiten« (siehe R 5 des Rückenteils) stricken Sie wie folgt: Stechen Sie mit der rechten Nadel von hinten nach vorne in den oberen Teil der Masche ein, die unterhalb der nächsten M liegt, stricken Sie eine *linke* Masche, dann stricken Sie die nächste Masche auf der linken Nadel *rechts*. Bei der Anweisung »1 tiefer gest. Masche r« (siehe R 5 des Rückenteils) stechen Sie mit der rechten Nadel von vorne nach hinten in den oberen Teil der Masche ein, die unterhalb der nächsten M liegt, stricken Sie diese M *rechts*, dann stricken Sie die nächste M auf der linken Nadel *rechts*. Bei der Anweisung »1 tiefer gest. Masche links« (siehe R 11) stechen Sie mit der rechten Nadel von hinten nach vorne in den oberen Teil der Masche ein, die unterhalb der nächsten Masche liegt, stricken Sie diese Masche *links* und auch die nächste M auf der linken Nadel *links*.

Rückenteil

** Mit Nadeln Nr. 3 136 M anschl. Das Rippenmuster wie folgt arbeiten:
R 1: (mit der rechten Seite nach oben) 1 M r, * 2 M r, 2 M l, von * an bis zu den 3 letzten M wiederholen, 3 M r.
R 2: 1 M r, * 2 M l, 2 M r, von * an bis zu den 3 letzten M wiederholen, 2 M l, 1 M r. R 1 und 2 einmal wiederholen. Dann für die Seitenteile wie folgt arbeiten:
R 5: 1 M r, 2 M r zus.str. (2 M l, 2 M r) 11mal; 1 M l, 1 tiefer gest. M l + r (2 M l, 2 M l) 9mal, 1 M r, 1 tiefer gest. M r, (2 M l, 2 M r) 11mal, 2 M l, 2 M r zus.str., 1 M r.
R 6: 1 M r, 1 M l, (2 M r, 2 M l) 11mal, 2 M r, 1 M l, (2 M l, 2 M r) 9mal, 3 M l, (2 M r, 2 M l) 11mal, 2 M r, 1 M l, 1 M r.
R 7: 1 M r, 2 M l zus.str., 1 M l, (2 M r, 2 M l) 11mal, 1 tiefer gest. M r, (2 M l, 2 M r) 9mal, 1 M r, 1 M r, (2 M l, 2 M r) 11mal, 1 M l, 2 m l zus.str., 1 M r.
R 8: 1 M r, (2 M r, 2 M l) 12mal, (2 M l, 2 M r) 9mal, (2 M l, 2 M r) 12mal, 1 M r.
R 9: 1 M r, 2 M l zus.str., (2 M r, 2 M l) 11mal, 2 M r, 1 tiefer gest. M l + r, 1 M r, (2 M l, 2 M r) 9mal, 1 M r. M l + r, 1 M r, (2 M l, 2 M r) 11mal, 2 M l zus.str., 1 M r.
R 10: (2 M r, 2 M l) 12mal, 1 M r, (2 M l, 2 M r) 9mal, 2 M l, 1 M r, (2 M l, 2 M l) 12mal.
R 11: 1 M r, 2 M r zus.str., 1 M l, (2 M l, 2 M r) 11mal, 1 tiefer gest. M l, (2 M r, 2 M l) 9mal, 2 M r, 1 tiefer gest. M l, (2 M r, 2 M l) 11mal, 2 M r, 1 M l, zus.str., 1 M r.

R 12: 1 M r, * 2 M l, 2 M r, von * an bis zu den letzten 3 M wiederholen, 2 M l, 1 M r. R 5–12 einschl. bilden das Muster. 7mal wiederholen. Nun mit der ersten Zunahme beginnen:
R 69: (d. h. R 5) 1 M r, (2 M r, 2 M l) 11mal, 2 M r, 1 M l, 1 tiefer gest. M l + r, (2 M r, 2 M l) 9mal, 1 M r, 1 tiefer gest. M r, (2 M l, 2 M r) 12mal, 1 M r.
Im Muster fortfahren, dabei an jedem Ende der Nadel je 1 M abn. und je 1 M an beiden Seiten des Mittelteils in jeder 2. R zun. *Gleichzeitig* 1 M an beiden Enden der Nadel in jeder folgenden 6. R nach der 1. Zunahme zun. – d.h., nach R 69 – bis 156 M auf der Nadel sind (insgesamt 10 Zunahmen). (*Anmerkung:* Die Seitenzunahmen werden durch die Zunahmen von 1 M an beiden Seiten des Mittelteiles in jeder 2. R wie zuvor gearbeitet, dabei werden die Abnahmen an beiden Enden der Nadel in jeder 6. R *weggelassen*, wie bei der ersten Zunahmereihe. Nach der 10. Zunahme geradeaus weiterarbeiten (d.h., Sie nehmen nun 1 M an beiden Seiten des Mittelteiles zu und nehmen 1 M an beiden Enden der Nadel in jeder 2. R wie zuvor ab, wobei die Maschenzahl auf der Nadel gleich bleibt, bis das Rückenteil, in der Mitte gemessen, 35 cm lang ist.
Armausschnitte: Auf der rechten Seite 7 M zu Beginn der nächsten beiden R abk., wobei weiterhin an beiden Seiten des Mittelteils in jeder 2. R zugenommen wird. Danach 3 M an beiden Enden der Nadel in jeder R r zus.str., bis 124 M übrigbleiben **. Nun im Strickmuster fortfahren (d.h., zu beiden Seiten des Mittelteiles zun. und an beiden Enden der Nadel je 1 M abn.) bis zu einer Gesamthöhe von 54 cm. Alle M gleichzeitig abk.

Vorderteil

Wie das Rückenteil von ** bis ** stricken, so daß eine Maschenzahl von 124 M nach dem Armausschnitt übrigbleibt. Im Strickmuster wie beim Rückenteil fortfahren (an beiden Seiten des Mittelteiles zun. und an beiden Enden der Nadel je 1 M abn.) bis zu einer Gesamthöhe von 47 cm. Mit einer Rückreihe enden.
Halsausschnitt: In der nächsten R 1 M r, 2 M r zus.str., die nächsten 39 M im Rippenmuster. Zunahme bei der folgenden M, 3 M r, 32 M abk., 2 M r, Zunahme bei der folgenden M, bis zu den letzten 3 M im Rippenmuster weiterarbeiten. 2 M r zus.str., 1 M r.
Mit den restlichen 46 M im Strickmuster weiterarbeiten, dabei an der Halsausschnittkante zun. und an der Seitenkante in jeder 2. R wie zuvor über 8 cm abn. Mit der linken Seite nach oben abk. Auf der linken Seite mit neuem Faden die restlichen 38 (42/46/50) M an der Halsschnittkante wie die erste Seite arbeiten.

Ärmel

Mit Nadeln Nr. 2½ 88 M anschl.
R 1: (rechte Seite nach oben) 1 M r, * 2 M r, 2 M l, von * an bis zu den letzten 3 M wiederholen, 3 M r.
R 2: 1 M r, * 2 M l, 2 M r, von * an bis zu den 3 letzten M wiederholen, 2 M l, 1 M r.
R 1 und 2 einmal wiederholen. Mit Nadeln Nr. 3 wie folgt weiterarbeiten:
R 5: 1 M r, 2 M r zus.str., (2 M l, 2 M r) 4mal, 1 M l, 1 tiefer gest. M l + r, (2 M l, 2 M r) 11mal, 1 M r, 1 tiefer gest. M r, (2 M l, 2 M r) 4mal, 2 M l, 2 M r zus.str., 1 M r.

R 6: 1 M r, 1 M l, (2 M r, 2 M l) 4mal, 2 M r, 1 M l, (2 M l, 2 M r) 11mal, 3 M l, (2 M r, 2 M l) 4mal, 2 M r, 1 M l, 1 M r.
R 7: 1 M r, 2 M l zus.str., 1 M l, (2 M r, 2 M l) 4mal, 1 tiefer gest. M r, (2 M l, 2 M r) 11mal, 1 M r, 1 tiefer gest. M r, 1 M r, (2 M l, 2 M r) 4mal, 1 M l, 2 M l zus.str., 1 M r.
R 8: 1 M r, (2 M r, 2 M l) 5mal, (2 M l, 2 M r) 11mal, 2 M l, (2 M l, 2 M r) 5mal, 1 M r.
R 9: 1 M r, 2 M l zus.str., (2 M r, 2 M l) 4mal, 2 M r, 1 tiefer gest. M l + r, 1 M r, (2 M l, 2 M r) 11mal, 1 tiefer gest. M l + r, 1 M r, (2 M l, 2 M r) 4mal, 2 M l zus.str., 1 M r.
R 10: (2 M r, 2 M l) 5mal, 1 M r, (2 M l, 2 M r) 11mal, 2 M l, 1 M r, (2 M r, 2 M l) 5mal.
R 11: 1 M r, 2 M r zus.str., 1 M l, (2 M l, 2 M r) 4mal, 1 tiefer gest. M l, (2 M l, 2 M l) 11mal, 2 M r, 1 tiefer gest. M l, (2 M r, 2 M l) 4mal, 1 M r, 2 M l zus.str., 1 M r.
R 12: 1 M r, * 2 M l, 2 M r, von * an bis zu den letzten 3 M wiederholen, 2 M l, 1 M r. Reihe 5–12 einschl. bilden das Rippenmuster.
R 13: (Zunahmereihe) 1 M r, (2 M r, 2 M l) 4mal 2 M r, 1 M l, 1 tiefer gest. M l + r, (2 M r, 2 M l) 11mal, 1 M r, 1 tiefer gest. M r, (2 M l, 2 M r) 5mal, 1 M r.
Im Strickmuster fortfahren, dabei 1 M an beiden Enden der R abn. und an beiden Seiten des Mittelteiles um eine Masche in jeder 2. R je 1 M r. R je 1 M abk. *Gleichzeitig* für die Seitenformung 1 M an beiden Enden der Nadel in jeder folgenden 6. R nach der 1. Zunahme (s. R 13) zun., bis 142 M auf der Nadel sind (insgesamt 27 Zunahmen). (*Anmerkung:* Die Seitenzunahmen werden genauso wie beim Rückenteil gearbeitet, wobei die Abnahmen an beiden Enden der Nadel in jeder 6. R *weggelassen* werden.)
Nach den 27 Zunahmen ohne weitere Formung arbeiten, d.h., in jeder 2. R wie zuvor ab- und zun., bis der Ärmel insgesamt 50 cm (in der Mitte gemessen) lang ist.
Armkugel: Weiterhin an beiden Seiten des Mittelteiles zun., dabei 2 M zu Beginn jeder R abk. und am Ende jeder R 2 M r zus.str., bis 73 M übrigbleiben. Danach 3 M zu Beginn jeder R abk. und am Ende jeder R 3 M r zus.str., bis 43 M übrigbleiben. Mit l M abk.

Fertigstellung

Bei diesem Modell ist es wichtig, die Teile gut zu spannen und zu dämpfen. Seitennähte schließen, Schulternähte von der Schulterkante bis 4 cm vor der Halsausschnittkante schließen. Ärmelnähte schließen und Ärmel in den Armausschnitt einsetzen, dabei die Weite oben ein halten. Eine Knopflochschlinge an der Innenseite der beiden Schulterkanten fertigen. Knopf an der hinteren Schulterkante annähen.

Material: Noppenpullover

Garn
Nehmen Sie für dieses Modell 350 g 2fädiges Shetlandgarn (Petrolblau).

Stricknadeln
Je ein Paar Stricknadeln Nr. 3½ und Nr. 3

Größen 38/40

Einheitsgröße (siehe auch Schnittschema S. 117)

Maschenprobe
32 M und 32 R = 10 × 10 cm im Strickmuster mit Nadeln Nr. 3½

Rückenteil

** Mit Nadeln Nr. 3 126 M anschl. und im Rippenmuster wie folgt arbeiten:
R 1: (rechte Seite nach oben) * 2 M r, 2 M l, von * an bis zu den letzten 2 M wiederholen, 2 M r.
R 2: * 2 M l, 2 M r, von * an bis zu den letzten 2 M wiederholen, 2 M l.
R 1–2 über 8 cm wiederholen, dabei mit R 2 enden. In der folgenden R 42 M im Rippenmuster stricken, dann 40 M l, 2 M l zus.str., 42 M Rippenmuster = 125 M.
Mit Nadeln Nr. 3½ im Rippen- und Noppenmuster wie folgt arbeiten:
R 1: (linke Seite nach oben) 42 M Rippenmuster, * (1 M r, 1 M l, 1 M r) in die nächste M, 3 M l zus.str., von * an 9mal wiederholen, (1 M r, 1 M l, 1 M r) in die nächste M; 42 M Rippenmuster.
R 2: 42 M im Rippenmuster, 43 M l, 42 M im Rippenmuster.
R 3: 42 M Rippenmuster, * 3 M l zus.str., (1 M r, 1 M l, 1 M r) in die nächste M, von * an 9mal wiederholen, 3 M l zus.str., 42 M Rippenmuster.
R 4: 42 M im Rippenmuster, 41 M l, 42 M im Rippenmuster.
R 1–4 einmal wiederholen. Weiterhin R 1–4 stricken, dabei beidseitig 1 M in der 2. und jeder folgenden 6. R zun., bis 62 M im Rippenmuster zu beiden Seiten des Mittelteils vorhanden sind. Extramaschen im Rippenmuster stricken. Geradeaus hocharbeiten, bis das Rückenteil 32 cm mißt. Mit R 3 enden.
Armausschnitte: Zu Beginn der nächsten 6 R je 4 M abn. **. Nun das Noppenmuster ohne die gerippten Seiten weiterarbeiten. Weiterhin geradeaus arbeiten, bis das Rückenteil 52 cm mißt. Mit R 3 enden.
Schulterschrägung: Je 9 (10) M zu Beginn der nächsten 6 R abk. Die restlichen 61 M auf einer Hilfsnadel stillegen.

Vorderteil

Wie das Rückenteil von ** bis ** arbeiten. Dann im Noppenmuster geradeaus hocharbeiten, bis das Vorderteil 44 cm mißt. Mit R 3 enden.
Halsausschnitt: Im Muster fortfahren und 44 M l stricken, 33 M abk., bis zum Ende der R 1 M stricken. Mit diesen letzten 44 M im Strickmuster fortfahren, dabei an der Halsausschnittkante in jeder R 1 M abn., bis 30 M übrigbleiben. Weiterarbeiten, bis das Vorderteil 52 cm mißt.
Schulterschrägung: Je 10 M zu Beginn der nächsten, dann in jeder folgenden 2. R abn. Mit der linken Seite nach oben den Faden wieder aufnehmen und die 44 M auf der rechten Seite stricken. Wie die linke Schulterschrägung arbeiten.

Ärmel

Mit Nadeln Nr. 3 66 M anschl. 5 cm im Rippenmuster (2 M r, 2 M l) wie beim Rückenteil arbeiten. In der nächsten R auf der rechten Seite wie folgt abn.: 18 M im Rippenmuster, 28 M l, 2 M l zus.str., 18 M im Rippenmuster = 65 M.
Mit Nadeln Nr. 3½ das Ärmelmuster wie folgt arbeiten:

R 1: (linke Seite nach oben) 18 M Rippenmuster, * (1 M r, 1 M l, 1 M r) in die nächste M, 3 M l zus.str., von * an 6mal wiederholen, (1 M r, 1 M l, 1 M r) in die nächste M; 18 M Rippenmuster.
R 2: 18 M im Rippenmuster, 31 M l, 18 M im Rippenmuster.
R 3: 18 M Rippenmuster, * 3 M l zus.str., (1 M r, 1 M l, 1 M r) in die nächste M, von * an 6mal wiederholen, 3 M l zus.str., 18 M Rippenmuster.
R 4: 18 M im Rippenmuster, 29 M l, 18 M im Rippenmuster.
R 1–4 wiederholen, dabei beidseitig in jeder folgenden 6. R je 1 M zun., bis 32 M auf beiden Seiten des Rippenteiles vorhanden sind. Hocharbeiten, bis der Ärmel 46 cm mißt. Mit R 3 enden.
Armkugel: Je 4 M zu Beginn der nächsten 6 R abk. Danach das Noppenmuster über 14 cm arbeiten. Zu Beginn der nächsten 2 R je 20 M abk. 5 cm im Muster geradeaus stricken. Abk.

Halsausschnittblende

Rechte Schulternaht schließen. Auf der rechten Seite mit Nadeln Nr. 3, an der linken Schulter beginnend, 84 M aufnehmen und rund um den Halsausschnitt stricken, dann die 61 M auf der Hilfsnadel hinten am Halsausschnitt abstricken, dabei am Ende dieser ersten R 1 M abn. = 140 M. 3 cm im Rippenmuster arbeiten. Alle M gleichzeitig abk.

Fertigstellung

Nicht dämpfen. Linke Schulternaht, Halsausschnittblende, Seiten- und Ärmelnähte schließen. Beide Seiten des Mittelstreifens oben am Ärmel an der Abnahmekante auf beiden Seiten festnähen, damit der Ärmel mehr Fülle erhält. Ärmel in der Armausschnittkante feststecken und einnähen.

KUPFERGLANZ, Fortsetzung

Tasche: Die Tasche in die 21. R wie folgt einarbeiten: Die ersten 19 (20/21) M im Muster stricken, die nächsten 28 (32/36) M auf eine Hilfsnadel nehmen. Statt dessen im Muster die 28 (32/36) M des Taschenfutters auf der Hilfsnadel abstricken; danach das Muster über die restlichen 19 (20/21) M der R arbeiten.
Im Strickmuster geradeaus fortfahren, bis Sie R 70 (1/5) des 1. (2./3.) Rapports beendet haben und das Vorderteil ca. 27 (28/29) cm mißt.
Arm- und Halsausschnitt: Zu Beginn der nächsten R (auf der rechten Seite) 8 (10/12) M abk., danach das Muster bis zu den letzten 2 M stricken, 2 M r zus.str. Im Strickmuster 1 M an der Armausschnittkante in den nächsten 14 (16/18) R abn. Armausschnittkante weiterhin geradeaus arbeiten. Dabei *gleichzeitig* an der Halsausschnittkante 1 M in jeder 4. R nach der ersten Abnahme insgesamt 8 (9/13)mal abn.; danach 1 M in jeder folgenden 3. R abn., bis 24 (26/28) M übrigbleiben. Dann geradeaus weiterarbeiten bis zum Ende des 1. (7./13.) R des 3. Rapports und einer Höhe von 23 (24/25) cm nach Beginn des Armausschnittes.
Schulterschrägung: 8 (10/10) M zu Beginn der nächsten R abk., danach zu Beginn jeder folgenden 2. R 8 (8/9) M abk.

Rechtes Vorderteil
Gegengleich arbeiten.

Rückenteil

Mit Nadeln Nr. 2½ und Garn A 132 (144/156) M anschl. und 5 cm im Rippenmuster (1 M r, 1 M l) wie zuvor arbeiten.
Mit Nadeln Nr. 3 im Rippenmuster weiterstricken. Geradeaus bis zu einer Gesamthöhe von 27 (28/29) cm arbeiten.
Armausschnitte: Auf der rechten Seite des Modells zu Beginn der nächsten 2 R je 3 (4/6) M abk. Beidseitig in jeder folgenden R je 2 M r zus.str., bis 100 (104/108) M übrigbleiben. Geradeaus hocharbeiten, bis der Armausschnitt 23 (24/25) cm mißt.
Schulterschrägung: Zu Beginn der nächsten 2 R je 10 (11/10) M abk. Zu Beginn der nächsten 4 R je 9 (9/10) M abk.; die restlichen 44 (46/48) M in zwei gleiche Hälften teilen. Jede Hälfte auf eine Hilfsnadel legen. Schulternähte schließen.

Vordere Blenden

Rechtes Vorderteil
Mit Nadeln Nr. 2½ und Garn A auf der rechten Seite des Modells, an der Saumkante des rechten Vorderteiles beginnend, 93 (97/101) M aufnehmen und an der vorderen Öffnungskante entlang bis zum Halsausschnitt rechts stricken. Weitere 81 (87/93) M aus dem Halsausschnitt bis zur hinteren Mitte aufnehmen, inkl. der 22 (23/24) M auf der Hilfsnadel = 174 (184/194) M. 3 R im Rippenmuster (1 M r, 1 M l) mit Garn E, B und A wie zuvor stricken.
Knopflöcher: 5 Knopflöcher in der 4. R des Rippenmusters wie folgt arbeiten: 4 M im Rippenmuster, * 3 M abk., 18 (19/20) M im Rippenmuster; von * an 3mal wiederholen, 3 M abk., bis zum Ende der R im Rippenmuster. Die 5. R im Rippenmuster, dabei die abgeketteten M der Vorreihe wieder anschl. 5 weitere R im Rippenmuster arbeiten. Alle M im Rippenmuster abk.

Linkes Vorderteil
Mit Nadeln Nr. 2½ und Garn A, an der hinteren Mitte des Halsausschnittes beginnend, die 22 (23/24) M auf der Hilfsnadel im Rippenmuster stricken. Weitere 59 (64/69) M rund um den Halsausschnitt aufnehmen. 93 (97/101) M an der vorderen Öffnungskante bis zur Saumkante aufnehmen = 174 (184/194) M. 10 R im Rippenmuster ohne Knopflöcher arbeiten. Abk.

Taschen

Taschenblenden
Auf der rechten Seite der Arbeit mit Nadeln Nr. 2½ und Garn A die 28 (32/36) M der Hilfsnadel stricken. 10 R im Rippenmuster. Abk.

Armausschnittblenden

Mit Nadeln Nr. 2½ und Garn A 155 (161/167) M aus dem Armausschnitt aufnehmen. 10 R im Rippenmuster. Abk.

Fertigstellung

Die Vorderteilblenden in der hinteren Mitte zusammennähen. Seitennähte schließen. Taschenseiten festnähen. Taschenfutter anheften. 5 Knöpfe annähen.

BUNTE BÄNDER

*Ein bequemer Winterpullover mit U-Boot-Ausschnitt und tiefgezogenen Ärmeln.
Dazu die passende Zipfelmütze.*

Material: Mütze

Garn

Nehmen Sie für die Mütze ein 2fädiges Shetlandgarn.
Garn A   100 g (Schwarz)
Garn B   25 g (Senf)
Garn C   25 g (Grün)
Garn D   25 g (Taubenblau)
Garn E   25 g (Rot)
Garn F   25 g (Torf)

Stricknadeln

Je ein Nadelspiel *oder* Rundstricknadeln Nr. 3½, Nr. 3 und Nr. 2½

Größen

Einheitsgröße (siehe auch Schnittschema S. 117)

Maschenprobe

32 M und 30 R = 10 × 10 cm im Strickmuster mit Nadeln Nr. 3½

Mützenband

Mit Nadelspiel Nr. 2½ oder Rundstricknadel Nr. 2½ und Garn A 154 M (d.h., je 51 M auf zwei Nadeln und 52 M auf der dritten) anschl., 15 cm im Rippenmuster (1 M r, 1 M l) in Runden stricken, dabei in der letzten Runde am Ende 1 M abn. = 153 M.
Mütze: Mit Nadeln Nr. 3½ nach der Strickschrift arbeiten. Da Sie in Runden arbeiten, werden alle R von rechts nach links gelesen. Die 17 M des Rapports 9mal in der Runde wiederholen. R 1—28 des Rapports zweimal wiederholen. Die folgende Runde ganz in Schwarz arbeiten, dabei gleichmäßig verteilt 3 M zun. = 156 M. Mit Nadeln Nr. 3 und Garn A weiterarbeiten, dabei wie folgt abn.:
1. Abnahmerunde: (10 M r, 2 M r zus.str.) 13mal. 19 Rd geradeaus arbeiten.
2. Abnahmerunde: (9 M r, 2 M r zus.str.) 13mal. 19 Rd geradeaus arbeiten.
3. Abnahmerunde: (8 M r, 2 M r zus.str.) 13mal. 19 Rd geradeaus arbeiten.
4. Abnahmerunde: (7 M r, 2 M r zus.str.) 13mal. 19 Rd. geradeaus arbeiten.
Weiterhin auf diese Weise abnehmen und 19 Rd geradeaus arbeiten, bis Sie die Rd (1 M r, 2 M r zus.str.) 13mal gearbeitet haben und 26 M übrigbleiben. Weitere 19 Rd geradeaus arbeiten. Danach (2 M r zus.str.) 13mal arbeiten.
6 Rd geradeaus stricken. Faden abschneiden, dabei ein 13 cm langes Ende übriglassen.

Fertigstellung

Den Faden durch die restlichen M auf der Nadel führen und fest zusammenziehen. Fadenende vernähen. Aus den Garnresten einen Pompon fertigen und am Mützenzipfel befestigen. Von der linken Seite leicht dämpfen, dabei das Rippenmuster aussparen.

Material: Pullover

Garn

Nehmen Sie für dieses Modell ein 2fädiges Shetlandgarn.
Garn A   150 g (Torf)
Garn B   75 g (Schwarz)
Garn C   50 g (Rot)
Garn D   50 g (Grün)
Garn E   25 g (Taubenblau)
Garn F   25 g (Senf)

Stricknadeln

Je ein Paar Stricknadeln Nr. 3½ und Nr. 2½

Größen 38/40 und 42

Bei unterschiedlichen Angaben: Größe 42 in Klammern (siehe auch Schnittschema S. 117)

Maschenprobe

31 M und 30 R = 10 × 10 cm im Strickmuster mit Nadeln Nr. 3½

Rücken- und Vorderteil

Mit Nadeln Nr. 2½ und Garn A 128 (136) M anschl., 5 cm im Rippenmuster (1 M r, 1 M l) arbeiten, dabei in der letzten Rückreihe wie folgt zun.: * 3 M im Rippenmuster, zweimal in die nächste M einstechen, 4 M im Rippenmuster; von * an 15 (16)mal wiederholen = 144 (153) M.
Mit Nadeln Nr. 3½ glatt rechts im Einstrickmuster nach der Strickschrift arbeiten, wobei die ungeraden (rechtsgestrickten) R von rechts nach links und die geraden (linksgestrickten) R von links nach rechts gelesen werden. Das Muster in den rechtsgestrickten R wie folgt aufteilen: *Für Größe 38/40* M 1—17 8mal wiederholen, die R mit M 1—8 beenden; *für Größe 42* M 1—17 9mal wiederholen. Linksgestrickte R gegengleich arbeiten. Im Strickmuster fortfahren bis zur 12. (16.) R des 4. Rapports und einer Gesamthöhe von ca. 37 (38) cm.
Armausschnitte: Im Strickmuster je 10 (12) M zu Beginn der nächsten 2 R abk. = 124 (129) M. Dann im Strickmuster geradeaus weiterarbeiten, bis Sie die 24. (28.) R des 5. Rapports beendet haben und die Gesamthöhe ca. 50 (51) cm beträgt.
Mit Nadeln Nr. 2½ und Garn A noch 10 (11) cm im Rippenmuster (1 M r, 1 M l) für den U-Boot-Ausschnitt stricken, dabei *nur für Größe 42* beidseitig in der 1. R je 1 M zun. Danach mit Garn B eine weitere R im Rippenmuster arbeiten. Im Rippenmuster mit Garn B alle M abk.
Das Vorderteil genauso arbeiten.

Ärmel

Mit Nadeln Nr. 2½ und Garn B 60 M anschl. Eine R im Rippenmuster arbeiten. Mit Garn A 8 (9) cm im Rippenmuster stricken, dabei in der letzten Rückreihe wie folgt zun.: 5 M im Rippenmuster, * 2 M Rippenmuster, zweimal in die nächste M einstechen; von * an 15mal wiederholen, 7 M im Rippenmuster = 76 M.
Mit Nadeln Nr. 3½ glatt rechts im Einstrickmuster nach der Strickschrift arbeiten, dabei die M 1—17 4mal wiederholen und die M 1—8 in der rechts gestrickten R einmal stricken. Linksgestrickte R gegengleich arbeiten. Im Strickmuster für die Seitenformung in jeder 7. und jede folgenden 4. R beidseitig je 1 M zun., bis 132 (136) M auf der Nadel sind. Die zusätzlichen M in das Muster mit aufnehmen. Dann geradeaus im Strickmuster bis zur vollendeten 24. (28.) R des 5. Rapports und einer Gesamthöhe von ca. 53 (55) cm fortfahren. Alle M abk.

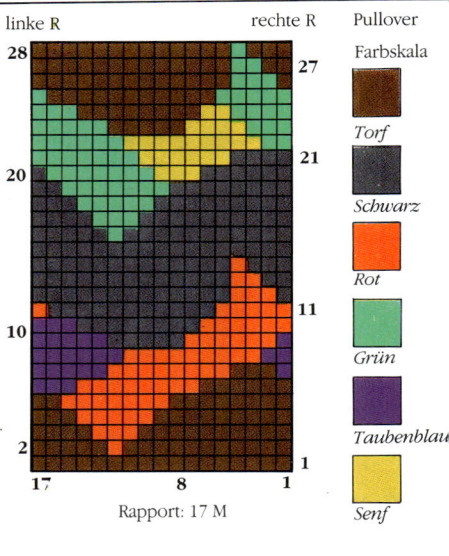

linke R   rechte R   Pullover
                               Farbskala
28   27
                               Torf
20   21
                               Schwarz
10   11
                               Rot
2   1
17   8   1   *Grün*
Rapport: 17 M
                               Taubenblau

                               Senf

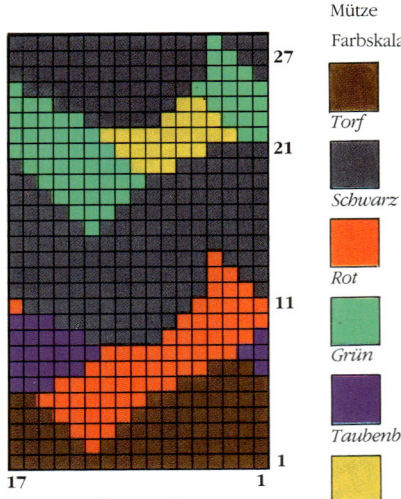

                               Mütze
                               Farbskala
                    27
                               Torf
20   21
                               Schwarz
10   11
                               Rot
                               Grün
17   1   1
Rapport: 17 M   *Taubenblau*

                               Senf

Fertigstellung

Alle Teile leicht von der linken Seite dämpfen, dabei das Rippenmuster aussparen. Seitennähte schließen. Die vordere und hintere Hälfte der Ausschnittblende 2 cm überlappend feststecken. Von der Schulterkante an 5 cm nach innen mit unsichtbaren Stichen annähen. Ärmelnähte schließen, dabei die letzten 4 cm oben am Ärmel offenlassen. Die gerade abgekettete Kante des Ärmels im Armausschnitt und die Öffnung oben an der Ärmelnaht an der unteren Armausschnittkante feststecken und einnähen. Die Nähte leicht dämpfen.

SCHACHBRETT

*Dieser klassische Pullover in warmen Farbschattierungen und im
Schachbrettmuster gestrickt ist bei Frauen und Männern beliebt.
Das Modell hat einen runden Ausschnitt und leicht herabgezogene Schultern.*

Material

Garn
Nehmen Sie für dieses Modell ein 2fädiges
Shetlandgarn.

Garn A	125 (150) g	(Hellbraun)
Garn B	75 (100) g	(Elfenbein)
Garn C	75 (100) g	(Mittelbraun)
Garn D	50 g	(Rost)
Garn E	50 g	(Blaßlila)
Garn F	50 g	(Graugrün)
Garn G	50 g	(Flaschengrün)
Garn H	50 g	(Purpur)
Garn J	50 g	(Torf)

Stricknadeln
Je ein Paar Stricknadeln Nr. 3½, Nr. 2½ und 1
Rundstricknadel Nr. 2½

Größen 38/40/42 und 44/46

Bei unterschiedlichen Angaben: Größe 44/46 in Klammern (siehe auch Schnittschema S. 117)

Maschenprobe

32 M und 30 R = 10 × 10 cm im Einstrickmuster mit Nadeln Nr. 3½

Rückenteil

** Mit Nadeln Nr. 2½ und Garn A 136 (150) M anschl. 5 (6) cm im Rippenmuster (1 M r, 1 M l) stricken, dabei in der letzten Rückreihe wie folgt zun.: 2 (3) M im Rippenmuster, * 6 (5) M im Rippenmuster, zweimal in die nächste M einstechen; von * an 17 (23)mal wiederholen, danach 8 (3) M im Rippenmuster = 154 (174) M. Mit Nadeln Nr. 3½ im Strickmuster nach der Strickschrift arbeiten, wobei die ungeraden (rechtsgestrickten) R von rechts nach links und die geraden (linksgestrickten) R von links nach rechts gelesen werden. Wiederholen Sie die 10 Grundmustermaschen (M 1−10) 15 (17)mal, danach arbeiten Sie die 4 Extramaschen (11−14) wie am Ende der rechtsgestrickten und zu Beginn der linksgestrickten R angegeben. Im Strickmuster fortfahren bis zur vollendeten 30. R des 4. Rapports und einer Gesamthöhe von ca. 45 (46) cm.
Armausschnitte: Im Strickmuster je 12 (15) M zu Beginn der nächsten 2 R (R 1 und 2 des 5. Rapports) abk. = 130 (144) M **.
Im Strickmuster geradeaus hocharbeiten bis zur vollendeten 10. (14.) R des 7. Rapports und einer Armausschnitthöhe von 23 (24) cm.

Schulterschrägung: Im Strickmuster je 15 (17) M zu Beginn der nächsten 2 R abk. Danach zu Beginn der nächsten 4 R je 13 (14) M abk. Die restlichen 48 (54) M auf eine Hilfsnadel legen.

Vorderteil

Wie das Rückenteil von ** bis ** arbeiten = 130 (144) M. Im Strickmuster geradeaus weiterarbeiten bis zur vollendeten 8. R des 6. Rapports und einer Gesamthöhe von ca. 57 (58) cm.
Halsausschnitt: Im Strickmuster in der folgenden R die ersten 47 (53) M der R arbeiten und diese 47 (53) M auf eine Hilfsnadel legen. Die nächsten 36 (38) M der R abk., dann die restlichen 47 (53) M im Strickmuster arbeiten. Im Strickmuster diese 47 (53) M weiterstricken, dabei an der Halsausschnittkante in den nächsten 6 R je 1 M abk. = 41 (47) M. Diese 41 (47) M geradeaus im Strickmuster weiterarbeiten bis zur vollendeten 10. (14.) R des 6. Rapports und einer Höhe von ca. 23 (24) cm vom Armausschnitt gemessen.

Schulterschrägung: Im Strickmuster 15 (17) M zu Beginn der nächsten R abk. Danach je 13 (14) M zu Beginn jeder 2. R abk.
Mit der linken Seite der Arbeit nach oben den Faden für die ersten 47 (53) M an der Halskante wieder aufnehmen. Die linke Schulter und den Halsausschnitt wie die rechte Seite, jedoch gegengleich, arbeiten.

Ärmel

Mit Nadeln Nr. 2½ und Garn D 60 (68) M anschl. und eine R im Rippenmuster arbeiten. Mit Garn A weitere 10 cm im Rippenmuster stricken, dabei in der letzten Rückreihe wie folgt zun.: 0 (1) M Rippenmuster, * 7 (5) M Rippenmuster, zweimal in die nächste M einstechen, 7 (5) M Rippenmuster; von * an 3 (5)mal wiederholen, 0 (1) M Rippenmuster = 64 (74) M.
Mit Nadeln Nr. 3½ im Einstrickmuster nach der Strickschrift arbeiten, dabei die M 1−10 7mal in der R wiederholen, dann die 4 Extramaschen (11−14) wie angegeben am Ende der rechtsgestrickten und zu Beginn der linksgestrickten R arbeiten. Für die Ärmelformung beidseitig in jeder 3. und jeder folgenden 4. R je 1 M zun., bis 106 (116) M auf der Nadel sind, wobei die Extramaschen in das Strickmuster aufgenommen werden. Dann in jeder 3. R beidseitig 1 M zun., bis 142 (148) M auf der Nadel sind. Im Strickmuster bis zur 16. (24.) R des 5. Rapports und einer Gesamthöhe von ca. 55 (58) cm fortfahren. R locker abk., wobei die Kante ca. 47 (48) cm lang sein sollte. Den zweiten Ärmel genauso arbeiten.

Halsausschnittblende

Schulternähte schließen. Mit der Rundstricknadel Nr. 2½ und Garn A, an der linken Schulterkante beginnend, 39 (43) M an der linken Halskante aufnehmen, dann die 36 (38) M der abgeketteten Kante, die 39 (43) M an der rechten Halskante und schließlich die 48 (54) M der Hilfsnadel abstricken = 160 (178) M insgesamt. 10 Rd im Rippenmuster mit Garn A und 1 Rd mit Garn D stricken. Dann mit Garn D alle M abk.

Fertigstellung

Alle Teile auf der linken Seite leicht dämpfen, das Rippenmuster dabei aussparen. Seitennähte schließen. Unterarmnähte schließen, dabei oben 4 (5) cm offenlassen. Den Ärmel oben in den Armausschnitt einsetzen und den offenen Teil an der abgeketteten Unterkante des Armausschnittes feststecken. Ärmel einnähen, den zweiten Ärmel genauso fertigstellen. Nähte von der linken Seite leicht dämpfen.

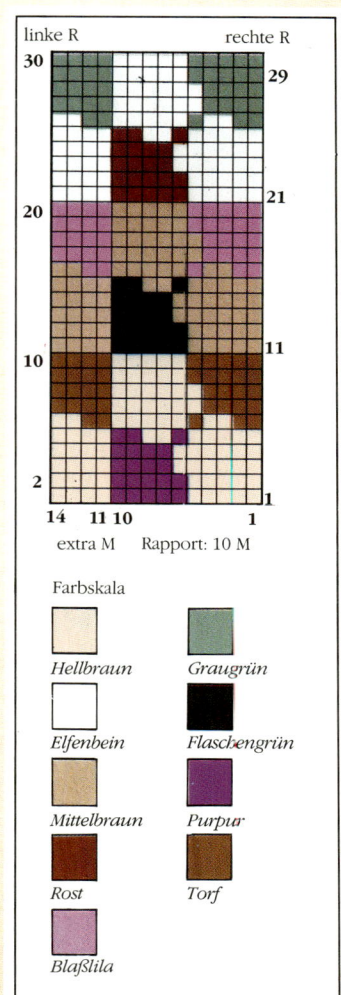

linke R   rechte R

30   29

20   21

10   11

2

14 11 10   1
extra M   Rapport: 10 M

Farbskala

Hellbraun   Graugrün

Elfenbein   Flaschengrün

Mittelbraun   Purpur

Rost   Torf

Blaßlila

QUADRATE AUF SCHWARZ

Diese extravagante Schößchenjacke besticht durch ihr geometrisches Design auf schwarzem Hintergrund. Das Quadratmuster wird von rechtsgestrickten Reihen in Schwarz unterbrochen.

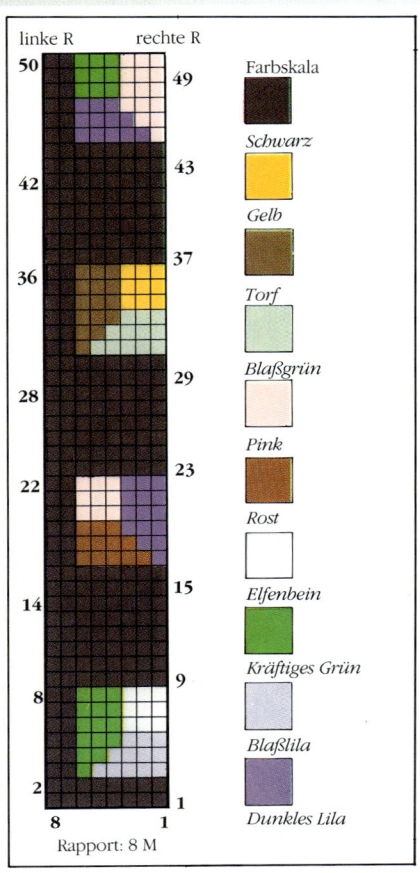

linke R   rechte R

50 ... 49
42 ... 43
       37
36
28 ... 29
22 ... 23
14 ... 15
        9
8
2 ... 1
8 ... 1

Rapport: 8 M

Farbskala

- Schwarz
- Gelb
- Torf
- Blaßgrün
- Pink
- Rost
- Elfenbein
- Kräftiges Grün
- Blaßlila
- Dunkles Lila

Material

Garn
Nehmen Sie für dieses Modell ein 2fädiges Shetlandgarn.

Garn A	300 g	(Schwarz)
Garn B	50 g	(Gelb)
Garn C	50 g	(Torf)
Garn D	50 g	(Blaßgrün)
Garn E	50 g	(Pink)
Garn F	50 g	(Rost)
Garn G	50 g	(Elfenbein)
Garn H	50 g	(Kräftiges Grün)
Garn J	50 g	(Blaßlila)
Garn K	50 g	(Dunkles Lila)

Stricknadeln
Je ein Paar Stricknadeln Nr. 3½ und Nr. 2½ sowie eine Häkelnadel Nr. 2½ und 1 Knopf

Größen 36, 38/40 und 42

Bei unterschiedlichen Angaben: Größen 38/40 und 42 in Klammern (siehe auch Schnittschema S. 117)

Maschenprobe
32 M und 34 R = 10 × 10 cm im Einstrickmuster mit Nadeln Nr. 3½

Rückenteil

Mit Nadeln Nr. 2½ und Garn A 272 (288/304) M anschl. 6 R glatt r mit Garn A arbeiten. Dann weitere 2 R für den Saum stricken. Mit Nadeln Nr. 3½ 8 R glatt r in Garn A arbeiten, mit einer R r M beginnen.
Nun das Einstrickmuster nach der Strickschrift arbeiten, wobei die ungeraden (rechtsgestrickten) R von rechts nach links und die geraden (linksgestrickten) R von links nach rechts gelesen werden, mit Ausnahme der R 9–16, 23–30 und 37–44, die kraus gestrickt werden und das Strickmuster unterbrechen. Die 8 M des Rapports 34 (36/38)mal in den R wiederholen. Im Strickmuster fortfahren bis zur vollendeten 2. (8./8.) R des 2. Rapports und einer Höhe von ca. 17 (19/19) cm, von der Saumkante gemessen.
Für die Taille in der nächsten R wie folgt abn.: (Garn A) Während der gesamten R 2 M r zus.str. = 136 (144/152) M. Mit Nadeln Nr. 2½ 9 R im Rippenmuster (1 M r, 1 M l) arbeiten.
Mit Nadeln Nr. 3½ glatt rechts im Muster, von R 3 (15/15) des 2. Rapports weiterarbeiten, bis zur vollendeten 14. (28./32.) R des 3. Rapports und einer Höhe von ca. 18 (19/20) cm, von der oberen Taillenkante aus gemessen.
Armausschnitte: Im Strickmuster je 8 M zu Beginn der nächsten 2 R abk. Dann beidseitig in den nächsten 9 R je 2 M r zus.str. = 102 (110/118) M. Nun geradeaus im Strickmuster bis zur vollendeten 32. R des 4. Rapports (R 50 des 4. Rapports/R 8 des 5. Rapports) und einer Armausschnitthöhe von ca. 19 (20/22) cm weiterarbeiten.
Schulterschrägung: Im Strickmuster zu Beginn der nächsten 4 R je 8 M abk., danach 5 (6/7) M zu Beginn der nächsten 6 R abk. Die restlichen 40 (42/44) M auf eine Hilfsnadel nehmen.

Vorderteile

Linkes Vorderteil
Mit Nadeln Nr. 2½ und Garn A 120 (128/136) M anschl. 6 R glatt r mit Garn A arbeiten. Dann 2 R für die Saumkante stricken. Mit Nadeln Nr. 3½ 8 weitere R glatt r in Garn A stricken, dabei mit einer rechtsgestrickten R beginnen.
Nun im Einstrickmuster nach der Strickschrift weiterarbeiten, dabei die 8 M des Rapports 15 (16/17)mal in der R wiederholen. Im Strickmuster bis zur vollendeten 2. (8./8.) R des 2. Rapports und einer Höhe von ca. 17 (19/19) cm, von der Saumkante gemessen, fortfahren. Danach für die Taille wie folgt abn.: *Für Größe 36* (2 M r zus.str., 3 M r zus.str.) 4mal, (2 M r zus.str.) 40mal, (3 M r zus.str., 2 M r zus.str.) 4mal; *für Größe 38/40* in der ganzen R 2 M r zus.str.; *für Größe 42* 4 M r, (2 M r zus.str.) 64mal, 4 M r = 56 (64/72) M.
Taillenstreifen: Mit Nadeln Nr. 2½ und Garn A 9 R im Rippenmuster (1 M r, 1 M l) arbeiten. Mit Nadeln Nr. 3½ glatt rechts im Einstrickmuster nach der Strickschrift arbeiten, dabei mit R 3 (15/15) des 2. Rapports beginnen. Im Muster

bis zur vollendeten 14. (28./32.) R des 3. Rapports und einer Höhe von ca. 18 (19/20) cm, vom Taillenstreifen aus gemessen, weiterstricken.
Armausschnitt: Im Muster 4 (6/7) M zu Beginn der nächsten R abk. Dann eine R ohne Abnahme arbeiten. In den folgenden 7 (9/10) R an der Armausschnittkante je 2 M r zus.str. = 45 (49/55) M. Geradeaus weiterarbeiten bis zur vollendeten 11. (29./33.) R des 4. Rapports.
Halsausschnitt: Mit der linken Seite nach oben 3 (3/4) M zu Beginn der nächsten R abk. Dann am Ende jeder R je 2 M r zus.str., bis 31 (34/37) M übrigbleiben. Geradeaus im Strickmuster bis zur vollendeten 32. R des 4. Rapports (R 50 des 4. Rapports, R 8 des 5. Rapports) und einer Armausschnitthöhe von ca. 19 (20/22) cm weiterarbeiten.
Schulterschrägung: Zu Beginn der nächsten und in der folgenden 2. R je 8 M abk. 5 (6/7) M zu Beginn der folgenden 3. R abk.

Rechtes Vorderteil
Wie das linke Vorderteil, jedoch gegengleich, arbeiten.

Ärmel

Mit Nadeln Nr. 2½ und Garn A 62 (62/64) M anschl. und 6 cm im Rippenmuster arbeiten. Dabei in der letzten Rückreihe wie folgt zun.: 10 (10/8) M im Rippenmuster; * 1 M zun., 1 M Rippenmuster; von * an bis zu den letzten 11 (11/9) M wiederholen; 1 M zun., bis zum Ende der R im Rippenmuster = 104 (104/112) M. Mit Nadeln Nr. 3½ mit R 37 (43/43) der Strickschrift beginnend, geradeaus im Muster bis zur 14. (28./32.) R des 3. Rapports und einer Gesamthöhe von ca. 41 (43/44) cm weiterarbeiten.
Armkugel: Im Strickmuster je 8 M zu Beginn der nächsten 2 R abk. Danach beidseitig in der nächsten und in jeder folgenden 2. R je 7 (10/12)mal 2 M r zus.str. 13 (15/15) R geradeaus im Strickmuster arbeiten. Beidseitig in der nächsten und in jeder folgenden 2. R 11 (8/8)mal 2 M r zus.str. Eine R linksgestrickter M arbeiten. Den zweiten Ärmel genauso stricken.

Vordere Blenden

Zunächst die Schulternähte schließen.

Linkes Vorderteil
Mit Nadeln Nr. 2½ und Garn A 189 (189/197) M an der vorderen Öffnungskante bis zum Saum aufnehmen. 9 R im Rippenmuster (1 M r, 1 M l) mit Garn A arbeiten, dabei in den R 4 und 8 1 M an der Halsausschnittkante zun. Im Rippenmuster alle M abk.

Rechtes Vorderteil
An der Saumkante beginnend mit der rechten Seite der Arbeit nach oben 189 (189/197) M bis zur Halsausschnittkante aufnehmen. Wie die linke Vorderteilblende arbeiten.

Halsausschnittblende

Mit der rechten Seite der Arbeit nach oben, mit Nadeln Nr. 2½ und Garn A an der rechten Seite des Halsausschnittes beginnend 117 (119/121) M aus der Halsausschnittkante, einschl. der M auf der Hilfsnadel, aufnehmen. 8 (10/10) R mit Garn A glatt rechts stricken, dabei mit einer R linker M beginnen. Danach 2 R r für die Falzlinie der Halsausschnittblende arbeiten. Weitere 8 (10/10) R glatt rechts stricken. Alle M abk.

Fertigstellung

Alle Teile leicht von links dämpfen, dabei das Rippenmuster aussparen. Seiten- und Ärmelnähte schließen. Ärmel einsetzen, dabei die Weite oben einhalten. Die 6 rechtsgestrickten R an der Saumkante, der Falzlinie folgend, nach innen einschlagen und auf der Innenseite locker anheften. Die 8 (10) rechtsgestrickten R am Halsausschnitt, der Falzlinie folgend, nach innen einschlagen und auf der Innenseite locker anheften. Die beiden Kanten der Halsausschnittblende an beiden Seiten der Öffnungskante übernähen. Eine Knopfschlinge häkeln (siehe S. 141) und an der rechten Seite des Taillenbandes befestigen. Knopf auf der linken Seite passend annähen. Alle Nähte auf der linken Seite des Modells leicht dämpfen.

EDLES KUPFER

*Dieser weitgeschnittene Pullover mit langen Ärmeln wirkt sehr edel durch die
mit Kupferlurex durchsetzte blau-beige Streifenkombination. Statt des Lurex kann man
auch ein Shetlandgarn verwenden, um einen weicheren Effekt zu erzielen.*

Material

Garn

Nehmen Sie für dieses Modell ein 2fädiges
Shetlandgarn, falls nicht anders angegeben. Für
die verschiedenen Größen brauchen sie verschiedene Garnmengen.

Garn A	100 (100/100/125) g	(Graublau)
Garn B	75 (50/50/75) g	(Hellblau)
Garn C	50 g	(Mittelblau)
Garn D	50 (50/50/75) g	Lurexgarn (Kupfer)
Garn E	50 (50/50/75) g	(Mittelbraun)
Garn F	50 (25/25/50) g	(Cremeweiß)
Garn G	25 g	(Kräftiges Blau)
Garn H	25 (25/25/50) g	(Nougat)
Garn J	25 g	(Orange)

Stricknadeln

Je ein Paar Stricknadeln Nr. 3½ und Nr. 2½

Größen 36, 38/40, 42/44 und 46

Bei unterschiedlichen Angaben: Größen 38/40,
42/44 und 46 in Klammern (siehe auch Schnittschema S. 117)

Maschenprobe

30 M und 32 R = 10 × 10 cm im Einstrickmuster
mit Nadeln Nr. 3½

Rückenteil

** Mit Nadeln Nr. 2½ und Garn A 118 (130/142/152) M anschl. 4 (5/5/6) cm mit Garn A im Rippenmuster (1 M r, 1 M l) arbeiten. In der letzten Rückreihe wie folgt zun.: 6 (4/2/8) M Rippenmuster, * zweimal in die nächste M einstechen, 7 (8/9/8) M Rippenmuster; von * an 13 (13/13/15)mal wiederholen = 132 (144/156/168) M. Mit Nadeln Nr. 3½ glatt r im Strickmuster nach der Strickschrift arbeiten, wobei die ungeraden (rechtsgestrickten) R von rechts nach links und die geraden (linksgestrickten) R von links nach rechts gelesen werden. Die 12 M des Rapports 11 (12/13/14) mal in jeder R wiederholen. Im Muster hocharbeiten bis zur vollendeten 52. (56./64./64.) R des 2. Rapports und einer Gesamthöhe von ca. 41 (43/45/46) cm.
Armausschnitte: Zu Beginn der nächsten 2 R je 8 (12/12/16) M abk. = 116 (120/123/136) M. ** Dann den Armausschnitt gerade im Muster hocharbeiten bis zur vollendeten 50. (54./66./4.) R des 3. (3./3./4.) Rapports und einer Gesamthöhe von ca. 60 (63/66/69) cm.
Schulterschrägung: Je 12 (13/15/15) M zu Beginn der nächsten 2 R abk. Dann je 12 (12/13/14) M zu Beginn der folgenden 4 R abk. Die restlichen 44 (46/50/50) M auf eine Hilfsnadel nehmen.

Vorderteil

Von ** bis ** wie das Rückenteil arbeiten = 116 (120/132/136) M. Im Strickmuster gerade hocharbeiten bis zur vollendeten 34. (40./46./52.) R des 3. Rapports und einer Gesamthöhe von ca. 51 (53/56/58) cm.
Halsausschnitt: In der nächsten rechtsgestrickten R das Muster über die ersten 42 (44/48/50) M stricken, danach 32 (32/36/36) M abk., danach das Muster über die folgenden 42 (44/48/50) M stricken. Nun bei diesen letzten 42 (44/48/50) M für den Halsausschnitt an der (inneren) Kante je 1 M während der nächsten 6 (7/7/7) R abn., bis 36 (37/41/43) M übrigbleiben. Dann gerade hocharbeiten bis zur vollendeten 50. (58./66./4.) R des 3. (3./3./4.) Rapports und einer Gesamthöhe, wie beim Rückenteil, von ca. 60 (63/66/69) cm.
Schulterschrägung: Zu Beginn der nächsten R 12 (13/15/15) M abk. Danach je 12 (12/13/14) M zu Beginn der beiden folgenden 2. R abk. Auf der linken Seite der Arbeit mit neuem Faden die restlichen 42 (44/48/50) M auf der linken Seite des Halsausschnittes abstricken und wie die rechte Halsausschnittkante und Schulter, jedoch mit gegengleicher Formung, arbeiten.

Ärmel

Mit Nadeln Nr. 2½ und Garn A 58 (58/60/60) M anschl. 8 (9/9/9) cm im Rippenmuster (1 M r, 1 M l) stricken.
Mit Nadeln Nr. 3½ glatt rechts im Einstrickmuster nach der Strickschrift arbeiten; dabei wie zuvor mit R 1 beginnen, jedoch *gleichzeitig* die Seiten formen. Dafür 1 M beidseitig in jeder 3. und folgenden 4. R zun., bis 128 (128/136/144) M auf der Nadel sind. Die Extramaschen in das Strickmuster aufnehmen. Danach gerade hocharbeiten bis zu einer Gesamthöhe von ca. 51 (52/53/54) cm. Alle M zugleich abk. Die abgekettete Kante sollte ca. 41 (41/43/45) cm breit sein.
Zweiten Ärmel genauso arbeiten.

Halsausschnittblende

Die rechte Schulternaht schließen.
Auf der rechten Seite der Arbeit mit Nadeln Nr. 2½ und Garn A, an der linken Schulter beginnend, 36 (36/38/38) M an der linken Halsausschnittkante, 32 (32/34/34) M aus der vorderen Halsausschnittkante an der rechten Halsausschnittkante aufwärts, und die 44 (46/50/50) M der Hilfsnadel aufnehmen bzw. abstricken = 148 (150/160/160) M. 13 R im Rippenmuster und Garn A arbeiten. Mit Garn A alle M abk.

Fertigstellung

Alle Teile leicht von links dämpfen, dabei das Rippenmuster aussparen. Schulter- und Seitennähte schließen. Unterarmnähte schließen, dabei jeweils oben 2 (4/4/5) cm offenlassen. Ärmel im Armausschnitt feststecken, dabei den offenen Teil an der abgeketteten unteren Armausschnittkante feststecken. Ärmel einnähen. Nähte von links leicht dämpfen.

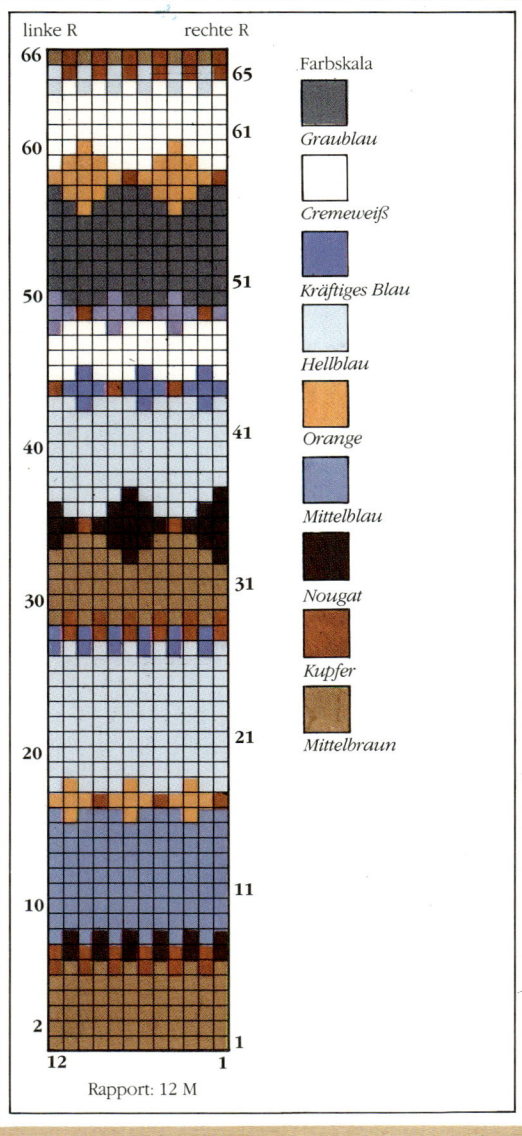

linke R   rechte R

Farbskala

Graublau

Cremeweiß

Kräftiges Blau

Hellblau

Orange

Mittelblau

Nougat

Kupfer

Mittelbraun

Rapport: 12 M

HARMONIE

*Diese klassische Damen- oder Herrenweste im gleichen Muster,
aber blasserer Farbschattierung wie das Modell »Herbst«, hat einen Schalkragen
und kleine Taschen. Der Rücken wird im gestreiften Rippenmuster gearbeitet.*

Material

Garn

Nehmen Sie für dieses Modell ein 2fädiges
Shetlandgarn. Für die verschiedenen Größen
benötigen Sie verschiedene Garnmengen.

Garn A 100
    (100/125) g (Weinrot)
Garn B   50 g (Torf)
Garn C   50 g (Helles Lila)
Garn D   50 g (Blaßgrün)
Garn E   50 g (Hellbeige)
Garn F   25 g (Nougat)
Garn G   25 g (Blaßlila)
Garn H   50 g (Rost)
Garn J   25 g (Mittelbraun)
Garn K   25 g (Blasses Rosa)

Stricknadeln

Je ein Paar Stricknadeln Nr. 3½, Nr. 3 und Nr.
2½; 5 Knöpfe

Größen 38/40, 42 und 44

Bei unterschiedlichen Angaben: Größen 42
und 44 in Klammern (siehe auch Schnittschema
S. 117)

Maschenprobe

32 M und 32 R = 10 × 10 cm im Einstrickmuster
mit Nadeln Nr. 3½

Vorderteile

Taschenfutter

Beginnen wie Sie folgt mit dem Taschenfutter:
Mit Nadeln Nr. 3 und Garn A 28 (30/32) M
anschl. 6 cm glatt rechts stricken. Mit einer l
gestrickten R enden. M auf einer Hilfsnadel
stillegen. Zweites Taschenfutter genauso arbeiten.

Linkes Vorderteil

Mit Nadeln Nr. 2½ und Garn A 68 (72/80) M
anschl. 5 cm im Rippenmuster (1 M r, 1 M l)
arbeiten, dabei in der letzten Rückreihe wie
folgt zun.: * 16 (11/19) M l, zweimal l in die
nächste M einstechen; von * an 3 (5/3)mal
wiederholen = 72 (78/84) M.

Mit Nadeln Nr. 3½ glatt rechts im Einstrickmuster nach der Strickschrift arbeiten, wobei die
ungeraden (rechtsgestrickten) R von rechts
nach links und die geraden (linksgestrickten) R
von links nach rechts gelesen werden. Das
Strickmuster in den R wie folgt aufteilen: *Für
Größe 38/40* M 1−12 6mal wiederholen; *für
Größe 42* M 1−12 6mal wiederholen, danach
die R mit M 1−6 beenden; *für Größe 44* M 1−12
7mal wiederholen. Die linksgestrickten R gegengleich arbeiten. Im Strickmuster fortfahren
bis zur vollendeten 18. (20./20.) R des Rapports

Tasche: Tasche in R 19 (21/21) wie folgt arbeiten: Die ersten 22 (24/26) M der R stricken, die
folgenden 28 (30/32) M auf eine Hilfsnadel
nehmen und an ihrer Stelle die 28 (30/32) M
des Taschenfutters auf der Hilfsnadel im Muster
arbeiten; bis zum Ende der R im Muster fortfahren.

Im Muster gerade hocharbeiten bis zur vollendeten 76. (4./8.) R des 1. (2./2.) Rapports und
einer Gesamthöhe von ca. 29 (30/32) cm.

Arm- und Halsausschnitt: Je 14 (15/16) M zu
Beginn der nächsten R abk., bis zu den letzten
beiden M weiterarbeiten, dann 2 M r zus.str. Im
Muster weiterstricken, dabei beidseitig je 1 M
an der Armausschnittkante in den nächsten 15
(15/17) R abn. Insgesamt sollten 29 (30/33) M
abgekettet sein. Danach den Armausschnitt gerade hocharbeiten. *Gleichzeitig* an der Halsausschnittkante 1 M in jeder folgenden 5. (4./4.) R

Rückenansicht

nach der 1. Abnahme in R 1 (5/9) abk., bis Sie an der Halsausschnittkante insgesamt 13 (16/18) M abgekettet haben und 30 (32/33) M übrigbleiben. Nun gerade hocharbeiten bis zur vollendeten 72. (4./16.) R des 2. (3./3.) Rapports und einer Gesamthöhe von ca. 51 (55/57) cm.
Schulterschrägung: Im Strickmuster 10 (12/11) M zu Beginn der nächsten R abk. Danach je 10 (10/11) M zu Beginn der übernächsten und der darauffolgenden 2. R abk.

Rechtes Vorderteil

Wie das linke Vorderteil, jedoch mit gegengleicher Halsausschnitt- und Schulterformung, arbeiten.

Rückenteil

Mit Nadeln Nr. 2½ und Garn A 144 (156/168) M anschl. 5 cm im Rippenmuster (1 M r, 1 M l) arbeiten; mit einer Rückreihe enden.
Mit Nadeln Nr. 3 das gesamte Rückenteil im Rippenmuster nach folgender Farbfolge stricken:

R 1: Garn A
R 2: Garn D
R 3: Garn H
R 4: Garn J
R 5: Garn E
R 1–5 fortwährend wiederholen, dabei das nicht benötigte Garn auf der Rückseite der Arbeit mitführen. Bis zu einer Gesamthöhe von ca. 29 (30/32) cm stricken und mit einer Rückreihe enden.
Armausschnitte: Im Rippenmuster je 4 (5/6) M zu Beginn der nächsten 2 R abk. Dann beidseitig in den nächsten 16 (17/18) R 2 M r zus.str., bis 104 (112/120) M übrigbleiben. Danach im Rippenmuster gerade hocharbeiten, bis das Rückenteil von der Anschlagkante bis zum Beginn der Schulterschrägung dieselbe Länge wie das Vorderteil hat = ca. 51 (55/57) cm. Mit einer Rückreihe enden.

Schulterschrägung: Im Rippenmuster nach der Streifenfolge je 10 (12/11) M zu Beginn der nächsten 2 R abk. Danach je 10 (10/11) M zu Beginn der nächsten 4 R abk.; die restlichen 44 (48/54) M in der Mitte teilen und beide Hälften auf eine Hilfsnadel nehmen.
Schulternähte schließen.

Vorderteilblenden

Rechtes Vorderteil

Mit Nadeln Nr. 2½ und Garn A auf der rechten Seite der Arbeit, an der unteren Kante beginnend, 93 (97/101) M aus der vorderen Öffnungskante bis zum Halsausschnitt aufnehmen; danach 89 (93/101) M an der Seitenkante, einschl. der 22 (24/27) M der Hilfsnadel, aufnehmen. 3 R im Rippenmuster (1 M r, 1 M l) mit Garn A stricken.
Knopflöcher: In der 4. R 5 Knopflöcher wie folgt einarbeiten: 4 M im Rippenmuster, * 3 M abk., 18 (19/20) M Rippenmuster; von * an 3mal wiederholen, 3 M abk., bis zum Ende der R im Rippenmuster stricken. Im Rippenmuster zurückstricken, dabei die abgeketteten M wieder anschl. 4 weitere R im Rippenmuster mit Garn A arbeiten. Mit Garn B eine R im Rippenmuster stricken. Mit Garn B alle M abk.

Linkes Vorderteil

Auf der rechten Seite der Arbeit, mit Nadeln Nr. 2½ und Garn D, in der rückwärtigen Mitte des Halsausschnittes beginnend, die 22 (24/27) M der Hilfsnadel an der rückwärtigen Halskante im Rippenmuster stricken. Danach 67 (69/74) M bis zum Beginn des Halsausschnittes und 93 (97/101) M aus der vorderen Öffnungskante aufnehmen und stricken. Wie die rechte Vorderteilblende, jedoch ohne Knopflöcher, arbeiten.

Armausschnittblenden

Auf der rechten Seite der Arbeit mit Nadeln Nr. 2½ und Garn A 142 (150/166) M aus dem Armausschnitt aufnehmen. 9 R im Rippenmuster stricken. Mit Garn B eine weitere R im Rippenmuster arbeiten. Mit Garn B alle M abk.
Zweite Ausschnittblende genauso arbeiten.

Taschenblenden

Auf der rechten Seite der Arbeit mit Nadeln Nr. 2½ und Garn A die 28 (30/32) M der Hilfsnadel abstricken. 7 R im Rippenmuster arbeiten. Mit Garn B eine weitere R im Rippenmuster stricken. Alle M mit Garn B abk.
Die zweite Taschenblende genauso arbeiten.

Schalkragen

Mit Nadeln Nr. 3 und Garn A 191 (195/201) M anschl. 9 R im Rippenmuster (1 M r, 1 M l) stricken. Im Rippenmuster für die Kragenformung je 2 M zu Beginn der nächsten 24 R abk. Danach je 6 M zu Beginn der nächsten 16 R abk. = 47 (51/57) M. Im Rippenmuster alle M abk.

Fertigstellung

Alle Teile leicht von links dämpfen, dabei das Rippenmuster aussparen. Seitennähte schließen. Vorderteilblenden in der hinteren Mitte zusammennähen. Das Taschenfutter an die Innenseite des Westenvorderteils heften. Die Taschenblenden anheften. Die Mitte des Schalkragens in der hinteren Ausschnittmitte innerhalb der gerippten Vorderteilblende feststecken, dann die restliche Kragenkante rund um den Halsausschnitt feststecken. Kragen festnähen und umschlagen, so daß die gerippte Kante verdeckt ist. Kragen leicht in Form bügeln. 5 Knöpfe an der linken Vorderteilblende, den Knopflöchern entsprechend, annähen. Nähte leicht von links dämpfen.

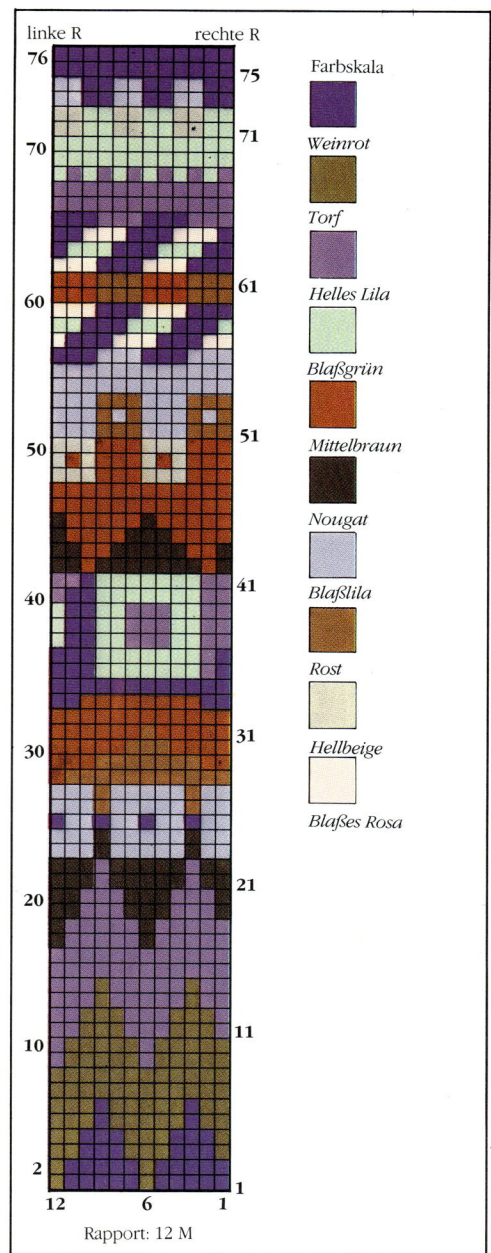

linke R   rechte R

76   75
70   71
60   61
50   51
40   41
30   31
20   21
10   11
2   1

12   6   1

Rapport: 12 M

Farbskala

Weinrot

Torf

Helles Lila

Blaßgrün

Mittelbraun

Nougat

Blaßlila

Rost

Hellbeige

Blaßes Rosa

BLUMEN

HERBSTBLUMEN

Dieser Baumwollpullover mit U-Boot-Ausschnitt wirkt sehr feminin
durch das zarte Blumendesign, unterbrochen von breiten Reihen im Türkischen Muster.
Der Halsausschnitt und die Ärmelbündchen sind mit einem kontrastierenden Garn eingefaßt.

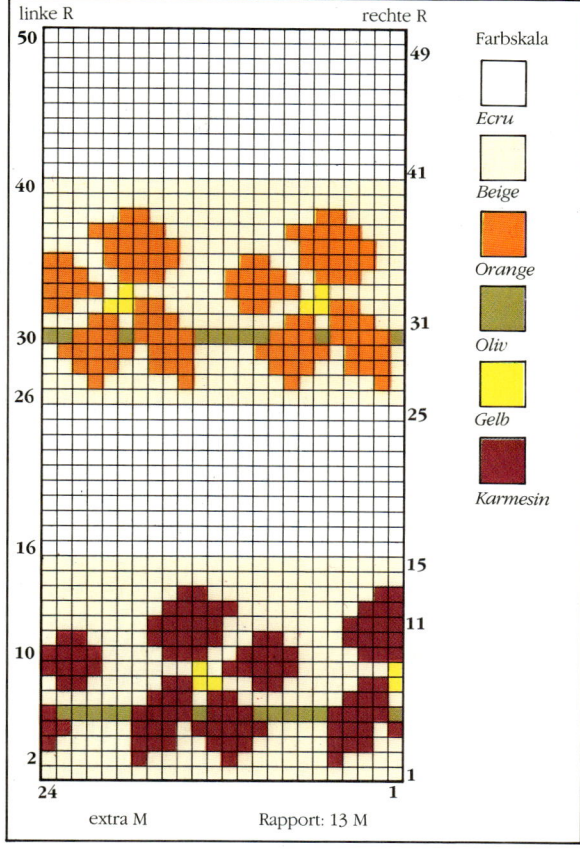

linke R   rechte R

50   49

40   41

30   31

26   25

16   15

10   11

2   1

24   1

extra M   Rapport: 13 M

Farbskala

Ecru

Beige

Orange

Oliv

Gelb

Karmesin

Mit Nadeln Nr. 3½ im Einstrickmuster nach der Strickschrift arbeiten, wobei die ungeraden (rechtsgestrickten) R von rechts nach links und die geraden (linksgestrickten) R von links nach rechts gelesen werden. Das Muster in den R wie folgt aufteilen: Die 13 M des Rapports (M 1–13) 11mal *für beide Größen* wiederholen, danach die R *für Größe 38/40* mit M 1–4 beenden; *für Größe 42* die R mit M 14–24 beenden. Die linksgestrickten R gegengleich arbeiten, dabei mit den Extramaschen beginnen. R 1–15 der Strickschrift arbeiten. Danach die nächsten 10 R (16–25) im Türkischen Muster wie folgt arbeiten: (R 16) 1 M r, * Faden nach vorne legen, 1 M abh., 1 M r, die abgeh. M über die abgestr. M ziehen; von * an bis zur letzten M wiederholen, 1 M r. 9 weitere R nach diesem Muster arbeiten (siehe auch S. 130, Türkisches Muster). Dann die nächsten 15 R im Blumenmuster nach der Strickschrift arbeiten, dabei mit R 26 beginnen. Danach R 41–50 im Türkischen Muster arbeiten, um den Rapport zu beenden. R 1–40 einschl. noch einmal arbeiten, bis das Teil eine Gesamthöhe von ca. 35 (37) cm hat.
Armausschnitte: Im Muster (R 41, Türkisches Muster) je 10 (12) M zu Beginn der nächsten 2 R abk. = 124 (130) M. Dann gerade hocharbeiten bis zur vollendeten 25. R des 3. Rapports.
Mit Nadeln Nr. 2½ und Garn A 11 cm im Rippenmuster (1 M r, 1 M l) arbeiten, um den U-Boot-Ausschnitt zu formen. Mit Garn E eine weitere R im Rippenmuster stricken, dann alle M abk. Das zweite Strickteil genauso arbeiten.

Material

Garn
Nehmen Sie für dieses Modell ein Baumwollgarn.
Garn A   350 g (Ecru)
Garn B   250 g (Beige)
Garn C   100 g (Orange)
Garn D   100 g (Karmesin)
Garn E   50 g (Oliv)
Garn F   50 g (Gelb)

Stricknadeln
Je ein Paar Stricknadeln Nr. 3½ und Nr. 2½

Größen 38/40 und 42

Bei unterschiedlichen Angaben: Größe 42 in Klammern (siehe auch Schnittschema S. 118)

Maschenprobe
31 M und 32 R = 10 × 10 cm im Einstrickmuster mit Nadeln Nr. 3½

Rücken- und Vorderteil

Rücken- und Vorderteil werden gleich gearbeitet. Mit Nadeln Nr. 2½ und Garn A 128 (136) M anschl. 7 (9) cm im Rippenmuster (1 M r, 1 M l) stricken, dabei in der letzten Rückreihe wie folgt zun.: * 4 (3) M im Rippenmuster, zweimal im Rippenmuster in die nächste M einstechen, 3 M Rippenmuster; von * an 15 (17)mal wiederholen = 144 (154) M.

Ärmel

Mit Nadeln Nr. 2½ und Garn E 60 M anschl. 1 R im Rippenmuster stricken. Mit Garn A weitere 10 cm im Rippenmuster arbeiten, dabei in der letzten Rückreihe wie folgt zun.: * 2 M im Rippenmuster, zweimal im Rippenmuster in die nächste M einstechen; von * an 19mal wiederholen = 80 M.
Mit Nadeln Nr. 3½ nach der Strickschrift weiterarbeiten, dabei die 13 M des Rapports 6mal in der R wiederholen. Am Ende der R 2 Extramaschen stricken (14–15). *Gleichzeitig* für die Seitenformung beidseitig in jeder 3. und nachfolgenden 4. R 1 M zun., bis 134 M auf der Nadel sind, wobei die Extramaschen in das Strickmuster aufgenommen werden. Danach gerade hocharbeiten bis zur vollendeten 25. R des 3. Rapports und einer Gesamthöhe von ca. 49 cm. Alle M zugleich abk.
Den zweiten Ärmel genauso arbeiten.

Fertigstellung

Alle Teile leicht von links dämpfen, dabei das Rippenmuster aussparen. Seitennähte schließen. Ärmelnähte schließen, dabei oben 4 cm offenlassen. Das Rippenmuster am vorderen Halsausschnitt 4 cm breit über dem Rippenmuster am hinteren Halsausschnitt feststecken. Rippenteile von der Schulterkante an 4 cm nach innen zusammennähen, wobei knapp unterhalb der vorderen Rippenkante gearbeitet wird, damit die Stiche verdeckt sind. Ärmel im Armausschnitt feststecken, dabei die beiden offenen Teile des Ärmels an der abgeketteten Armausschnittkante feststecken. Ärmel einnähen. Nähte leicht von links dämpfen.

IRIS

Eine aparte Cardigan-Jacke in lila-gelber Farbkombination mit Zwischenreihen aus Mohair-Garn. Das Modell hat einen kleinen Kragen im Perlmuster und schmale Taschen.

Material

Garn
Nehmen Sie für dieses Modell, sofern nicht anders angegeben, ein 2fädiges Shetlandgarn.

Garn A	100 g	(Blaßlila)
Garn B	75 g	(Lila)
Garn C	25 g	(Violett)
Garn D	25 g	(Purpur)
Garn E	25 g	(Blaßgrün)
Garn F	25 g	(Weinrot)
Garn G	25 g	(Blaßgelb)
Garn H	25 g	(Gelb)
Garn K	25 g	Lurexgarn (Gold)
Garn L	100 g	Mohair (kräftiges Lila)

Stricknadeln
Je ein Paar Stricknadeln Nr. 3½, Nr. 3, Nr. 2½ und Nr. 2; 7 Knöpfe

Größen 36 und 38/40

Bei unterschiedlichen Angaben: Größe 38/40 in Klammern (siehe auch Schnittschema S. 118)

Maschenprobe
30 M und 36 R = 10 × 10 cm im Einstrickmuster mit Nadeln Nr. 3½

Rückenteil

Mit Nadeln Nr. 2½ und Garn B 124 (130) M anschl. 5 (6) cm im Rippenmuster (1 M r, 1 M l) arbeiten, dabei in der letzten Rückr. wie folgt zun.: 2 M im Rippenmuster, * zweimal im Rip-

penmuster in die nächste M einstechen, 9 (8) M Rippenmuster; von * an 11 (13)mal wiederholen, 2 M Rippenmuster = 136 (144) M.
Mit Nadeln Nr. 3½ im Einstrickmuster nach der Strickschrift arbeiten, wobei die ungeraden (rechtsgestrickten) R von rechts nach links und die geraden (linksgestrickten) R von links nach rechts gelesen werden. Das Muster in den R wie folgt aufteilen: *Für Größe 36* M 1—16 8mal in der R wiederholen, die R mit M 1—8 beenden. *Für Größe 38/40* M 1—16 9mal in der R wiederholen. Linksgestrickte R gegengleich arbeiten. Im Muster gerade hocharbeiten bis zur vollendeten 22. R der Strickschrift. Nun R 23—28 einschl. wie folgt arbeiten: R 23 r M; R 24 r M; R 25 l M; R 26 r M; R 27 l M, R 28 l M. Dann im Einstrickmuster nach der Strickschrift von R 29 bis zum Ende von R 50 arbeiten. R 51—56 wie R 23—28

stricken. Den Rapport bis zur vollendeten 36. R des 2. Rapports und einer Gesamthöhe von ca 30 (31) cm wiederholen.
Armausschnitte: Im Muster je 6 (8) M zu Beginn der nächsten beiden R abk. Danach beidseitig 1 M in jeder R abk., bis 100 (108) M übrigbleiben. Im Muster gerade hocharbeiten bis zur vollendeten 50. (54.) R und einer Gesamthöhe von ca. 51 (52) cm.
Schulterschrägung: Zu Beginn der nächsten 4 R je 6 M abk. Dann je 6 (7) M zu Beginn der nächsten 6 R abk. Die restlichen 40 (42) M abk

Vorderteile

Taschenfutter
Beginnen Sie mit dem Taschenfutter. Dafür mit Nadeln Nr. 3 und Garn B 28 (30) M anschl. 6 cm glatt rechts arbeiten, mit einer rechtsgestrickten R enden. Die M auf eine Hilfsnadel nehmen Das zweite Taschenfutter genauso arbeiten.

Linkes Vorderteil

Mit Nadeln Nr. 2½ und Garn B 54 (58) M anschl.
5 (6) cm im Rippenmuster (1 M r, 1 M l)
arbeiten. In der letzten Rückreihe wie folgt
zun.: 3 (1) M im Rippenmuster, * 5 (6) M
Rippenmuster, zweimal im Rippenmuster in
die nächste M einstechen; von * an 7mal wiederholen, 3 (1) M Rippenmuster = 62 (66) M.
Mit Nadeln Nr. 3½ glatt rechts im Einstrickmuster nach der Strickschrift arbeiten. Das Muster
in den R wie folgt aufteilen: *Für Größe 36* M
1–16 3mal wiederholen und die R mit M 1–14
beenden; *für Größe 38/40* M 1–16 4mal wiederholen und die R mit M 1–2 beenden. Linksge-

strickte R gegengleich arbeiten. Bis zur vollendeten 20. R des Musters wiederholen.
Tasche: Tasche in R 21 wie folgt einarbeiten:
Die ersten 17 (18) M der R stricken, die nächsten 28 (30) M abk.; bis zum Ende der R im
Muster weiterarbeiten. In der nächsten R (R 22)
das Muster über die ersten 17 (18) M stricken,
danach im Muster die 28 (30) M des Taschenfutters auf der Hilfsnadel einarbeiten; dann das
Muster bis zum Ende der R stricken. Im Muster
von R 23 der Strickschrift an bis zur vollendeten 36. R des 2. Rapports und einer Gesamthöhe
von ca. 30 (31) cm hocharbeiten.
Armausschnitte: Im Muster zu Beginn der
nächsten R 8 (10) M abk. Dann in den nächsten
10 (8) R an der Armausschnittkante 2 M r zus.str.
= 44 (48) M. Gerade hocharbeiten bis zur
vollendeten 29. (33.) R des 3. Rapports und
einer Gesamthöhe von ca. 43 (47) cm.
Halsausschnitt: Im Muster zu Beginn der
nächsten R 3 M abk.; dann an der Halsausschnittkante in den nächsten 11 (12) R 2 M r
zus.str., bis 30 (33) M übrigbleiben. Gerade bis
zur vollendeten 50. (54.) R des 3. Rapports und
einer Gesamthöhe von ca. 51 (52) cm.
Schulterschrägung: Je 6 M zu Beginn der
nächsten und der folgenden 2. R abk. Danach zu
Beginn jeder folgenden 3. R je 6 M abk.

Rechtes Vorderteil

Gegengleich arbeiten.

Ärmel

Mit Nadeln Nr. 2½ und Garn B 62 M anschl. 5 (6)
cm im Rippenmuster (1 M r, 1 M l) arbeiten;
dabei in der letzten Rückreihe wie folgt zun.: 10
M im Rippenmuster, in die folgenden 42 M
zweimal im Rippenmuster einstechen, 10 M
Rippenmuster = 104 M.
Mit Nadeln Nr. 3½ im Einstrickmuster nach der
Strickschrift arbeiten; dabei mit R 23 des Strick-
musters beginnen. R 23–29 wie zuvor arbeiten.
Danach das Muster in den rechtsgestrickten R

wie folgt aufteilen: M 1–16 6mal arbeiten, danach die R mit M 1–8 beenden. Linksgestrickte R
gegengleich fertigen. Im Muster bis zur vollendeten 36. R des 3. Rapports und einer Gesamthöhe von ca. 41 (42) cm stricken.
Armkugel: Im Muster je 8 M zu Beginn der
nächsten 2 R abk.; dann beidseitig in der näch-

sten und in jeder folgenden 2. R 10mal 2 M r
zus.str. = 68 M. Nun 17 (19) R gerade hochstri-
ken. Nun beidseitig in der nächsten und in
jeder folgenden 2. R 5mal 2 M r zus.str. Beidseitig in den folgenden 7 R 2 M r zus.str. = 44 M.
Abk. Den zweiten Ärmel genauso arbeiten.

Vorderteilblenden

Rechtes Vorderteil
Mit Nadeln Nr. 2½ und Garn B auf der rechten
Seite der Arbeit, an der unteren Kante beginnend, 159 (165) M aufnehmen und an der
vorderen Öffnungskante entlang bis zum Beginn des Halsausschnittes 5 R im Rippenmuster
stricken.
Knopflöcher: In der 6. R 7 Knopflöcher wie
folgt einarbeiten: 4 M im Rippenmuster, 3 M
abk., 22 (23) M Rippenmuster; von * 5mal
wiederholen, 3 M abk., 2 M Rippenmuster.
Im Rippenmuster die nächste R zurückstricken,
dabei die 3 abgeketteten M jeweils an den
gleichen Stellen wieder aufnehmen. 4 weitere
R im Rippenmuster arbeiten. Abk.

Linkes Vorderteil
An der Halsausschnittkante beginnend 159
(165) M an der vorderen Öffnungskante nach
unten hin aufnehmen. Wie die linke Vorderteilblende, jedoch ohne Knopflöcher, arbeiten.

Kragen

Mit Nadeln Nr. 2 und Garn B 39 (43) M anschl.
und im Perlmuster arbeiten. Zu Beginn der
nächsten 10 R jeweils 5 M zun. Zu Beginn der
nächsten 2 R 7(8) M zun. = 103 (109) M. Abk.

Taschenblenden

Auf der rechten Seite der Arbeit mit Nadeln Nr.
2½ und Garn B 28 (30) M aus der abgeketteten
Taschenkante aufnehmen und 10 R im Rippenmuster (1 M r, 1 M l) stricken. Alle M abk. Zweite
Taschenblende genauso arbeiten.

Fertigstellung

Alle Teile leicht von links dämpfen, dabei das
Rippenmuster aussparen. Schulter-, Seiten- und
Ärmelnähte schließen. Ärmel feststecken und
einsetzen, dabei die Weite oben am Ärmel einhalten. Die geformte Seite des Kragens um den
Halsausschnitt herum und zwischen den Innenkanten der Vorderteilblenden feststecken. Mit
einer flachen Naht an der Unterseite festnähen.
Die Taschenblenden und das Taschenfutter anheften. Knöpfe annähen.

linke R   rechte R

56 55
50 51
     45
40
     35
30 29
28
     23
22
     15
10
     5
2   1
16 14   8   2 1

Rapport: 16 M

Farbskala

Blaßlila	*Weinrot*
Lila	*Blaßgelb*
Violett	*Gelb*
Purpur	*Gold*
Blaßgrün	*Kräftiges Lila*

RINGELBLUME

Gelbe Ringelblumen auf braunem Untergrund, dazwischen Mohairstreifen und kupfernes Lurex. Die Weste hat kleine Taschen und ein geripptes Rückenteil.

Material

Garn

Nehmen Sie für dieses Modell, wenn nicht anders angegeben, ein 2fädiges Shetlandgarn. Für die verschiedenen Größen brauchen Sie verschiedene Garnmengen.

Garn A	100 (100/125) g	(Mittelbraun)
Garn B	50 g	(Rost)
Garn C	25 g	(Gelb)
Garn D	25 g	(Dunkles Orange)
Garn E	50 g	Lurexgarn (Kupfer)
Garn F	50 g	(Schokolade)
Garn G	25 g	(Hellgrün)
Garn H	50 g	Mohair (Dunkelbraun)

Stricknadeln

Je ein Paar Stricknadeln Nr. 3½, Nr. 3 und Nr. 2½; 5 Knöpfe

Größen 36, 38/40 und 42/44

Bei unterschiedlichen Angaben: Größen 38/40 und 42/44 in Klammern (siehe auch Schnitt-schema S. 118)

Maschenprobe

32 M und 30 R = 10 × 10 cm im Einstrickmuster mit Nadeln Nr. 3½

Vorderteile

Taschenfutter

Mit Nadeln Nr. 2½ und Garn A 28 (32/36) M anschl. 7 cm glatt rechts arbeiten, mit einer Rückreihe enden. M auf eine Hilfsnadel legen. Zweites Taschenfutter genauso stricken.

Linkes Vorderteil

** Mit Nadeln Nr. 2½ und Garn A 60 (66/72) M anschl. 5 cm im Rippenmuster (1 M r, 1 M l) arbeiten, dabei in der letzten Rückreihe gleichmäßig verteilt 6 M zun., indem Sie zweimal in

Rückenansicht

48

jede 10. (11./12.) M einstechen = 66 (72/78) M insgesamt**.

Mit Nadeln Nr. 3½ glatt rechts im Einstrickmuster nach der Strickschrift arbeiten, wobei die ungeraden (rechtsgestrickten) R von rechts nach links und die geraden (linksgestrickten) R von links nach rechts gelesen werden. Das Muster in den rechtsgestrickten R wie folgt aufteilen: *Für alle Größen* M 1–16 des Rapports 4mal wiederholen, dann mit den M 1–2 (1–8/1–14) die R beenden. Linksgestrickte R gegengleich arbeiten, wobei die Extramaschen zu Beginn der R gestrickt werden. Im Strickmuster fortfahren bis zur 20. R des Rapports.

Tasche: Die Tasche in der 21. R wie folgt einarbeiten: Die ersten 19 (20/21) M im Strickmuster, die folgenden 28 (32/36) M auf eine Hilfsnadel legen; an ihrer Stelle im Strickmuster die 28 (32/36) M des Taschenfutters auf der Hilfsnadel abstricken; im Muster bis zum Ende der R weiterarbeiten. R 22–27 der Strickschrift mit Mohairgarn wie folgt arbeiten: R 22 r M; R 23 r M; R 24 l M; R 25 r M; R 26 l M; R 27 r M. R 28–48 im Einstrickmuster nach der Strickschrift arbeiten, danach R 49–54 mit Mohairgarn wie folgt stricken: R 49 l M; R 50 l M; R 51 r M; R 52 l M; R 53 r M; R 54 l M. Nun sind die 54 R eines Rapports gearbeitet.

Im Strickmuster fortfahren bis zur vollendeten 14. (18./20.) R des 2. Rapports und einer Gesamthöhe von ca. 28 (29/30) cm.

Arm- und Halsausschnitt: Zu Beginn der nächsten R 8 (10/12) M abk. Danach im Strickmuster bis zu den beiden letzten M weiterarbeiten, dann 2 M r zus.str. Im Muster fortfahren, dabei an der Armausschnittkante in den nächsten 12 (14/16) R je 1 M abk. Danach gerade hocharbeiten. *Gleichzeitig* 1 M an der Halsausschnittkante nach der ersten Abnahme abk., insgesamt 8 (9/13)mal. Dann 1 M an der Halsausschnittkante in jeder folgenden 3. R abk., bis 26 (28/30) M übrigbleiben. Nun die Halskante gerade im Muster hocharbeiten bis zur vollendeten 28. R des 3. Rapports. Noch ein paar R gerade hoch mit Garn A arbeiten, bis das Vorderteil eine Gesamthöhe von ca. 52 (54/57) cm hat.

Schulterschrägung: Zu Beginn der nächsten R auf der rechten Seite der Arbeit 10 M abk. Dann 8 (9/10) M zu Beginn der beiden folgenden 2. R abk.

Rechtes Vorderteil

Wie das linke Vorderteil von ** bis ** arbeiten. Mit Nadeln Nr. 3½ nach der Strickschrift fortfahren, dabei die 16 M des Rapports 4mal in den R wiederholen; danach die 2 (8/14) Extramaschen am Ende der rechtsgestrickten und zu Beginn der linksgestrickten R wie zuvor arbeiten. Wie das linke Vorderteil stricken, dabei die zweite Tasche einarbeiten und Hals- und Armausschnitt sowie die Schulterschrägung gegengleich arbeiten.

Rückenteil

Mit Nadeln Nr. 2½ und Garn A 128 (140/152) M anschl. 5 cm im Rippenmuster (1 M r, 1 M l) arbeiten, dabei in der letzten Rückreihe wie folgt zun.: In jede 32. (35./38.) M zweimal einstechen, 4mal wiederholen = 132 (144/156) M. Mit Nadeln Nr. 3 das gesamte Rückenteil im Rippenmuster nach der folgenden Farbfolge arbeiten:

R 1: Garn A
R 2: Garn B
R 3: Garn F
Den Rücken in der Farbfolge gerade hocharbeiten bis zu einer Gesamthöhe von ca. 28 (29/30) cm; mit einer Rückreihe enden.
Armausschnitt: Je 3 (4/6) M zu Beginn der nächsten 2 R abk.; dann beidseitig in jeder R 2 M r zus.str., bis 100 (108/116) M übrigbleiben. Danach gerade hocharbeiten, bis der Rücken die gleiche Länge wie das Vorderteil hat = 52 (54/57) cm.
Schulterschrägung: In der nächsten und der darauffolgenden R auf der rechten Seite der Arbeit 10 (10/11) M abk. Zu Beginn der nächsten 4 R je 9 (10/11) M abk. Die restlichen 44 (48/50) M in der Mitte teilen und beide Hälften auf einer Hilfsnadel stillegen.
Schulternähte schließen.

Vorderteilblenden

Rechtes Vorderteil
Mit Nadeln Nr. 2½ und Garn A, an der unteren Kante beginnend, 89 (93/97) M aus der vorderen Öffnungskante bis zum Beginn des Halsausschnittes aufnehmen; dann 88 (92/97) M aus der Halskante bis zur hinteren Mitte aufnehmen, einschließlich der 22 (24/25) M der ersten Hilfsnadel. 3 R mit Garn A im Rippenmuster (1 M r, 1 M l) stricken.

Knopflöcher: In der 4. R des Rippenmusters 5 Knopflöcher wie folgt einarbeiten: 4 M im Rippenmuster, * 3 M abk., 17 (18/19) M Rippenmuster; von * an 3mal wiederholen, 3 M abk. und bis zum Ende im Rippenmuster arbeiten. Die nächste R im Rippenmuster zurückstricken, dabei die 3 abgeketteten M der Vorreihe jeweils an den gleichen Stellen wieder aufnehmen. 4 weitere R im Rippenmuster mit Garn B arbeiten, dann alle M abk.

Linkes Vorderteil
In der hinteren Mitte beginnend, mit Garn A die 22 (24/25) M der Hilfsnadel im Rippenmuster stricken, dann 66 (68/72) M aus der Halskante bis zum Beginn des Halsausschnittes, danach 89 (93/97) M an der vorderen Öffnungskante nach unten hin aufnehmen. Wie die rechte Vorderteilblende, jedoch ohne die Knopflöcher, arbeiten.

Armausschnittblenden

Mit Nadeln Nr. 2½ und Garn A 148 (154/160) M aus dem Armausschnitt aufnehmen. Wie die linke Vorderteilblende im Rippenmuster arbeiten. Die zweite Armausschnittblende genauso arbeiten.

Taschen

Taschenblenden
Mit Nadeln Nr. 2½ und Garn A die 28 (32/36) M einer Tasche auf der Hilfsnadel im Rippenmuster abstricken. 8 R mit Garn A, 1 R mit Garn B arbeiten. Mit Garn B abk.

Fertigstellung

Alle Teile leicht von der linken Seite dämpfen, dabei das Rippenmuster aussparen. Seitennähte schließen. Rippen an der hinteren Halskante schließen. Die Taschenblenden festnähen. Das Taschenfutter auf die linke Seite der Weste heften. Knöpfe auf der linken Vorderteilblende annähen. Nähte leicht von links dämpfen.

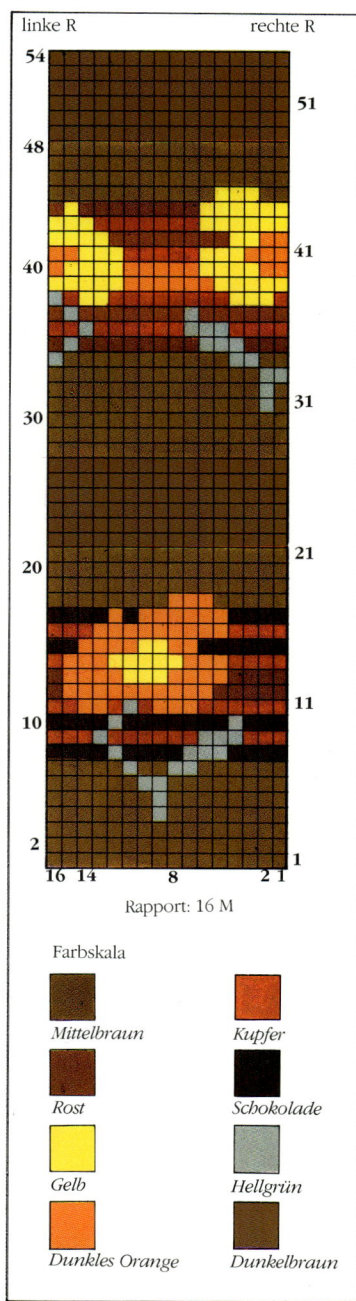

linke R   rechte R

Rapport: 16 M

Farbskala

Mittelbraun Kupfer

Rost Schokolade

Gelb Hellgrün

Dunkles Orange Dunkelbraun

FRÜHLINGSBLUMEN

Dieser legere Pullover in frischen Farben kann auch als Minikleid getragen werden.
Besonders apart wirkt die Halsausschnittblende aus silbernem Lurexgarn.

Material

Garn
Nehmen Sie für dieses Modell, wenn nicht
anders angegeben, ein 2fädiges Shetlandgarn.
Garn A   75 g (Elfenbein)
Garn B   75 g (Purpur)
Garn C   100 g (Creme)
Garn D   50 g (Gelb)
Garn E   50 g (Grasgrün)
Garn F   25 g (Blaßlila)
Garn G   50 g (Weinrot)
Garn H   50 g (Erika)
Garn J   50 g (Kräftiges Lila)
Garn K   50 g (Navy)
Garn L   75 g (Violett)
Garn M   100 g Mohair (Weiß)
Garn N   75 g Lurex (Silber)

Stricknadeln
Je ein Paar Stricknadeln
Nr. 3½, Nr. 2½;
eine Rundstricknadel
Nr. 2½

Größen 36/38/40/42

Einheitsgröße
(siehe auch Schnittschema S. 118)

Maschenprobe
31 M und 31 R = 10 × 10 cm im
Einstrickmuster mit
Nadeln Nr. 3½

Rückenteil

Mit Nadeln Nr. 2½ und Garn N 156 M anschl. 1 R
im Rippenmuster (1 M r, 1 M l) arbeiten. Mit
Garn A weitere 5 cm im Rippenmuster stricken.
Mit Nadeln Nr. 3½ im Einstrickmuster nach der
Strickschrift arbeiten, wobei die ungeraden
(rechtsgestrickten) R von rechts nach links und
die geraden (linksgestrickten) R von links nach

rechts gelesen werden. Die 16 M des Rapports
(M 1−16) 9mal in der R wiederholen und die 12
Extramaschen (M 17−28) am Ende der rechts-
und zu Beginn der linksgestrickten R arbeiten.
R 1−20 einschl. nach der Strickschrift anfertigen. Danach die R 21−26 wie folgt arbeiten: R 21
r M; R 22 r M; R 23 l M; R 24 r M; R 25 l M; R 26 r M.
R 27−46 im Strickmuster arbeiten, danach die R
47−52 mit Garn M wie folgt anfertigen: R 47 l M;
R 48 l M; R 49 r M; R 50 l M; R 51 r M; R 52 l M. Sie
haben nun die 52 R eines vollständigen Rapports fertiggestellt. Im Muster weiterarbeiten

bis zur vollendeten 40. R des 3. Rapports und
einer Gesamthöhe von ca. 51 cm.
Armausschnitte: Im Muster die Raglankante
wie folgt arbeiten:
Zu Beginn der nächsten 2 R je 5 M abk.
* 1 M beidseitig in den nächsten 3 R abk.; eine R
ohne Abnahme arbeiten *. Von * bis * 16mal
wiederholen = insgesamt 70 R. Die restlichen
44 M nach 4 kompletten Rapports und 6 R des 5.
Rapports zugleich abk.

Vorderteil

Bis zum Beginn des Armausschnittes wie das Rückenteil stricken, dafür wieder 156 M aufnehmen und bis zum Ende der 40. R des 3. Rapports arbeiten.

Armausschnitt: Im Muster die Raglankante wie folgt stricken:
Zu Beginn der nächsten 2 R je 5 M abk.
* Beidseitig 1 M in den nächsten 3 R abk.; 1 R ohne Abnahme arbeiten. Von * an 10mal wiederholen = 80 M. Danach beidseitig in den nächsten beiden R je 1 M abk. = 76 M.

Halsausschnitt:
Im Muster (R 36 des 4. Rapports) den Halsausschnitt wie folgt arbeiten, dabei *gleichzeitig* die Raglankante formen:
R 1: 2 M r zus.str., 42 M r, wenden. Die restlichen M auf eine Hilfsnadel nehmen.
R 2: 11 M abk., bis zum Ende der R l M (32 M) stricken.
R 3: 2 M r zus.str., bis zum Ende der R r M stricken.
R 4: 4 M abk., bis zu den beiden letzten M l stricken, 2 M l zus.str.
R 5: 2 M r zus.str., bis zum Ende der R r M stricken.
R 6: 4 M abk., bis zum Ende der R l M stricken.
R 7: 2 M r zus.str., bis zum Ende der R r M stricken.
R 8: 2 M abk., bis zu den beiden letzten M l stricken, 2 M l zus.str.
R 9: 2 M r zus.str., bis zum Ende der R r M stricken.
R 10: 2 M abk., bis zum Ende der R l M stricken.
R 11: 2 M r zus.str., bis zum Ende der R r M stricken.
R 12: 2 M abk., bis zu den beiden letzten M l stricken, 2 M l zus.str.
R 13: 2 M r zus.str., bis zum Ende der R r M stricken.
R 14: 2 M abk., bis zum Ende der R l M stricken.
R 15: 2 M r zus.str., bis zum Ende der R r M stricken.
R 16: 2 M abk., bis zum Ende der R l M stricken.
R 17: 2 M r zus.str., bis zum Ende der R r M stricken.
R 18: 2 M abk.
Faden an der Halsausschnittkante wieder aufnehmen. Andere Seite des Halsausschnittes genauso arbeiten, jedoch alle Formungen an der Hals- und Raglankante gegengleich fertigen.

Ärmel

Rechter Ärmel

Mit Nadeln Nr. 2½ und Garn N 66 M anschl. Eine R im Rippenmuster (1 M r, 1 M l) arbeiten. Mit Garn A weitere 8 cm im Rippenmuster stricken, dabei in der letzten Rückreihe wie folgt zun.: 8 M im Rippenmuster, * 1 M zun., 2 M Rippenmuster; von * an bis zu den letzten 8 M der R wiederholen; 1 M zun., 8 M Rippenmuster = 92 M.
Mit Nadeln Nr. 3½ glatt rechts im Einstrickmuster nach der Strickschrift arbeiten, dabei die M

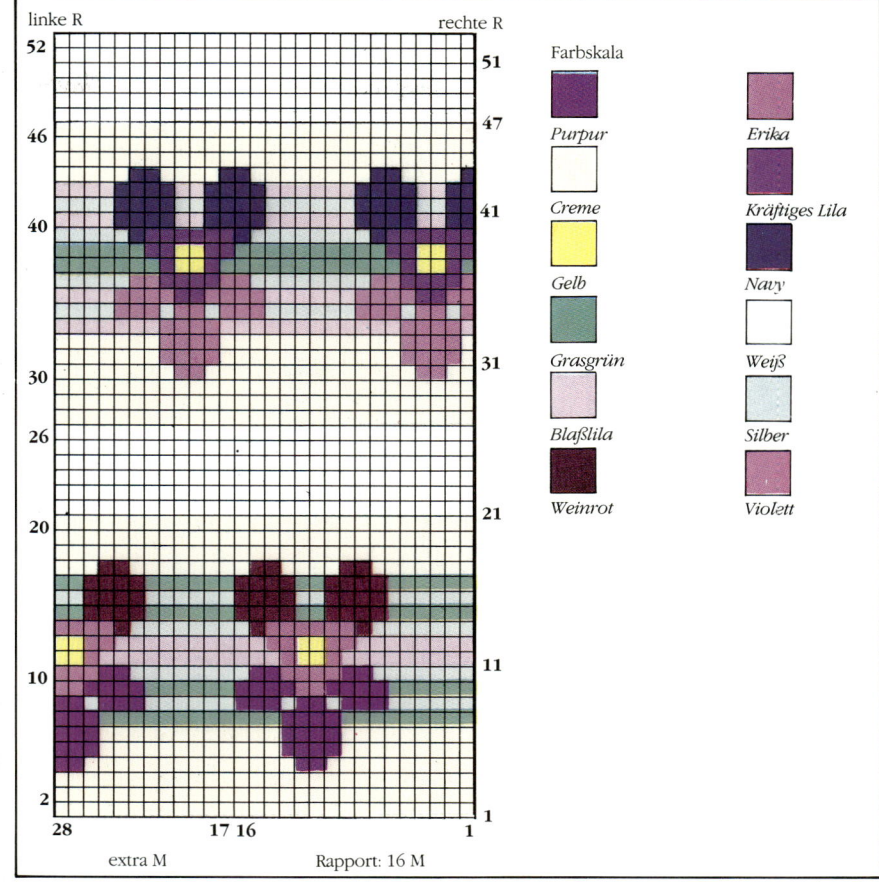

1–16 5mal in der R wiederholen und die rechtsgestrickten R mit M 17–28 beenden; linksgestrickte R gegengleich fertigen. Beidseitig 1 M am Ende jeder 7. und folgenden 6. R, insgesamt 20mal, zun., wobei die Extramaschen in das Strickmuster aufgenommen werden = 132 M nach 121 R. Hocharbeiten bis zur vollendeten 40. R des 3. Rapports und einer Gesamthöhe von ca. 54 cm.

Armkugel: Im Muster je 6 M zu Beginn der nächsten 2 R abk. * Beidseitig 1 M in den folgenden 3 R abk. Eine R ohne Abnahme arbeiten. Von * an 13mal wiederholen = 36 M. Danach beidseitig in den nächsten beiden R je 1 M abk. ** = 32 M. Auf der rechten Seite der Arbeit, mit R 49 des 4. Rapports beginnend, die Armkugel in den nächsten 10 R wie folgt formen:
R 1: 11 M abk., bis zum Ende der R r M stricken.
R 2: 2 M l zus.str., bis zum Ende der R l M stricken.
R 3: 5 M abk., bis zu den beiden letzten M r stricken, 2 M r zus.str.
R 4: 2 M l zus.str., bis zum Ende der R l M stricken.
R 5: 3 M abk., bis zum Ende der R r M stricken.
R 6: 2 M l zus.str., bis zum Ende der R l M stricken.
R 7: 2 M abk., bis zu den beiden letzten M r stricken, 2 M r zus.str.
R 8: 2 M l zus.str., bis zum Ende der R l M stricken = 5 M.
R 9: 2 M abk., bis zum Ende der R r M stricken.
R 10: 2 M l zus.str., 1 M l abk.

Linker Ärmel
Wie den rechten Ärmel bis ** arbeiten (32 M).

Armkugel: Auf der rechten Seite der Arbeit in R 49 des 4. Rapports die Armkugel wie folgt arbeiten:
R 1: bis zum Ende r M.
R 2: 11 M abk., bis zu den letzten beiden M l stricken, 2 M l zus.str.
R 3: 2 M r zus.str., bis zum Ende r M.
R 4: 5 M abk., bis zu den letzten beiden M l stricken, 2 M l zus.str.
R 5: bis zum Ende r M.
R 6: 3 M abk., bis zu den letzten beiden M l stricken, 2 M l zus.str.
R 7: 2 M r zus.str., bis zum Ende r M.
R 8: 2 M abk., bis zu den letzten beiden M l stricken, 2 M l zus.str.
R 9: bis zum Ende r M stricken (5 M).
R 10: 2 M abk., 1 M l, 2 M l zus.str., abk.

Halsausschnittblende

Vorder- und Rückenteil an den Raglankanten zusammennähen. Mit der Rundstricknadel Nr. 2½ und Garn N auf der rechten Seite der Arbeit 176 M aus der Halsausschnittkante aufnehmen und im Rippenmuster (1 M r, 1 M l) 8 Runden stricken. Danach alle M abk.

Fertigstellung

Alle Teile leicht auf der linken Seite dämpfen. Unterarm- und Seitennähte schließen. Die Nähte leicht dämpfen.

ROSEN

Diese modische Jacke aus Baumwollgarn mit einem hübschen Rosenmotiv in dezenten Farben wirkt besonders apart durch graue Zwischenreihen im Türkischen Muster.

Material

Garn
Nehmen Sie für dieses Modell ein Baumwollgarn.
Garn A   300 g (Ecru)
Garn B   150 g (Hellgrau)
Garn C   50 g (Hellblau)
Garn D   50 g (Mittelblau)
Garn E   50 g (Braun)
Garn F   50 g (Pink)
Garn G   50 g (Kräftiges Pink)

Stricknadeln
Je ein Paar Stricknadeln Nr. 3½ und Nr. 2½; 8 Knöpfe, 1 m Hutgummi

Größen 36/38 und 40

Bei unterschiedlichen Angaben: Größe 40 in Klammern (siehe auch Schnittschema S. 118)

Maschenprobe
32 M und 38 R = 10 × 10 cm im Einstrickmuster mit Nadeln Nr. 3½

Rückenteil

Mit Nadeln Nr. 2½ und Garn A 124 (134) M anschl. 5 cm im Rippenmuster (1 M r, 1 M l) arbeiten, dabei in der letzten Rückreihe wie folgt zun.: 2 (4) M im Rippenmuster, * 3 M Rippenmuster, zweimal im Rippenmuster in die nächste M einstechen, 2 (3) M Rippenmuster; von * an 19 (17)mal wiederholen, 2 (4) M Rippenmuster = 144 (152) M.
Mit Nadeln Nr. 3½ glatt rechts im Einstrickmuster nach der Strickschrift arbeiten, wobei die ungeraden (rechtsgestrickten) R von rechts nach links und die geraden (linksgestrickten) R von links nach rechts gelesen werden. Das Muster in den rechtsgestrickten R wie folgt aufteilen: *Für Größe 36/38* M 1–12 12mal wiederholen; *für Größe 40* M 1–12 12mal wiederholen, danach die R mit M 1–8 beenden. Linksgestrickte R gegengleich arbeiten. Im Muster fortfahren bis zur 14. R der Strickschrift. Danach R 15–24 einschl. im Türkischen Muster (s. auch S. 130, Türkisches Muster) mit Garn B wie folgt arbeiten: 1 M r, * Faden nach vorne legen, 1 M abh., 1 M r, die abgeh. M über die abgestr. ziehen; von * an bis zur letzten M wiederholen, 1 M r. Diese R noch 9mal wiederholen. Danach R 25–38 nach der Strickschrift im Einstrickmuster glatt rechts arbeiten und R 39–48 wieder im Türkischen Muster wie R 15–24. Nun haben Sie die 48 R der Strickschrift fertiggestellt. Im Muster fortfahren bis zur vollendeten 24. (28.) R des 3. Rapports und einer Gesamthöhe von ca. 37 (38) cm.
Armausschnitte: Im Muster je 10 (12) M zu Beginn der nächsten 2 R abk. = 124 (128) M. Dann gerade hocharbeiten bis zur 8. (16.) R des

5. Rapports und einer Gesamthöhe von ca. 57 (59) cm.
Schulterschrägung: Im Muster je 13 (14) M zu Beginn der nächsten 4 R abk. Danach zu Beginn der nächsten 2 R je 12 M abk. Die restlichen 48 M zugleich abk.

Vorderteile

Linkes Vorderteil
Mit Nadeln Nr. 2½ und Garn A 58 (62) M anschl. 5 cm im Rippenmuster (1 M r, 1 M l) arbeiten, dabei in der letzten Rückreihe wie folgt zun.: 5 (1) M im Rippenmuster, * zweimal im Rippenmuster in die nächste M einstechen, 2 (3) M Rippenmuster; von * an 9mal wiederholen, 3 (1) M im Rippenmuster = 68 (72) M.
Mit Nadeln Nr. 3½ im Einstrickmuster nach der Strickschrift arbeiten. Das Muster in den rechtsgestrickten R wie folgt aufteilen: *Für Größe 36/38* M 1–12 5mal in den R wiederholen, danach einmal M 1–8 arbeiten; *für Größe 40* M 1–12 6mal wiederholen. Linksgestrickte R gegengleich arbeiten. Im Muster fortfahren bis zur vollendeten 24. (28.) R des 3. Rapports und einer Gesamthöhe von ca. 37 (38) cm.
Armausschnitt: Im Muster 10 (12) M zu Beginn der nächsten R abk. = 58 (60) M. Danach im Muster gerade hocharbeiten bis zur 29. (37.) R des 4. Rapports und einer Armausschnitthöhe von ca. 13 (14) cm.
Halsausschnitt: Im Muster zu Beginn der nächsten Rückreihe 4 M abk. Danach an der Halsausschnittkante 1 M in jeder R abk., bis 38 (40) M übrigbleiben. Nun im Muster gerade hocharbeiten bis zur vollendeten 8. (16.) R des 5. Rapports.
Schulterschrägung: Je 13 (14) M zu Beginn der nächsten und jeder folgenden 2. R abk. Danach zu Beginn der folgenden 2. R 12 M abk.

Rechtes Vorderteil
Wie das linke Vorderteil, jedoch mit gegengleicher Formung, arbeiten.

Ärmel

Mit Nadeln Nr. 2½ und Garn A 56 (60) M anschl. 10 (11) cm im Rippenmuster arbeiten, dabei in der letzten Rückreihe wie folgt zun.: 8 (10) M im Rippenmuster, * 1 M Rippenmuster, zweimal im Rippenmuster in die nächste M einstechen; von * an 19mal wiederholen, 8 (10) M Rippenmuster = 76 (80) M.
Mit Nadeln Nr. 3½ im Einstrickmuster nach der Strickschrift folgendermaßen arbeiten: *Für Größe 36/38* M 1–12 6mal wiederholen, die R mit M 1–4 beenden; *für Größe 40* M 1–12 6mal wiederholen, die R mit M 1–8 beenden. Linksgestrickte R gegengleich arbeiten.
Im Muster fortfahren, dabei *gleichzeitig* für die Seitenformung beidseitig in jeder 3. und jeder folgenden 4. R 1 M zun., bis 130 (136) M auf der Nadel sind. Die Extramaschen in das Muster

aufnehmen. Dann gerade im Muster hocharbeiten bis zur vollendeten 20. (24.) R des 4. Rapports und einer Gesamthöhe von ca. 53 (55) cm. Alle M zugleich abk. Diese Kante sollte 41 (43) cm messen.

Vordere Blenden

Linkes Vorderteil
Mit Nadeln Nr. 2½ und Garn A auf der rechten Seite der Arbeit mit Beginn der Halsausschnitt kante an der linken Öffnungskante entlang bis zur unteren Kante 155 (162) M aufn. 9 R im Rippenmuster arbeiten. Mit Garn B eine weitere R stricken, dann alle M abk.

Rechtes Vorderteil
An der unteren Kante beginnend, 155 (162) M

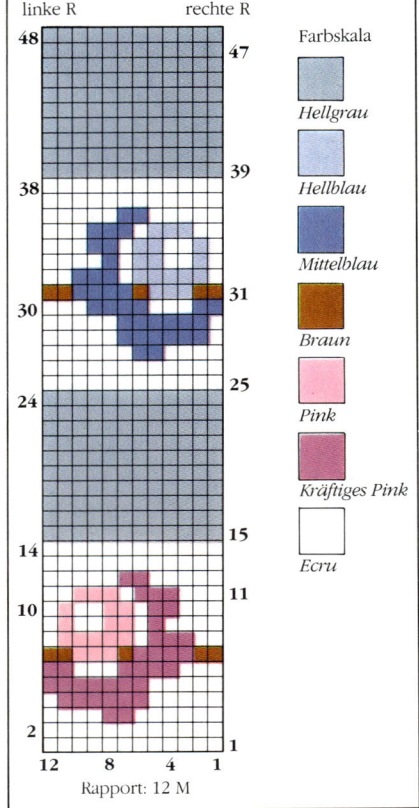

linke R   rechte R

Farbskala

Hellgrau

Hellblau

Mittelblau

Braun

Pink

Kräftiges Pink

Ecru

Rapport: 12 M

aus der rechten vorderen Öffnungskante bis zum Halsausschnitt aufn. 3 R im Rippenmuster stricken.

Knopflöcher: 8 Knopflöcher in der 4. R des Rippenmusters wie folgt einarbeiten: 3 M im Rippenmuster, * 3 M abk., 18 (19) M Rippenmuster; von * an 6mal wiederholen, dann 3 M abk., 2 M Rippenmuster. Die nächste R im Rippenmuster zurückstricken, dabei die 3 abgeketteten M jeweils an denselben Stellen wieder anschl. Weitere 4 R mit Garn A im Rippenmuster arbeiten. Mit Garn B eine weitere R im Rippenmuster stricken. Danach alle M mit Garn B abk.

Kragen

Mit Nadeln Nr. 2½ und Garn A 109 (113) M anschl. Eine R im Rippenmuster arbeiten. Beidseitig im Rippenmuster 1 M in der nächsten und 5mal in jeder folgenden 2. R zun. Danach beidseitig in den folgenden 6 R je 1 M zun. = 133 (137) M. Anschließend 4 (6) R im Rippenmuster, gerade hocharbeiten. Nun beidseitig in den nächsten 6 R je 1 M abk., danach 6mal beidseitig in jeder folgenden 2. R 1 M abk. = 109 (113) M. Eine R ohne Abnahme arbeiten. Im Rippenmuster alle M zugleich abk.

Fertigstellung

Alle Teile leicht von der linken Seite dämpfen, dabei das Rippenmuster und das Türkische Muster aussparen. Schulter- und Seitennähte schließen. Unterarmnähte schließen, dabei oben 4 (5) cm offenlassen. Oberen Teil des Ärmels oben an den Armausschnitt stecken, dabei die Weite, wenn nötig, einhalten und den offenen Teil des Ärmels an der abgeketteten Unterkante des Armausschnittes befestigen. Ärmel einsetzen. Die Anschlagkante des Kragens um die Halsausschnittkante legen und zwischen den inneren Anschlagkanten der Vorderteilblenden feststecken. Annähen, dann den

Kragen zur Hälfte zusammenlegen, so daß die abgekettete Kante die Naht auf der Innenseite der Jacke verdeckt. Diese Kante flach und sauber annähen. Knöpfe, den Knopflöchern entsprechend, an der linken Vorderteilblende annähen. Das Gummiband in Hüftweite zuschneiden und von der linken Seite der Jacke in die Unterkante des Bündchens einziehen; die Enden sichern. Nähte leicht von der linken Seite dämpfen.

GÄNSEBLÜMCHEN

Weiße und gelbe Gänseblümchen dienten als Anregung für dieses zarte Blumenmuster.
Der Rücken der Weste ist im Rippenmuster gearbeitet, die Kappe wird in Runden gestrickt.

Material: Kappe

Garn
Nehmen Sie für dieses Modell, wenn nicht anders angegeben, ein 2fädiges Shetlandgarn.

Garn A 50 g (Blaßgrau)
Garn B 25 g (Elfenbein)
Garn C 25 g (Gelb)
Garn D 25 g (Dunkelgrau)
Garn E 25 g (Torf)
Garn F 25 g (Blaßgrün)
Garn G 50 g Lurexgarn (Silber)
Garn H 25 g Mohair (Perlgrau)

Stricknadeln
Je ein Nadelspiel *oder* eine Rundstricknadel Nr. 3½ und ein Nadelspiel *oder* eine Rundstricknadel Nr. 2½

Größen

Einheitsgröße (siehe auch Schnittschema S. 118)

Maschenprobe
32 M und 32 R = 10 × 10 cm im Einstrickmuster mit Nadeln Nr. 3½

Hutband
Mit Nadeln Nr. 2½ und Garn A 160 M (d. h., 53 M auf jede der beiden Nadeln und 54 M auf die 3. Nadel des Nadelspiels), anschlagen; Hutband in Runden im Rippenmuster (1 M r, 1 M l) in der folgenden Farbfolge arbeiten:
Rd 1: Garn D
Rd 2: Garn G
Rd 3: Garn A
Runden 1−3 über 11 cm wiederholen, mit einer Rd in Garn G enden. In der nächsten Rd wie folgt zun.: (Garn A) * 1 M r, zweimal r in die nächste M einstechen; von * an während der ganzen Rd wiederholen = 240 M.

Hutkuppel
Mit Nadeln Nr. 3½ im Einstrickmuster nach der Strickschrift arbeiten, wobei *jede* R von rechts nach links gelesen wird und *jede* R, da Sie in R stricken, *rechts gestrickt* wird. Die 16 M des Rapports 15mal in der Rd wiederholen und R 1−21 arbeiten. Mit Garn H 6 Rd *linke* M stricken. Wieder nach der Strickschrift von R 28 bis zur Ende der R 48, wie zuvor, r M stricken. Danach Rd linke M mit Garn H arbeiten.
Hutkuppel formen: Nach der Farbfolge (Garn D, G, A), wie beim Hutband, für die Kuppel wie folgt abn.:
Rd 1: (Garn D) * 8 M r, 1 M abh., 1 M r, die abgeh. M über die abgestr. ziehen; von * an während der ganzen Rd wiederholen = 216 M.

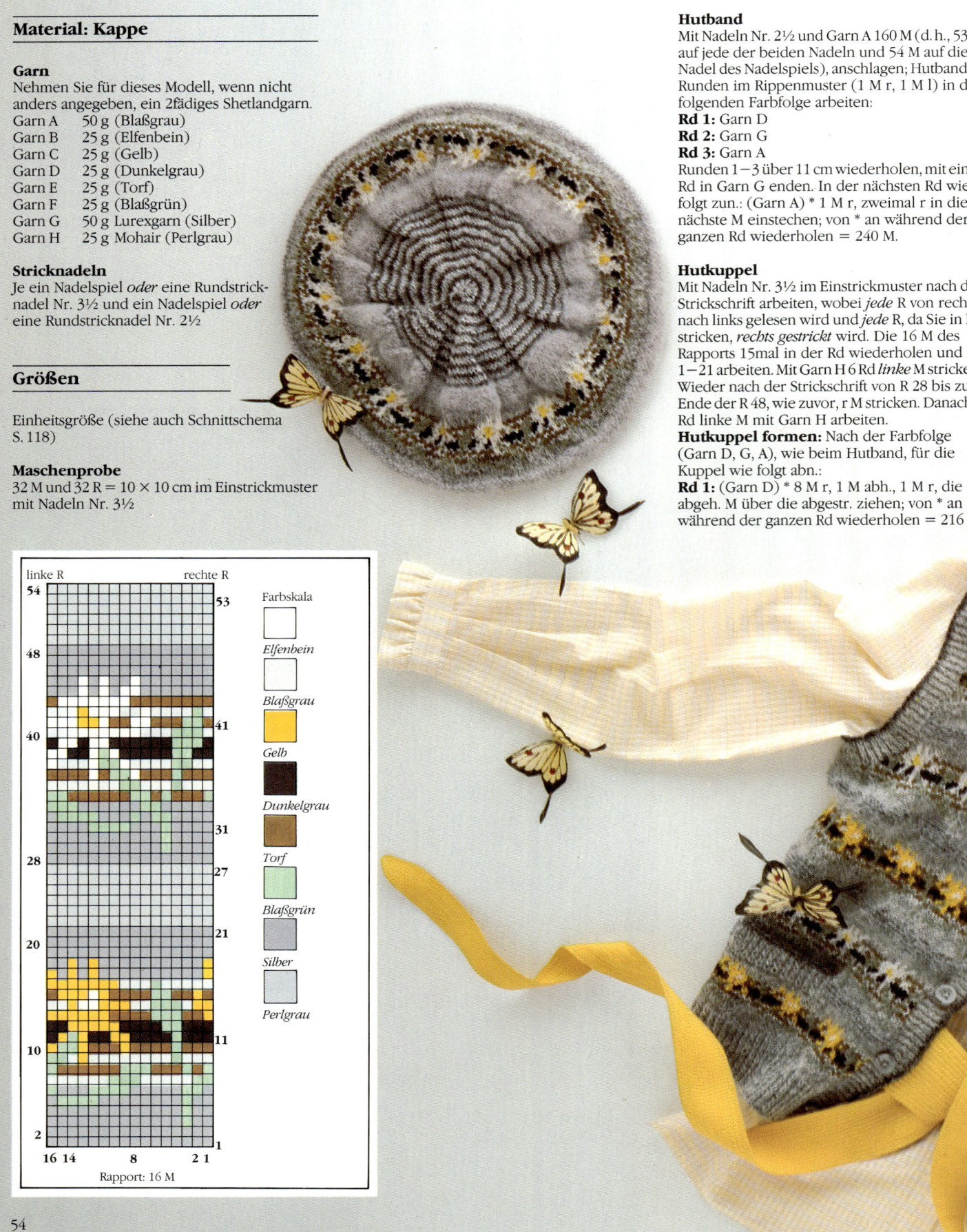

Farbskala

Elfenbein
Blaßgrau
Gelb
Dunkelgrau
Torf
Blaßgrün
Silber
Perlgrau

linke R — rechte R

54 — 53
48
41
40
31
28 — 27
20 — 21
11
10
2 — 1

16 14 8 2 1

Rapport: 16 M

Rd 2 und 3: (Garn G und A) gerade hocharbeiten.

Rd 4: (Garn D) * 7 M r, 1 M abh., 1 M r, die abgeh. M über die abgestr. ziehen; von * an während der ganzen Rd wiederholen = 192 M.

Rd 5 und 6: (Garn G und A) gerade hocharbeiten.

Rd 7: (Garn D) * 6 M r, 1 M abh., 1 M r, die abgeh. M über die abgestr. ziehen; von * an während der ganzen Rd wiederholen = 168 M.

Rd 8 und 9: (Garn G und A) gerade hocharbeiten.

Weiterhin auf diese Weise abnehmen, wobei in jeder Abnahmerunde insgesamt 24 M abgenommen und dazwischen 2 Rd gerade hochgearbeitet werden, bis Sie zur Rd: * 1 M r, 1 M abh., 1 M r, die abgeh. M über die abgestr. ziehen, gelangen. Von * an während der ganzen Rd wiederholen = 48 M. 2 weitere Rd gerade hocharbeiten. ** In der nächsten Rd während der ganzen Rd 2 M r zus.str. = 24 M. 2 Rd gerade hocharbeiten. Von ** an zweimal wiederholen = 6 M. Faden abschneiden, dabei ein 15 cm langes Ende herunterhängen lassen, durch die M führen, zusammenziehen und sichern.

Fertigstellung

Das Hutband zur Hälfte nach innen zusammenlegen; die Innenkante feststecken und locker an den Hauptteil der Kappe heften. Herunterhängende Fadenenden vernähen. Kappe in Höhe der ersten Mohairrunde für die Tellerform nachbügeln.

Material: Weste

Garn

Nehmen Sie für dieses Modell, wenn nicht anders angegeben, ein 2fädiges Shetlandgarn.
Garn A 100 g (Blaßgrau)
Garn B 25 g (Elfenbein)
Garn C 25 g (Gelb)
Garn D 50 g (Dunkelgrau)
Garn E 50 g (Torf)
Garn F 25 g (Blaßgrün)
Garn G 25 g Lurexgarn (Silber)
Garn H 25 g Mohair (Perlgrau)

Stricknadeln

Je ein Paar Stricknadeln Nr. 3½, Nr. 3 und Nr. 2½; 5 Knöpfe

Größen 36, 38/40 und 42/44

Bei unterschiedlichen Angaben: Größen 38/40 und 42/44 in Klammern (siehe auch Schnittschema S. 118)

Maschenprobe
32 M und 32 R = 10 × 10 cm im Einstrickmuster mit Nadeln Nr. 3½

Vorderteile

Taschenfutter

Beginnen Sie mit dem Taschenfutter. Mit Nadeln Nr. 3 und Garn A 28 (32/36) M anschl. und 7 cm glatt rechts arbeiten, dabei mit einer linksgestrickten R enden. M auf eine Hilfsnadel legen. Zweites Taschenfutter genauso arbeiten.

Linkes Vorderteil

Mit Nadeln Nr. 2½ und Garn A 66 (72/78) M anschl. 5 cm im Rippenmuster (1 M r, 1 M l) arbeiten.
Mit Nadeln Nr. 3½ glatt rechts im Einstrickmuster nach der Strickschrift arbeiten, wobei die ungeraden (rechtsgestrickten) R von rechts nach links und die geraden (linksgestrickten) R von links nach rechts gelesen werden. Das Muster in den R wie folgt aufteilen: *Für Größe 36* M 1–16 4mal wiederholen, danach M 1–2

einmal arbeiten; *für Größe 38/40* M 1–16 4mal wiederholen, danach M 1–8 einmal arbeiten; *für Größe 42/44* M 1–16 4mal wiederholen, danach M 1–14 einmal arbeiten. Die linksgestrickten R gegengleich arbeiten, wobei die Extramaschen zu Beginn der R gearbeitet wer-

den. Bis zur vollendeten 20. R der Strickschrift hocharbeiten.
Tasche: In der 21. R die Tasche wie folgt einarbeiten: Im Muster die ersten 19 (20/21) M stricken, dann die nächsten 28 (32/36) M auf eine Hilfsnadel legen und an ihrer Stelle im Muster die 28 (32/36) M des Taschenfutters auf der Hilfsnadel abstricken; danach die restlichen 19 (20/21) M in der R abstricken. Die folgenden 6 R mit Garn H wie folgt arbeiten: R 22 l M; R 23 l M; R 24 r M; R 25 l M; R 26 r M; R 27 r M. Nun nach der Strickschrift von R 28 bis zum Ende der R 48 arbeiten. Die nächsten 6 R mit Garn H wie folgt stricken: R 49 r M; R 50 r M; R 51 l M; R 52 r M; R 53 l M; R 54 r M. Sie haben nun die 54 R des ersten Rapports fertiggestellt. Im Muster fortfahren bis zur vollendeten 26. (30./34.) R des 2. Rapports und einer Gesamthöhe von ca. 30 (31/32) cm.
Arm- und Halsausschnitt: 10 (12/14) M zu Beginn der nächsten R abk., dann im Muster bis zu den beiden letzten M stricken, 2 M r zus.str. Im Muster fortfahren, dabei an der Armausschnittkante in den nächsten 14 (15/16) R 1 M abn. Danach die Armausschnittkante gerade hocharbeiten. *Gleichzeitig* weiterhin an der Halsausschnittkante in jeder folgenden 4. R nach der 1. Abnahme in R 27 (31/35) 1 M abn., bis 26 (28/30) M übrig sind. Dann die Halskante gerade hocharbeiten bis zur vollendeten 36. (44./52.) R des 3. Rapports und einer Gesamthöhe von ca. 50 (52/53) cm.
Schulterschrägung: Je 8 (8/10) M zu Beginn der nächsten Hinreihe abk. Danach je 9 (10/10) M zu Beginn der übernächsten und der darauffolgenden 2. R abk.

Rechtes Vorderteil

Wie das linke Vorderteil, jedoch Tasche, Arm- und Halsausschnitt sowie die Schulterschrägung gegengleich arbeiten.

Rückenteil

Mit Nadeln Nr. 2½ und Garn A 128 (140/152) M anschl. 5 cm im Rippenmuster (1 M r, 1 M l) arbeiten, dabei in der letzten Rückreihe 4 M gleichmäßig verteilt zun., indem Sie zweimal in jede 32. (35./38.) M einstechen = 132 (144/156) M.

Rückenansicht

GÄNSEBLÜMCHEN

Mit Nadeln Nr. 3 den gesamten Rücken im Rippenmuster nach folgender Farbsequenz stricken:
R 1: Garn D
R 2: Garn E
R 3: Garn A

R 1–3 zunächst ohne Formung hocharbeiten, bis die Arbeit ca. 30 (31/32) cm mißt und die gleiche Höhe wie die Vorderteile (von der Anschlagkante bis zum Beginn der Armausschnittkante gemessen) hat. Mit einer Rückreihe enden.

Armausschnitte: Je 3 (4/6) M zu Beginn der nächsten 2 R abk., dann beidseitig in jeder R 2 M r zus.str., bis 100 (104/108) M übrigbleiben. Danach die Armausschnittkante gerade hocharbeiten, bis das Rückenteil die gleiche Gesamthöhe wie die Vorderteile (von der Anschlagkante bis zum Beginn der Schulterschräge gemessen) hat = ca. 50 (52/53) cm. Mit einer Rückreihe enden.

Schulterschräge: Je 8 (8/10) M zu Beginn der nächsten 2 R abk. Danach je 9 (10/10) M zu Beginn der nächsten 4 R abk. Die restlichen 48 (50/52) M in der Mitte teilen und die beiden Hälften auf eine Hilfsnadel legen. Schulternähte schließen

Vordere Blenden

Rechtes Vorderteil
Mit Nadeln Nr. 2½ und Garn A, an der Saumkante beginnend, auf der rechten Seite der Arbeit 93 (97/101) M aus der rechten Öffnungskante bis zum Beginn des Halsausschnittes aufn. Dann 89 (93/97) M bis zur hinteren Mitte des Halsausschnittes aufn., einschl. der 24 (25/26) M der ersten Hilfsnadel = 182 (190/198) M insgesamt. 3 R im Rippenmuster (1 M r, 1 M l) arbeiten.
Knopflöcher: In der 4. R 5 Knopflöcher wie folgt einarbeiten: 4 M im Rippenmuster, * 3 M abk., 18 (19/20) M Rippenmuster; von * an 3mal wiederholen, 3 M abk. und bis zum Ende der R im Rippenmuster weiterarbeiten. Die nächste R im Rippenmuster zurückstricken, dabei die 3 abgeketteten M an den gleichen Stellen wieder aufnehmen. Weitere 4 R im Rippenmuster stricken. Dann mit Garn D eine weitere R im Rippenmuster arbeiten. Alle M abk.

Linkes Vorderteil
Mit Nadeln Nr. 2½ und Garn A, an der hinteren Mitte der Halsausschnittkante beginnend, auf der rechten Seite der Arbeit die 24 (25/26) M der Hilfsnadel im Rippenmuster abstricken. Danach 65 (68/71) M aus der Halsausschnittkante bis zum Beginn des Halsausschnittes sowie 93 (97/101) M aus der vorderen Öffnungskante bis zur Saumkante aufnehmen und stricken. Wie die rechte Vorderteilblende, jedoch ohne Knopflöcher, arbeiten.

Armausschnittblenden

Auf der rechten Seite der Arbeit mit Nadeln Nr. 2½ und Garn A 144 (152/160) M aus dem Armausschnitt aufnehmen. 9 R im Rippenmuster (1 M r, 1 M l) arbeiten. Mit Garn D eine weitere R im Rippenmuster stricken und alle M abk. Die zewite Armausschnittblende genauso arbeiten.

Taschenblenden

Auf der rechten Seite der Arbeit mit Nadeln Nr. 2½ und Garn A die 28 (32/36) M der Tasche auf der Hilfsnadel im Rippenmuster stricken. Wie die linke Vorderteilblende arbeiten. Die zweite Taschenblende genauso arbeiten.

Fertigstellung

Alle Teile leicht von links dämpfen, dabei das Rippenmuster aussparen. Seitennähte schließen. Die Rippenblende in der hinteren Mitte mit einer flachen Naht zusammennähen. Die Taschenblenden annähen und die Taschenfutter an die Innenseite der Weste heften. 5 Knöpfe, den Knopflöchern entsprechend, auf die linke Vorderteilblende nähen.

Material

Garn
Nehmen Sie für dieses Modell ein Baumwoll garn.
Garn A   150 g (Ecru)
Garn B   50 g (Purpur)
Garn C   50 g (Mittelblau)
Garn D   50 g (Blaßgrün)
Garn E   50 g (Pink)
Garn F   50 g (Kräftiges Pink)
Garn G   100 g (Beige)

Stricknadeln
Je ein Paar Stricknadeln Nr. 3½ und Nr. 2½; 1 Hutgummi

Größen 36 und 38/40

Bei unterschiedlichen Angaben: Größe 38/40 i Klammern (siehe auch Schnittschema S. 119)

Maschenprobe
32 M und 32 R = 10 × 10 cm im Einstrickmuste mit Nadeln Nr. 3½

Vorder- und Rückenteil

Vorder- und Rückenteil gleich arbeiten.
Mit Nadeln Nr. 2½ und Garn A 120 (126) M anschl. 5 (6) cm im Rippenmuster (1 M r, 1 M stricken.
Mit Nadeln Nr. 3½ glatt rechts im Einstrickmu ster nach der Strickschrift arbeiten, wobei die ungeraden (rechtsgestrickten) R von rechts nach links und die geraden (linksgestrickten) von links nach rechts gelesen werden. Das Muster in den R wie folgt aufteilen: *Für Größ 36* M 1–14 8mal in der R wiederholen, dann d R mit M 1–8 beenden; *für Größe 38/40* M 1– 9mal wiederholen. Linksgestrickte R gegen gleich arbeiten. Bis zur vollendeten 14. R de Strickschrift fortfahren. Die nächsten 10 R im Türkischen Muster (s. auch S. 130, Türkisches Muster) mit Garn A wie folgt arbeiten: 1 M r, den Faden vor die Arbeit legen, 1 M abh., 1 M die abgeh. M über die abgestr. ziehen; von * a bis zur letzten M wiederholen, 1 M r. R 16–2 einschl. wie R 15 arbeiten. R 25–38 im Strickmu ster nach der Strickschrift fertigen, R 39–48 w R 15–24 im Türkischen Muster. Sie haben nu die 48. R des 1. Rapports beendet. R 1–38 de Strickschrift nochmals arbeiten. Mit Nadeln N 2½ 5 cm im Rippenmuster stricken, mit einer Rückreihe enden. Mit Garn C eine weitere R ir Rippenmuster fertigen und alle M abk.

Träger

Mit Nadeln Nr. 2½ und Garn A 112 (116) M anschl. 3 cm im Rippenmuster arbeiten. Alle M im Rippenmuster abk. Den zweiten Träger ge nauso fertigen.

SOMMERBLUMEN

Ein leichtes Sonnentop aus Baumwolle mit in Lilatönen gehaltenen Blumenranken,
die durch Reihen im Türkischen Muster unterbrochen sind.

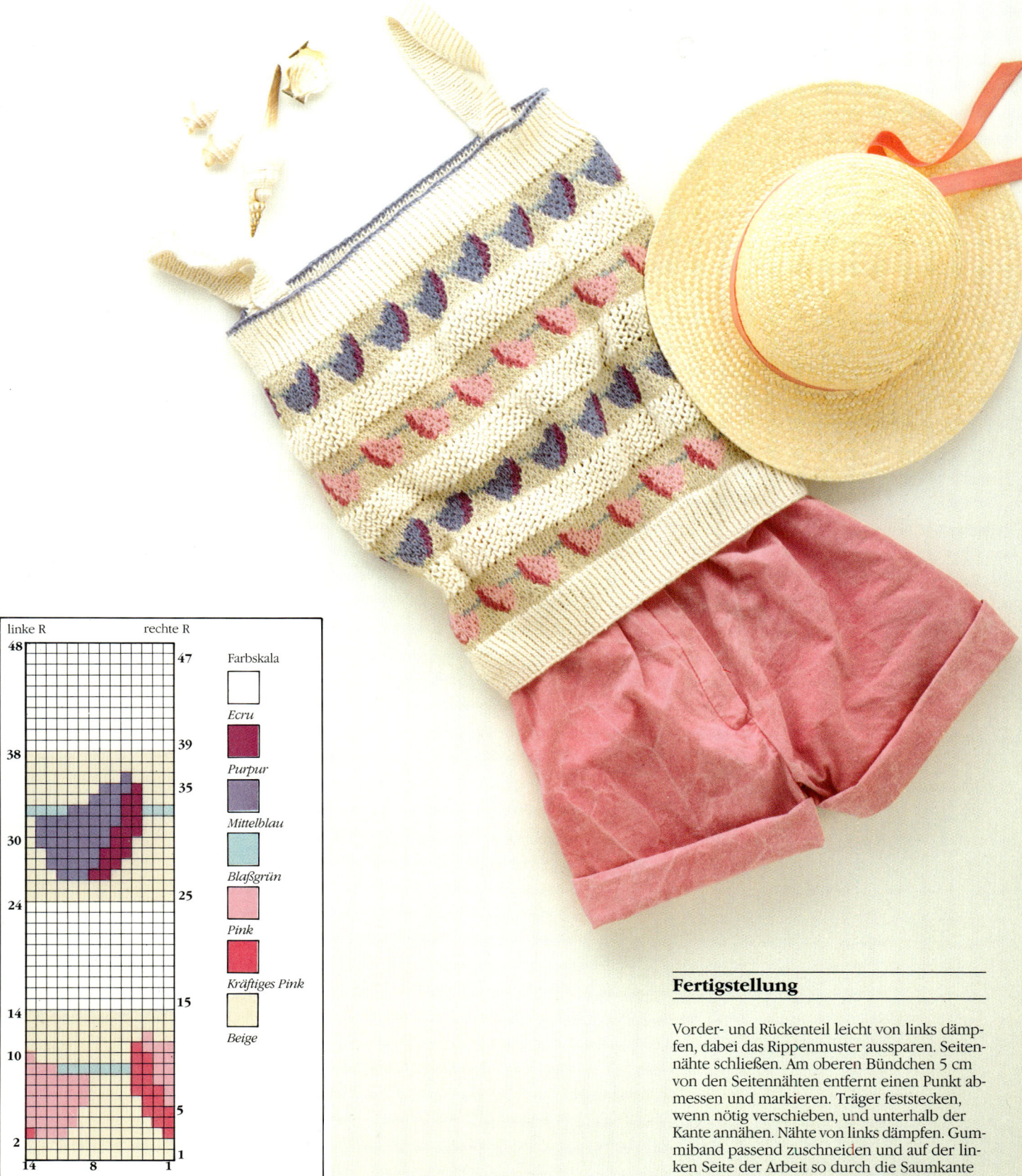

Farbskala

- □ Ecru
- ■ Purpur
- ■ Mittelblau
- ■ Blaßgrün
- ■ Pink
- ■ Kräftiges Pink
- □ Beige

linke R rechte R

Rapport: 14 M

Fertigstellung

Vorder- und Rückenteil leicht von links dämpfen, dabei das Rippenmuster aussparen. Seitennähte schließen. Am oberen Bündchen 5 cm von den Seitennähten entfernt einen Punkt abmessen und markieren. Träger feststecken, wenn nötig verschieben, und unterhalb der Kante annähen. Nähte von links dämpfen. Gummiband passend zuschneiden und auf der linken Seite der Arbeit so durch die Saumkante ziehen, daß es auf der rechten Seite nicht sichtbar ist. Enden an der Seitennaht sichern.

STIEFMÜTTERCHEN

Eine romantische Jacke mit zartem Blumenmuster auf hellem Grund.
Dazwischen sind Reihen mit weißem Mohairgarn gearbeitet.
Das Modell hat dreiviertellange weite Ärmel.

Material

Garn

Nehmen Sie für dieses Modell, wenn nicht anders angegeben, ein 2fädiges Shetlandgarn.
Garn A 125 g (Elfenbein)
Garn B 25 g (Blaßgelb)
Garn C 25 g (Blaßlila)
Garn D 25 g (Puderblau)
Garn E 25 g (Erika)
Garn F 25 g (Lila)
Garn G 25 g (Schilfgrün)
Garn H 25 g (Blasses Pink)
Garn J 100 g Mohairgarn (Weiß)
Garn K 50 g Lurexgarn (Silber)

Stricknadeln

Je ein Paar Stricknadeln Nr. 3½, Nr. 3 und Nr. 2½; 5 Perlknöpfe

Größen 36/38/40

Einheitsgröße (siehe auch Schnittschema S. 119)

Maschenprobe

30 M und 30 R = 10 × 10 cm im Einstrickmuster mit Nadeln Nr. 3½

Rückenteil

Mit Nadeln Nr. 2½ und Garn A 128 M anschl. 5 cm im Rippenmuster (1 M r, 1 M l) arbeiten, dabei in der letzten Rückreihe wie folgt zun.: * 7 M im Rippenmuster, zweimal im Rippenmuster in die nächste M einstechen; von * an 16mal wiederholen = 144 M.
Mit Nadeln Nr. 3½ glatt rechts im Einstrickmuster nach der Strickschrift arbeiten, wobei die ungeraden (rechtsgestrickten) R von rechts nach links und die geraden (linksgestrickten) R von links nach rechts gelesen werden. Die 16 M der Strickschrift 9mal in den R wiederholen. Im Muster fortfahren bis zur vollendeten 20. R der Strickschrift. Mit Garn J 6 R wie folgt arbeiten: R 21 r M; R 22 r M; R 23 l M; R 24 r M; R 25 l M; R 26 r M. Dann das Muster von R 27−46 einschl. stricken. Mit Garn J R 47−52 wie R 21−26 arbeiten. Sie haben nun den 1. Rapport beendet. Im Muster fortfahren bis zur vollendeten 22. R des 2. Rapports und einer Gesamthöhe von ca. 29 cm.
Armausschnitte: Im Muster je 8 M zu Beginn der nächsten 2 R abk. (R 23 und 24). Dann beidseitig in jeder R 2 M r zus.str., bis 108 M übrigbleiben. Nun gerade hocharbeiten bis zur vollendeten 34. R des 3. Rapports und einer Gesamthöhe von ca. 51 cm.
Schulterschrägung: Im Muster je 6 M zu Beginn der nächsten 5 R abk. Dann je 7 M zu Beginn der nächsten 6 R abk. Die restlichen 42 M in der Mitte teilen und beide Hälften auf eine Hilfsnadel nehmen.

Vorderteile

Taschenfutter

Beginnen Sie mit dem Taschenfutter. Mit Nadeln Nr. 3 und Garn A 28 M anschl., 6 cm glatt rechts stricken, mit einer R l M enden. M auf eine Hilfsnadel nehmen.
Zweites Taschenfutter genauso arbeiten.

Linkes Vorderteil

Mit Nadeln Nr. 2½ und Garn A 56 M anschl. 5 cm im Rippenmuster (1 M r, 1 M l) arbeiten, dabei in der letzten Rückreihe wie folgt zun.: * 3 M im Rippenmuster, zweimal im Rippenmuster in die nächste M einstechen, 3 M Rippenmuster; von * an 7mal wiederholen = 64 M.
Mit Nadeln Nr. 3½ glatt rechts im Einstrickmuster nach der Strickschrift arbeiten. Die 16 M des Rapports 4mal in den R wiederholen. Bis zur vollendeten 20. R der Strickschrift im Muster fortfahren.
Tasche: Die Tasche in R 21 wie folgt einarbeiten: Die ersten 18 M der R stricken, die nächsten 28 M auf eine Hilfsnadel legen und statt dessen über die 28 M des Taschenfutters auf der Hilfsnadel arbeiten; dann die restlichen 18 M der R im Muster stricken. Im Muster bis zur vollendeten 12. R des 2. Rapports arbeiten.
Arm- und Halsausschnitt: Im Muster die nächste R bis zu den 2 letzten M stricken; 2 M zus.str. Dann an der Halskante 13mal 1 M in jeder folgenden 5. R abk. *Gleichzeitig* nach der vollendeten 22. R des 2. Rapports und einer Gesamthöhe von ca. 29 cm für den Armausschnitt zu Beginn der nächsten R (R 75) 8 M abk. Dann an der Armausschnittkante in den folgenden 10 R je 1 M abk. Nun den Armausschnitt gerade hocharbeiten, jedoch an der Halskante weiterhin in jeder 5. R 1 M abk., bis 33 M übrigbleiben. Dann gerade hocharbeiten bis zur vollendeten 34. R des 3. Rapports.
Schulterschrägung: Je 6 M zu Beginn der nächsten und der folgenden 2. R abk. Dann 3mal zu Beginn jeder 2. R je 3 M abk.

Rechtes Vorderteil

Wie das linke Vorderteil, jedoch Tasche, Arm- und Halsausschnitt sowie Schulterschrägung gegengleich arbeiten.

Ärmel

Mit Nadeln Nr. 2½ und Garn G 66 M anschl. und 1 R im Rippenmuster stricken.
Mit Garn A weitere 7 cm im Rippenmuster arbeiten, dabei in der letzten Rückreihe wie folgt zun.: 10 M im Rippenmuster, zweimal im Rippenmuster in jede der nächsten 46 M einstechen, 10 M Rippenmuster = 112 M.
Mit Nadeln Nr. 3½ glatt rechts im Einstrickmuster nach der Strickschrift arbeiten. Dabei die M 1−16 des Rapports 7mal in der R wiederholen. Bis zur vollendeten 22. R des 2. Rapports und einer Gesamthöhe von ca. 31 cm im Muster fortfahren.

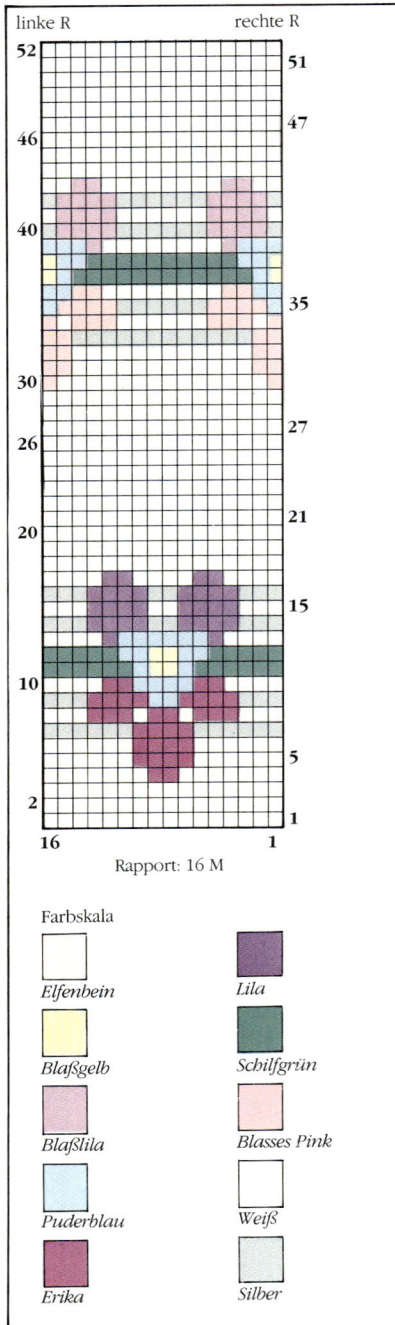

linke R   rechte R
52
51
47
46
40
35
30
27
26
21
20
15
10
5
2
1
16   1
Rapport: 16 M

Farbskala

☐ Elfenbein
☐ Blaßgelb
☐ Blaßlila
☐ Puderblau
☐ Erika

☐ Lila
☐ Schilfgrün
☐ Blasses Pink
☐ Weiß
☐ Silber

Armkugel: Im Muster je 8 M zu Beginn der nächsten 2 R abk. Dann beidseitig in der nächsten und jeder folgenden 2. R 2 M r zus.str., bis 76 M übrigbleiben. 17 R im Muster gerade hocharbeiten. Beidseitig in der nächsten und jeder folgenden 2. R insgesamt 7mal 2 M r zus.str. Dann beidseitig in den nächsten 9 R 2 M r zus.str. = 42 M. Die restlichen M abk., indem Sie jede 10. und 11. M der R zus.str. Dieser weite Ärmel wird später gefältelt in den Armausschnitt eingesetzt. Den zweiten Ärmel genauso arbeiten.

Schulternähte schließen.

Vordere Blenden

Rechtes Vorderteil

Mit Nadeln Nr. 2½ und Garn A, an der unteren Kante beginnend, 89 M aus der vorderen Öffnungskante bis zum Beginn des Halsausschnittes sowie 113 M aus dem Halsausschnitt bis zur hinteren Mitte aufnehmen und einschl. der 21 M auf der ersten Hilfsnadel 3 R im Rippenmuster (1 M r, 1 M l) stricken.

Knopflöcher: 5 Knopflöcher in R 4 wie folgt einarbeiten: 4 M im Rippenmuster, * 3 M abk., 17 M Rippenmuster; von * an 3mal wiederholen, 3 M abk. und bis zum Ende der R im Rippenmuster stricken. Die nächste R im Rippenmuster zurückstricken, dabei die 3 abgeketteten M an den gleichen Stellen wieder aufnehmen. 4 weitere R im Rippenmuster arbeiten. Mit Garn G eine weitere R im Rippenmuster stricken und alle M abk.

Linkes Vorderteil

In der hinteren Mitte beginnend, mit Garn A die 21 M der Hilfsnadel im Rippenmuster stricken; dann 89 M aus der Halskante bis zum Beginn des Halsausschnittes und weitere 89 M aus der vorderen Öffnungskante bis zur Saumkante hin aufnehmen. Die linke wie die rechte Vorderteilblende, jedoch ohne Knopflöcher, arbeiten.

Taschen

Taschenblenden

Auf der rechten Seite der Arbeit mit Nadeln Nr. 2½ und Garn A die 28 M der Tasche auf der Hilfsnadel im Rippenmuster stricken. 7 R arbeiten. Mit Garn G eine weitere R im Rippenmuster stricken und alle M abk. Die zweite Taschenblende genauso arbeiten.

Fertigstellung

Alle Teile leicht von links dämpfen, dabei das Rippenmuster aussparen. Erst Seiten-, dann die Ärmelnähte schließen. Ärmel im Armausschnitt feststecken, dabei die Weite in Falten legen. Ärmel einnähen. Vorderteilblenden mit einer flachen Naht in der hinteren Mitte zusammennähen. Taschenblenden und Taschenfutter annähen. Die 5 Knöpfe, den Knopflöchern entsprechend, an die linke vordere Blende nähen.

FOLKLORE

KAKTUS

*Dieser ärmellose Damen- oder Herrenpullunder mit V-Ausschnitt hat ein kleines
Kakteenmuster und ist ganz in Farben der Natur gestrickt.
Rücken, Arm- und Halsausschnittblenden sind im Rippenmuster gearbeitet.*

Größen 38, 42, 46 und 48

Bei unterschiedlichen Angaben: Größen 42, 46
und 48 in Klammern (siehe auch Schnittschema
S. 119)

Maschenprobe

32 M und 32 R = 10 × 10 cm im Einstrickmuster
mit Nadeln Nr. 3½

Material

Garn

Nehmen Sie für dieses Modell ein 2fädiges
Shetlandgarn. Verschiedene Größen erfordern
verschiedene Mengen des Hauptgarnes.
Garn A 75 (100/100/100) g (Blaugrün)
Garn B 75 (100/100/100) g (Flaschengrün)
Garn C   75 g (Torf)

Garn D	50 g (Blaßgrün)
Garn E	75 g (Rehbraun)
Garn F	50 g (Beige)
Garn G	50 g (Blaßgrau)
Garn H	25 g (Senf)
Garn J	25 g (Dunkles Lila)
Garn K	25 g (Kräftiges Pink)

Stricknadeln

Je ein Paar Stricknadeln Nr. 3½, Nr. 3 und Nr. 2½

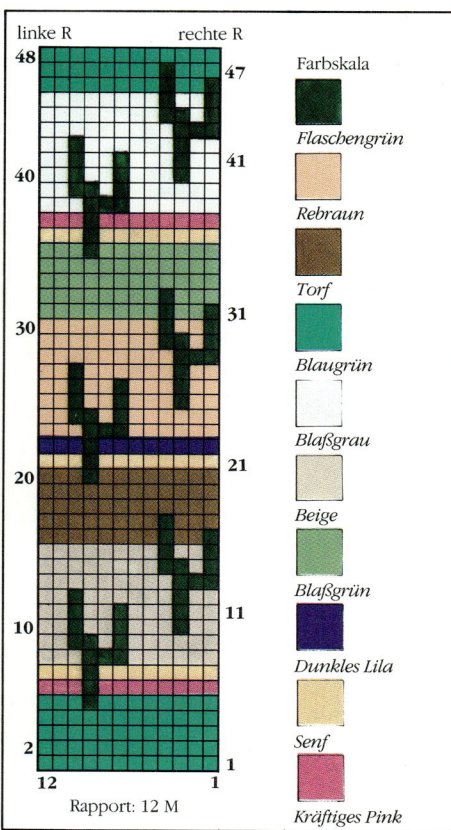

linke R   rechte R

48   47

41

40

31

30

21

20

11

10

1

2

12   1

Rapport: 12 M

Farbskala

Flaschengrün

Rehbraun

Torf

Blaugrün

Blaßgrau

Beige

Blaßgrün

Dunkles Lila

Senf

Kräftiges Pink

Vorderteil

Mit Nadeln Nr. 2½ und Garn A 136 (148/160/
172) M anschl. 5 cm im Rippenmuster (1 M r, 1
M l) nach der folgenden Farbsequenz arbeiten:

R 1: Garn D
R 2: Garn C
R 3: Garn A

R 1–3 wiederholen, wenn 5 cm erreicht sind mit
einer R in Garn A enden. In der nächsten R mit
Garn D wie folgt zun.: 0 (2/0/2) M l, * zweimal l
in die nächste M einstechen, 16 (17/19/20) M l;
von * an 7mal wiederholen, 0 (2/0/2) M l = 144
(156/168/180) M.
Mit Nadeln Nr. 3½ glatt rechts im Einstrickmuster nach der Strickschrift arbeiten, wobei die
ungeraden (rechtsgestrickten) R von rechts
nach links und die geraden (linksgestrickten) R
von links nach rechts gelesen werden. Die 12 M
des Rapports 12 (13/14/15)mal in der R wiederholen. Im Muster gerade hocharbeiten bis zur
vollendeten 44. (48./4./8.) R des 2. (2./3./3.)
Rapports und einer Gesamthöhe von ca. 34 (35/
36/37) cm.
Arm- und Halsausschnitt: Im Muster 13 (14/
15/16) M zu Beginn der nächsten 2 R abk. = 118
(128/138/148) M. Die M für den V-Ausschnitt
teilen. Dafür in der nächsten R 2 M r zus.str., 55
(60/65/70) M r, 2 M r zus.str.; dann wenden und
die restlichen M auf eine Hilfsnadel nehmen.
Nun die linke Seite des Vorderteils im Muster
mit den 56 (61/66/71) M wie folgt stricken: **
Die nächste R gerade hocharbeiten. Zu Beginn
der nächsten R 2 M r zus.str., dann bis zum Ende
arbeiten. Die nächste R gerade stricken. Zu
Beginn der folgenden R 2 M r zus.str., bis zu den
beiden letzten M stricken, 2 M r zus.str. **. Von
** bis ** wiederholen, bis 33 (36/41/43) M übrig-

bleiben. Die nächste R gerade arbeiten. Zu
Beginn der nächsten R 2 M r zus.str., dann bis
zum Ende der R arbeiten. Die nächste R gerade
stricken. Nun die Armausschnittkante gerade
hocharbeiten, aber weiterhin an der Halsausschnittkante in der nächsten und jeder folgenden 4. R, wie zuvor, 1 M abk., bis 24 (27/30/33) M
übrigbleiben. Im Muster gerade hocharbeiten
bis zur vollendeten 22. (30./38./46.) R des 4.
Rapports und einer Gesamthöhe von ca. 56 (59/
61/64) cm.
Schulterschräge: Im Muster zu Beginn der
nächsten 2. R je 8 (9/10/11) M abk. Faden für die restlichen 59 (64/
69/74) M des Vorderteils an der Halskante wie-
der aufnehmen. Zu Beginn der nächsten R 2 M r
zus.str., dann 55 (60/65/70) M r stricken, danach
2 M r zus.str.
** Die nächste R gerade stricken. Die folgende R
bis zu den letzten beiden M arbeiten, 2 M r
zus.str. Die nächste R gerade stricken. Zu Beginn der folgenden R 2 M r zus.str., das Muster
bis zu den letzten beiden M arbeiten, 2 M r
zus.str. **. Von ** bis ** wiederholen, bis 33 (36/
41/43) M übrigbleiben. Die rechte Seite wie die
linke fertigstellen, dabei alle Formungen gegengleich arbeiten.

Rückenteil

Mit Nadeln Nr. 2½ und Garn A 144 (156/168/
180) M anschl. 5 cm im Rippenmuster (1 M r, 1
M l) nach derselben Streifenfolge wie das Vor-
derteilbündchen stricken; mit einer R in Garn A
enden.
Mit Nadeln Nr. 3 das gesamte Rückenteil im
Rippenmuster arbeiten, dafür die R 1–3 ständig
wiederholen und das nicht gebrauchte Garn an
der Seite mitführen. Bis zu einer Gesamthöhe
von ca. 34 (35/36/37) cm arbeiten; mit einer
Rückreihe enden.
Armausschnitte: Im Rippenmuster nach der
Streifenfolge 8 (10/12/14) M zu Beginn der
nächsten 2 R abk. Dann beidseitig in der nächsten und in jeder folgenden 2. R 2 M r zus.str., bis
100 (108/116/124) M übrigbleiben. Nun gerade hocharbeiten, bis zu einer Gesamthöhe
von ca. 56 (59/61/64) cm.
Schulterschräge: Im Rippenmuster je 8 (9/
10/11) M zu Beginn der nächsten 6 R abk. Die
restlichen 52 (54/56/58) M auf eine Hilfsnadel
nehmen.

Halsausschnittblende

Die rechte Schulternaht schließen. Mit Nadeln
Nr. 2½ und Garn A, an der linken Schulternaht
beginnend, auf der rechten Seite der Arbeit 72
(76/80/84) M aus der Halsausschnittkante bis
zur Mitte hin aufnehmen und die Stelle mit
farbigem Faden markieren. Danach 2 M aus der
vorderen Mitte aufnehmen und wieder mit farbigem Faden markieren. Nun 72 (76/80/84) M
aus der rechten Halsausschnittkante aufnehmen
und schließlich die 52 (54/56/58) M der
Hilfsnadel abstricken.
Die Halsausschnittblende im Rippenmuster
nach derselben Streifenfolge wie zuvor arbeiten, dabei die Blende wie folgt formen: In der
nächsten R hinten und an den Seiten des Halsausschnittes zurückstricken; 1 M abh., 1 M r, die

abgeh. über die abgestr. M ziehen, 2 M r, 2 M r
zus.str. und bis zum Ende im Rippenmuster
weiterarbeiten. In der nächsten R an der linken
Seite des Halsausschnittes bis zu den beiden
letzten M vor der Markierung stricken, 1 M abh.,
1 M r, die abgeh. über die abgestr. M ziehen, 2 M
r, 2 M r zus.str., bis zum Ende im Rippenmuster
fortfahren. Diese 2 R noch 3mal wiederholen.
Dann alle M im Rippenmuster abk., dabei noch
wie zuvor abk.

Armausschnittblenden

Linke Schulternaht und Halsausschnittblende
schließen. Auf der rechten Seite der Arbeit mit
Nadeln Nr. 2½ und Garn A aus dem Armausschnitt 164 (170/176/182) M aufnehmen und 8
cm im Rippenmuster nach der gewohnten
Streifenfolge arbeiten. Alle M mit Garn A abk.
Zweite Armausschnittblende genauso arbeiten.

Fertigstellung

Vorderteil leicht von links dämpfen, dabei das
Rippenmuster aussparen. Seitennähte schließen und die Nähte leicht dämpfen.

Rückenansicht

HOLLÄNDER

Ein ausgefallener Pullover mit rundem Halsausschnitt,
gemustertem Vorder- und Rückenteil und einfarbigen Ärmeln.
Das Muster wurde aus dem Design einer Delfter Kachel entwickelt.

Material

Garn

Nehmen Sie für dieses Modell ein 2fädiges Shetlandgarn.
Garn A 225 g (Navy)
Garn B 150 g (Elfenbein)
Garn C 25 g (Karmesin)

Stricknadeln

Je ein Paar Stricknadeln Nr. 3 und Nr. 2½

Größe 42

(siehe auch Schnittschema S. 119)

Maschenprobe

30 M und 30 R = 10 × 10 cm im Einstrickmuster mit Nadeln Nr. 3; 31 M und 32 R = 10 × 10 cm glatt rechts gestrickt.

Rückenteil

** Mit Nadeln Nr. 2½ und Garn A 136 M anschl. 5 cm im Rippenmuster (1 M r, 1 M l) arbeiten. In der letzten Rückreihe wie folgt zun.: 5 M im Rippenmuster, * 5 M Rippenmuster, zweimal im Rippenmuster in die nächste M einstechen; von * an 19mal wiederholen, 11 M Rippenmuster = 156 M.
Mit Nadeln Nr. 3 glatt rechts im Einstrickmuster nach der Strickschrift arbeiten, wobei die ungeraden (rechtsgestrickten) R von rechts nach links und die geraden (linksgestrickten) R von links nach rechts gelesen werden. Die 78 M des Rapports wie in der Strickschrift angegeben zweimal in den R wiederholen. Im Muster weiterarbeiten bis zur vollendeten 38. R des 2. Rapports und einer Gesamthöhe von ca. 45 cm **.
Armausschnitte: Je 12 M zu Beginn der nächsten 2 R abk. Dann im Muster gerade hocharbeiten bis zur vollendeten 18. R des 3. Rapports und einer Gesamthöhe von ca. 65 cm.
Schulterschrägung: Auf der rechten Seite der Arbeit 15 M zu Beginn der nächsten 2 R abk. Danach zu Beginn der nächsten 4 R je 13 M abk. Die restlichen 50 M auf eine Hilfsnadel nehmen.

Vorderteil

Von ** bis ** wie das Rückenteil bis zur vollendeten 38. R des 2. Rapports arbeiten.
Armausschnitte: Je 12 M zu Beginn der nächsten 2 R abk. = 132 M. Dann im Muster gerade hocharbeiten bis zur vollendeten 72. R des 2. Rapports und einer Gesamthöhe von ca. 56 cm.
Halsausschnitt: Die ersten 48 M der 73. R der Strickschrift arbeiten, danach die nächsten 36 M abk. und das Muster mit den restlichen 48 M der R fortsetzen. Im Muster über diese letzten 48 M der R stricken und dabei an der Halsausschnittkante in den nächsten 7 R je 1 M abn. = 41 M. Dann im Muster gerade hocharbeiten bis zur vollendeten 18. R des 3. Rapports und einer Gesamthöhe von 65 cm.
Schulterschrägung: Im Muster 15 M zu Beginn der nächsten R abk. Dann je 13 M zu

Beginn der nächsten beiden 2. R abk.
Faden für die 48 M des linken Vorderteils auf der Hilfsnadel wieder aufnehmen und die linke Schulter wie die rechte stricken, dabei die Formungen gegengleich arbeiten.

Ärmel

Mit Nadeln Nr. 2½ und Garn A 62 M anschl. 10 cm im Rippenmuster (1 M r, 1 M l) arbeiten; mit einer Hinreihe enden.
In der nächsten Rückreihe wie folgt zun.: 10 M im Rippenmuster, zweimal im Rippenmuster in jede der nächsten 42 M einstechen, 10 M Rippenmuster = 104 M.
Mit Nadeln Nr. 3 eine R r M mit Garn C stricken.
Mit Garn A den Ärmel glatt rechts arbeiten; dabei mit einer linksgestrickten R beginnen und für die Seitenformung beidseitig 1 M in der nächsten (nach der linksgestrickten R) und in jeder folgenden 7. R zun., bis 132 M auf der Nadel sind. Dann gerade hocharbeiten bis zu einer Gesamthöhe von ca. 56 cm. Alle M zugleich abk.
Den zweiten Ärmel genauso arbeiten.

Halsausschnittblende

Nur die rechte Schulternaht schließen. Auf der rechten Seite der Arbeit mit Nadeln Nr. 2½ und Garn A, an der linken Schulter beginnend, 31 M aus der linken Halsausschnittseite, 30 M aus der abgeketteten Halsmitte, 31 M aus der rechten Halsausschnittseite und 50 M aus dem hinteren Halsausschnitteil aufnehmen = 142 M. 13 R im Rippenmuster arbeiten. Mit Garn C eine weitere R im Rippenmuster stricken. Alle M mit Garn C abk.

Fertigstellung

Alle Teile leicht von links dämpfen, dabei das Rippenmuster aussparen. Linke Schulternaht, Halsausschnittblende und beide Seitennähte schließen. Dann die Unterarmnähte schließen, dabei die letzten 4 cm oben offenlassen. Oberen Teil des Ärmels im Armausschnitt und den offenen Teil an der abgeketteten Unterkante des Armausschnittes feststecken. Einnähen und Nähte leicht von links dämpfen.

Rapport: 78 M

Farbskala

Navy   Elfenbein

NAVAJO

Eine ärmellose Weste mit einem indianischen Muster auf hellem Hintergrund.
Der Rücken des Modells ist im Rippenmuster gearbeitet.

Material

Garn
Nehmen Sie für dieses Modell ein 2fädiges Shetlandgarn. Für die verschiedenen Größen brauchen Sie verschiedene Garnmengen.
Garn A 150 (150/175) g (Beige)
Garn B 50 g (Rost)
Garn C 50 g (Schwarz)
Garn D 25 g (Senf)
Garn E 25 g (Blaßlila)
Garn F 25 g (Oliv)

Stricknadeln
Je ein Paar Stricknadeln Nr. 3½, Nr. 3 und Nr. 2½; 5 Knöpfe

Größen 36, 38/40 und 42/44

Bei unterschiedlichen Angaben: Größen 38/40 und 42/44 in Klammern (siehe auch Schnitt-schema S. 119)

Maschenprobe
32 M und 34 R = 10 × 10 cm im Einstrickmuster mit Nadeln Nr. 3½

Rückenteil

Mit Nadeln Nr. 2½ und Garn A 128 (140/152) M anschl. 5 cm im Rippenmuster (1 M r, 1 M l) arbeiten, dabei in der letzten Rückreihe 132 (144/156) M zun., indem Sie zweimal in jede 32. (35./38.) M der R einstechen.
Mit Nadeln Nr. 3 und Garn A das gesamte Rückenteil im Rippenmuster stricken. Gerade hocharbeiten, bis das Rückenteil bis zum Arm-ausschnitt die gleiche Länge wie das Vorderteil hat = ca. 32 (33/35) cm. Mit einer Rückreihe enden.
Armausschnitte: 4 (6/8) M zu Beginn der nächsten 2 R abk. Dann beidseitig in jeder R 2 M r zus.str., bis 100 (106/112) M übrigbleiben. Gerade hocharbeiten, bis das Rückenteil bis zur Schulterschrägung die gleiche Länge wie das Vorderteil hat = ca. 55 (57/60) cm. Mit einer Rückreihe enden.
Schulterschrägung: Auf der rechten Seite der Arbeit je 10 (11/11) M zu Beginn der näch-sten 2 R abk. Dann je 9 (9/10) M zu Beginn der nächsten 4 R abk. Die restlichen 44 (48/50) M in der Mitte teilen und jede Hälfte auf eine Hilfsna-del legen.
Schulternähte schließen.

Vorderteile

Linkes Vorderteil
Mit Nadeln Nr. 2½ und Garn A 66 (72/78) M anschl. 5 cm im Rippenmuster (1 M r, 1 M l) arbeiten.
Mit Nadeln Nr. 3½ glatt rechts im Einstrickmu-ster nach der Strickschrift arbeiten, wobei die

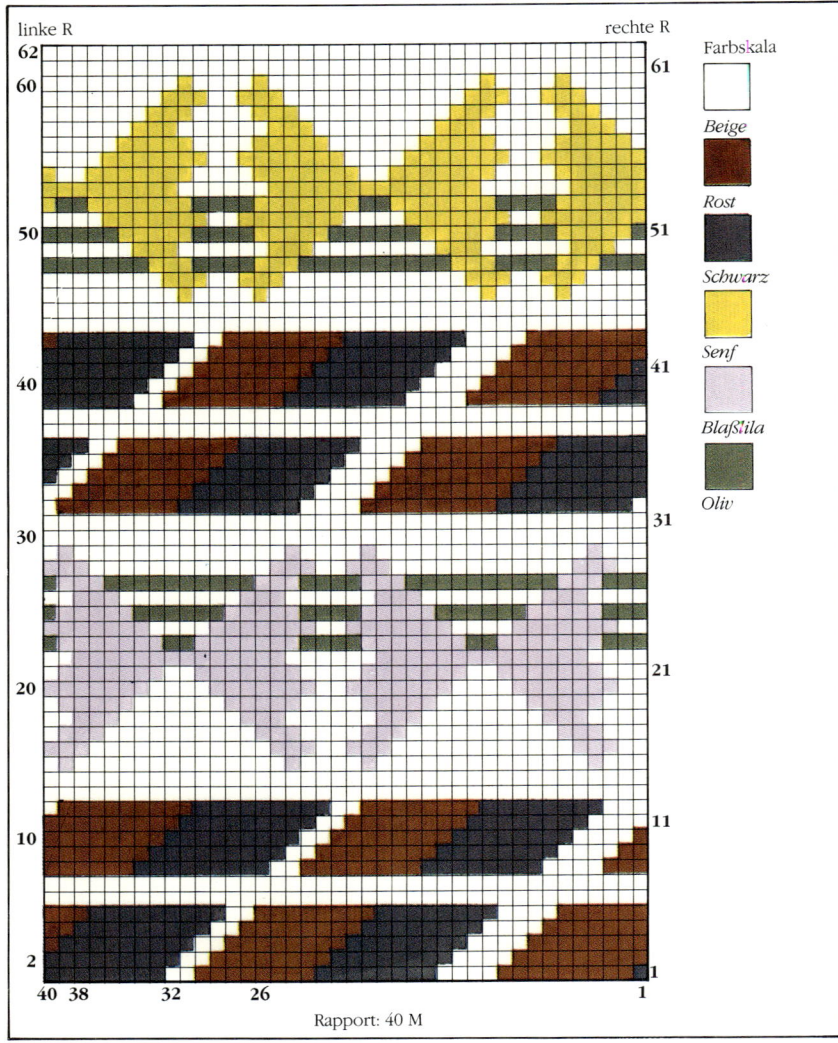

linke R · rechte R · Rapport: 40 M

ungeraden (rechtsgestrickten) R von rechts nach links und die geraden (linksgestrickten) R von links nach rechts gelesen werden. Das Muster in den R wie folgt aufteilen: *Für Größe 36* M 1−40 1mal stricken, dann M 1−26 1mal arbeiten; *für Größe 38/40* M 1−40 1mal strik-ken, dann M 1−32 1mal arbeiten; *für Größe 42/44* M 1−40 1mal stricken, dann M 1−38 1mal arbeiten. Linksgestrickte R gegengleich ferti-gen. Im Muster bis zum Ende der 12. R der Strickschrift arbeiten.
Tasche: In der 13. (Hin-)R die Tasche wie folgt einarbeiten: Die ersten 19 (20/21) M der R im Strickmuster, die nächsten 28 (32/36) M abk., dann im Muster bis zum Ende der R arbeiten. In der nächsten R die ersten 19 (20/21) M im Strickmuster arbeiten, danach 28 (32/36) M direkt über die zuvor abgeketteten anschl., dann das Muster bis zum Ende der R arbeiten. Gerade hocharbeiten bis zur 32. (36./40.) R des 2. Rapports und einer Gesamthöhe von ca. 32 (33/35) cm.
Arm- und Halsausschnitt: 10 (12/14) M zu Beginn der nächsten (Hin-)R abk., dann im Muster bis zu den beiden letzten M arbeiten; 2

M r zus.str. Im Muster an der Armausschnittkan-te in den nächsten 14 (14/16) R je 1 M abk., danach gerade hocharbeiten. *Gleichzeitig* an der Halskante in jeder folgenden 4. R nach der ersten Abnahmereihe − R 33 (37/41) − 1 M abn. bis 26 (28/30) M übrigbleiben. Dann den Hals-ausschnitt gerade hocharbeiten bis zur vollen-deten 48. (56./62.) R des 3. Rapports und einer Gesamthöhe von ca. 55 (57/60) cm.
Schulterschrägung: Im Muster (*für Größe 42/44* glatt r mit Garn A fortfahren) 10 M zu Beginn der nächsten (Hin-)R abk.; danach 8 (9/10) M zu Beginn der beiden nächsten 2. R abk

Rechtes Vorderteil
Wie das linke Vorderteil, jedoch die Tasche, Arm und Halsausschnitt und die Schulterschrä-gung gegengleich arbeiten.

Vorderteilblenden

Rechtes Vorderteil
Auf der rechten Seite der Arbeit mit Nadeln Nr

2½ und Garn A, an der Saumkante beginnend, 97 (101/105) M aus der rechten vorderen Öffnungskante bis zum Beginn des Halsausschnittes aufnehmen; dann weitere 80 (84/88) M aus dem Halsausschnitt bis zur hinteren Mitte aufnehmen, einschl. der 22 (24/25) M der Hilfsnadel = 177 (185/193) M. 3 R im Rippenmuster arbeiten.

Knopflöcher: In der nächsten R (R 4) 5 Knopflöcher wie folgt einarbeiten: 4 M im Rippenmuster, * 3 M abk., 19 (20/21) M Rippenmuster; von * an 3mal wiederholen, dann 3 M abk. und bis zum Ende der R im Rippenmuster arbeiten. Im Rippenmuster zurückstricken, dabei die 3 abgeketteten M jeweils an den gleichen Stellen wieder anschl. 4 weitere R mit Garn A im Rippenmuster arbeiten. Mit Garn C 1 R im Rippenmuster stricken. Alle M mit Garn C abk.

Linkes Vorderteil
In der hinteren Mitte beginnend, mit Nadeln Nr. 2½ und Garn A die 22 (24/25) M der Hilfsnadel im Rippenmuster abstricken. Dann 58 (60/63) M aus der Halskante bis zum Beginn der Halsformung und weitere 97 (101/105) M aus der vorderen Öffnungskante bis zur Saumkante hin aufnehmen. Wie die rechte Vorderteilblende, jedoch ohne Knopflöcher, arbeiten.

Armausschnittblenden
Mit Nadeln Nr. 2½ und Garn A auf der rechten Seite der Arbeit 147 (155/163) M aus dem Armausschnitt aufnehmen. Wie die linke Vorderteilblende arbeiten. Die rechte Armausschnittblende genauso fertigen.

Taschen

Taschenblende
Auf der rechten Seite der Arbeit mit Nadeln Nr. 2½ und Garn A 28 (32/36) M aus der unteren abgeketteten Kante des Taschenschlitzes aufnehmen. Wie die linke Vorderteilblende arbeiten. Die zweite Taschenblende genauso fertigen.

Taschenfutter
Die Arbeit mit der Saumkante nach oben halten; auf der rechten Seite der Arbeit mit Nadeln Nr. 3 und Garn A 28 (32/36) M aus der zweiten Anschlagkante des Taschenschlitzes hinter der Taschenblende aufnehmen. Mit einer R l M beginnen, dann glatt rechts mit Garn A stricken, bis das Futter 7 cm mißt. Alle M abk. Das zweite Taschenfutter genauso arbeiten.

Fertigstellung
Alle Teile leicht von links dämpfen, dabei das Rippenmuster aussparen. Seitennähte schließen. Rippen in der hinteren Halsausschnittmitte und an den Unterarmpunkten mit einer flachen Naht schließen. Taschenfutter anheften, Taschenblenden festnähen. Knöpfe auf die linke Vorderteilblende nähen.

PIERROT

*Diese bunt gepunktete Baumwolljacke in fröhlichen Farben ist besonders für den
Sommer ideal. Sie hat einen runden Kragen und kleine Taschen.*

Material

Garn
Nehmen Sie für dieses Modell ein Baumwoll-
garn.
Garn A 250 g (Ecru)
Garn B 150 g (Blaßblau)
Garn C   50 g (Blaßlila)
Garn D   50 g (Kräftiges Lila)
Garn E   50 g (Kräftiges Pink)
Garn F 100 g (Gelb)
Garn G   50 g (Purpur)

Stricknadeln
Je ein Paar Stricknadeln Nr. 3½ und Nr. 2½; 8
Knöpfe; 1 m Hutgummi

Größen 36 und 38/40

Bei unterschiedlichen Angaben: Größe 38/40 in
Klammern (siehe auch Schnittschema S. 120)

Maschenprobe
32 M und 32 R = 10 × 10 cm im Einstrickmuster
mit Nadeln Nr. 3½

Rückenteil

Mit Nadeln Nr. 2½ und Garn A 124 (134) M
anschl. 5 cm im Rippenmuster (1 M r, 1 M l)
arbeiten, dabei in der letzten Rückreihe wie
folgt zun.: 2 (4) M im Rippenmuster, * 3 M
Rippenmuster, zweimal im Rippenmuster in
die nächste M einstechen, 2 (3) M Rippenmuster; von * an 19 (17)mal wiederholen, 2 (4) M
Rippenmuster = 144 (152) M.
Mit Nadeln Nr. 3½ glatt rechts im Einstrickmuster nach der Strickschrift arbeiten, wobei die
ungeraden (rechtsgestrickten) R von rechts
nach links und die geraden (linksgestrickten) R
von links nach rechts gelesen werden. Das
Muster in den R wie folgt aufteilen: *Für Größe
36* die 24 M des Rapports (M 1–24) 6mal in der
R stricken; *für Größe 38/40* M 1–24 6mal strik-
ken, dann die R mit M 1–8 beenden. Die linksgestrickten R gegengleich arbeiten. Im Muster
gerade hocharbeiten bis zur vollendeten 12.
(16.) R des 4. Rapports und einer Gesamthöhe
von ca. 31 (32) cm.
Armausschnitte: Im Muster je 10 (13) M zu
Beginn der nächsten 2 R abk. = 124 (126) M.
Dann gerade hocharbeiten bis zur vollendeten
24. R des 6. Rapports (R 8 des 7. Rapports) und
einer Gesamthöhe von ca. 50 (52) cm.
Schulterschrägung: Im Muster je 13 (14) M
zu Beginn der nächsten 4 R abk. Dann je 12 M zu
Beginn der nächsten 2 R abk. Die restlichen M
am hinteren Halsausschnitt zugleich abk.

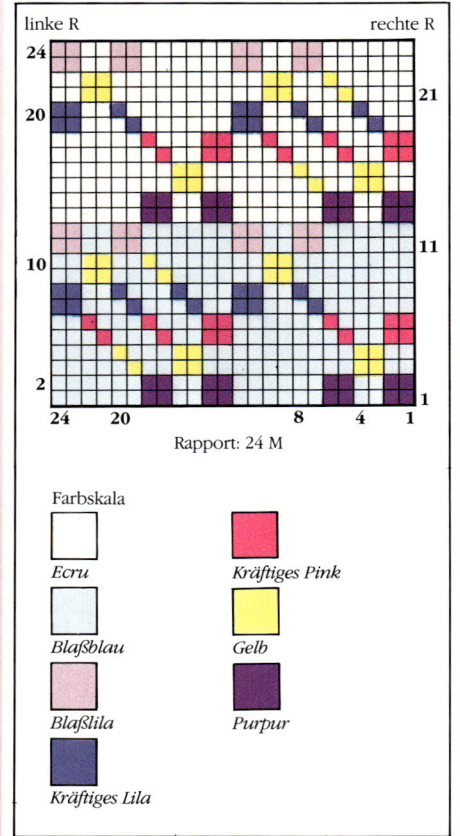

linke R   rechte R

Rapport: 24 M

Farbskala

Ecru

Blaßblau

Blaßlila

Kräftiges Lila

Kräftiges Pink

Gelb

Purpur

Vorderteile

Taschenfutter
Beginnen Sie mit dem Taschenfutter. Mit Nadeln Nr. 2½ und Garn A 28 (32) M anschl. 6 cm
glatt rechts stricken, mit einer R r M enden. M
auf eine Hilfsnadel legen. Das zweite Taschenfutter genauso arbeiten.

Linkes Vorderteil
Mit Nadeln Nr. 2½ und Garn A 58 (62) M anschl.
5 cm im Rippenmuster (1 M r, 1 M l) arbeiten,
dabei in der letzten Rückreihe wie folgt zun.: 5
(1) M im Rippenmuster, * 2 M Rippenmuster,
zweimal im Rippenmuster in die nächste M
einstechen, 2 (3) M Rippenmuster; von * an
9mal wiederholen, 3 M Rippenmuster = 68
(72) M.
Mit Nadeln Nr. 3½ glatt rechts im Einstrickmuster nach der Strickschrift arbeiten, wobei die
rechtsgestrickten R von rechts nach links und
die linksgestrickten R von links nach rechts
gelesen werden. Das Muster in den rechtsgestrickten R wie folgt aufteilen: *Für Größe 36* M
1–24 2mal wiederholen, dann die R mit M 1–20
beenden; *für Größe 38/40* M 1–24 3mal in der R
wiederholen. Die linksgestrickten R gegengleich fertigen. Im Muster fortfahren bis zur
vollendeten 12. R der Strickschrift.

Tasche: Die Tasche in R 13 wie folgt einarbeiten: Im Muster die ersten 20 M der R stricken,
die nächsten 28 (32) M abk., dann im Muster
über die restlichen 20 M der R arbeiten. In der
nächsten R im Muster über die ersten 20 M der
R stricken, dann im Muster die 28 (32) M des
Taschenfutters auf der Hilfsnadel arbeiten, danach im Muster bis zum Ende der R fortfahren.
Im Muster gerade hocharbeiten bis zur vollendeten 12. (16.) R des 4. Rapports, so daß das
Vorderteil bis zum Armausschnitt die gleiche
Höhe wie das Rückenteil hat = ca. 31 (32) cm.

Fortsetzung auf S. 73

Material: Jacke

Garn

Nehmen Sie für dieses Modell, wenn nicht anders angegeben, ein 2fädiges Shetlandgarn.

Garn A   75 g (Kräftiges Lila)
Garn B   50 g (Oliv)
Garn C   75 g Lurexgarn (Kupfer)
Garn D   50 g (Senf)
Garn E   75 g (Blaßlila)
Garn F   50 g (Rehbraun)
Garn G   75 g (Torf)
Garn H   50 g (Schokolade)
Garn K   50 g (Dunkles Lila)

Stricknadeln

Je ein Paar Stricknadeln Nr. 3½ und Nr. 2½; 1 Häkelnadel; 1 Knopf

Größen 36, 38/40 und 42

Bei unterschiedlichen Angaben: Größen 38/40 und 42 in Klammern (siehe auch Schnittschema S. 120)

Maschenprobe

31 M und 32 R = 10 × 10 cm im Einstrickmuster mit Nadeln Nr. 3½

Fortsetzung auf S. 72

ZICKZACK

Ein individuelles Modell in warmen Farbschattierungen und glitzerndem Kupferfaden im Zickzackmuster gearbeitet. Passend zur Schößchenjacke ein Top im Rippenmuster.

Material: Top

Garn
Nehmen Sie für dieses Modell, wenn nicht anders angegeben, ein 2fädiges Shetlandgarn.
Garn A   50 g (Torf)
Garn B   50 g (Kräftiges Lila)
Garn C   50 g Lurexgarn (Kupfer)

Stricknadeln
1 Paar Stricknadeln Nr. 3

Größe 36

(siehe auch Schnittschema S. 120)

Maschenprobe
36 M und 36 R = 10 × 10 cm im Einstrickmuster mit Nadeln Nr. 3

Rückenteil

** Mit Nadeln Nr. 3 und Garn B 120 M anschl. Das gesamte Rückenteil im Rippenmuster (1 M r, 1 M l) nach der folgenden Farbsequenz arbeiten:
R 1: Garn A
R 2: Garn C
R 3: Garn B
Die R 1—3 im Rückenteil wiederholen, dabei das nicht gebrauchte Garn an den Seiten der Arbeit mitführen; bis zu einer Gesamthöhe von ca. 29 cm hocharbeiten **. Mit Garn B abk.

Vorderteil

Von ** bis ** wie das Rückenteil arbeiten. Dann die Arbeit wie folgt teilen: In der nächsten Hinreihe die ersten 60 M der R stricken, dann wenden und die restlichen 60 M auf eine Hilfsnadel nehmen. Im Rippenmuster weiter über diese 60 M stricken; dabei beidseitig 1 M in der nächsten und jeder folgenden 2. R, insgesamt 27mal, abn., bis 6 M übrigbleiben.
Über diese 6 M im Rippenmuster stricken und 36 cm für den Träger hocharbeiten. Die M abk. Mit den restlichen 60 M auf der Hilfsnadel die andere Hälfte des Vorderteils und den zweiten Träger genauso fertigen. Alle M abk.

Fertigstellung

Lose Fadenenden an den Seiten versäubern. Seitennähte schließen. Träger am Rückenteil, 8 cm von der Seitennaht einwärts gemessen, annähen. Das Top nicht dämpfen.

ZICKZACK

Fortsetzung von S. 70

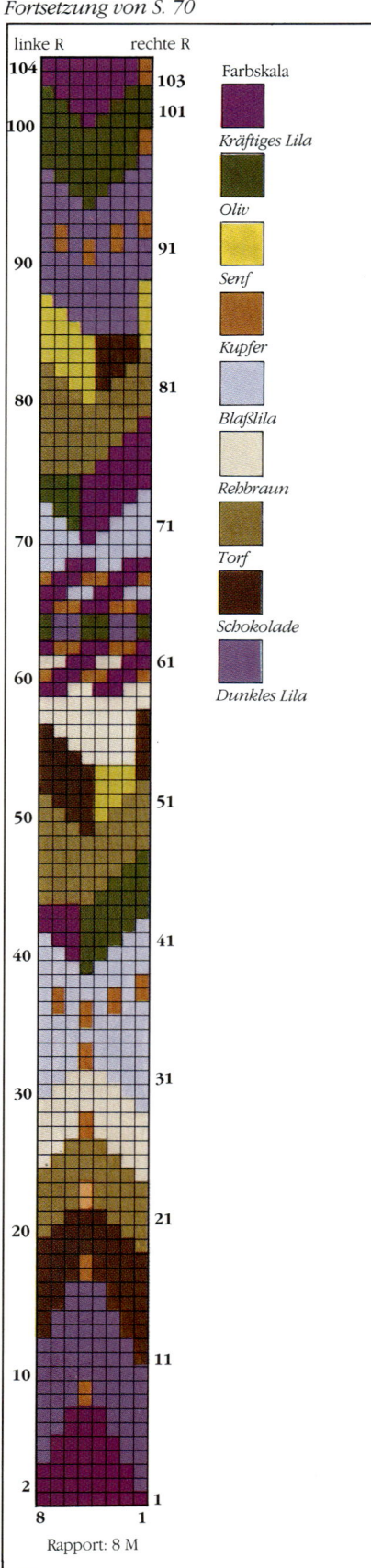

linke R   rechte R

104 / 103
100 / 101

90 / 91

80 / 81

70 / 71

60 / 61

50 / 51

40 / 41

30 / 31

20 / 21

10 / 11

2 / 1

8 / 1

Rapport: 8 M

Farbskala

Kräftiges Lila

Oliv

Senf

Kupfer

Blaßlila

Rehbraun

Torf

Schokolade

Dunkles Lila

Rückenteil

Mit Nadeln Nr. 2½ und Garn A 272 (288, 304) M anschl. 9 R im Rippenmuster (1 M r, 1 M l) nach der folgenden Farbsequenz arbeiten; dabei mit einer Rückreihe beginnen:
R 1, 4, 7: Garn G
R 2, 5, 8: Garn D
R 3, 6, 9: Garn A
Das nicht gebrauchte Garn dabei an den Seiten der Arbeit mitführen. Mit Nadeln Nr. 3½ glatt rechts im Einstrickmuster nach der Strickschrift arbeiten, wobei die ungeraden (rechtsgestrickten) R von rechts nach links und die geraden (linksgestrickten) R von links nach rechts gelesen werden. Die 8 M des Rapports 34 (36/ 38)mal in den R wiederholen. Im Muster fortfahren bis zur vollendeten 54. (58./62.) R der Strickschrift. Auf der rechten Seite der Arbeit für die Taille wie folgt abn.: Während der ganzen R 2 M r zus.str. = 136 (144/152) M.
Taillenblende: Mit Nadeln Nr. 2½ R 1–9 im Rippenmuster arbeiten. Dann noch einmal R 1–2 stricken.
Mit Nadeln Nr. 3½ glatt rechts im Einstrickmuster von R 55 (59/63) des 1. Rapports bis zur vollendeten 14. (22./30.) R des 2. Rapports und einer Gesamthöhe von ca. 20/22/24) cm weiterarbeiten.
Armausschnitte: Im Muster je 8 M zu Beginn der nächsten 2 R abk. Dann beidseitig 1 M in jeder R abn., bis noch 102 (110/118) M auf der Nadel sind. Im Muster gerade hocharbeiten bis zur vollendeten 76. (88./100.) R des 2. Rapports und einer Armausschnitthöhe von ca. 19 (20/ 22) cm.
Schulterschrägung: Im Muster je 8 M zu Beginn der nächsten 4 R abk. Dann je 5 (6/7) M zu Beginn der nächsten 6 R abk. Die restlichen 40 (42/44) M auf eine Hilfsnadel legen.

Vorderteile

Linkes Vorderteil
Mit Nadeln Nr. 2½ und Garn A 124 (132/140) M anschl. R 1–9 im Rippenmuster wie zuvor arbeiten.
Mit Nadeln Nr. 3½ glatt rechts im Einstrickmuster nach der Strickschrift arbeiten, dabei die M 1–8 15 (16/17)mal in der R wiederholen und dann die R mit den M 1–4 beenden. Im Muster fortfahren bis zur vollendeten 54. (58./62.) R der Strickschrift. In der nächsten R für die Taille wie folgt abn.: Während der ganzen R 2 M r zus.str. = 62 (66/70) M.
Taillenblende: Mit Nadeln Nr. 2½ R 1–9 nach derselben Streifenfolge wie zuvor arbeiten; dabei mit einer Rückreihe beginnen. Dann R 1–2 nochmals stricken.
Mit Nadeln Nr. 3½ glatt rechts im Einstrickmuster von R 55 (59/63) des 1. Rapports bis zur vollendeten 14. (22./30.) R des 2. Rapports und einer Gesamthöhe von ca. 20 (22/24) cm weiterarbeiten.
Armausschnitt: Im Muster 8 M zu Beginn der nächsten (Hin-)R abk. Dann 1 M an der Armausschnittkante zu Beginn jeder R abn., bis 45 (49/ 53) M übrigbleiben. Danach in den nächsten 32 (36/40) R gerade hocharbeiten und an der Halskante enden.
Halsausschnitt: Im Muster 3 M zu Beginn der nächsten Rückreihe abk. Dann an der Halskante 2 M in jeder R r zus.str., bis 31 (34/38) M

übrigbleiben. Im Muster gerade hocharbeiten bis zur vollendeten 76. (88./100.) R des 2. Rapports und einer Armausschnitthöhe von ca. 19 (20/22) cm.
Schulterschrägung: Im Muster je 8 M zu Beginn der nächsten und 3mal zu Beginn jeder 2. R abk. Eine R ohne Abnahme arbeiten. Für die Größen 38/40 und 42 eine R l M stricken, dann die restlichen 5 (7) M abk.

Rechtes Vorderteil
Wie das linke Vorderteil, jedoch gegengleich, arbeiten.

Ärmel

Mit Nadeln Nr. 2½ und Garn A 62 (62/64) M anschl. 24 R im Rippenmuster wie zuvor arbeiten, dabei die R 1–3 8mal wiederholen, dann die R 1–2 nochmals stricken. In der nächsten Rückreihe wie folgt zun.: (Garn A) 10 (10/8)M * 1 M zun., 1 M Rippenmuster; von * an bis den letzten 11 (11/9) M wiederholen, 1 M zun. bis zum Ende der R l stricken = 104 (104/112) M.
Mit Nadeln Nr. 3½ glatt rechts im Einstrickmuster nach der Strickschrift arbeiten; dabei mit 3 (7/11) der Strickschrift beginnen. Im Muster fortfahren bis zur vollendeten 14. (22./30.) R des 2. Rapports und einer Gesamthöhe von ca. 43 (44/45) cm.
Armkugel: 8 M zu Beginn der nächsten 2 R abk. Dann beidseitig in der nächsten und in jeder folgenden 2. R 7 (10/10)mal 2 M r zus.str. 13 (17/16) R gerade hocharbeiten. Beidseitig in der nächsten und jeder folgenden R 10 (8/6)mal 2 M r zus.str. 1 R l M arbeiten. Die restlichen M abk. Den zweiten Ärmel genauso fertigen.

Vordere Blenden

Zunächst die Schulternähte schließen.

Linkes Vorderteil
Mit Nadeln Nr. 2½ und Garn A auf der rechten Seite der Arbeit 171 (181/191) M aus der linken vorderen Öffnungskante vom Beginn des Halsausschnittes bis zur unteren gerippten Kante aufnehmen. R 1–9 im Rippenmuster nach der Streifenfolge wie zuvor arbeiten. Im Rippenmuster mit Garn A abk.

Rechtes Vorderteil
An der linken Saumkante beginnend, 171 (181/191) M bis zum Beginn des Halsausschnittes aufnehmen. Wie die linke vordere Blende arbeiten.

Halsausschnittblende

Auf der rechten Seite der Arbeit mit Nadeln Nr. 2½ und Garn A, an der inneren (aufgenommen) Kante der rechten vorderen Blende beginnend, 97 (99/101) M aus dem Halsausschnitt bis zur Innenkante der linken vorderen Blende, einschließlich der M auf der Hilfsnadel für den hinteren Halsausschnitt, aufnehmen. R 1–9 wie zuvor im Rippenmuster nach der Streifenfolge arbeiten. Mit Garn A abk.

Fertigstellung

Alle Teile leicht von links dämpfen, dabei das Rippenmuster aussparen. Seiten- und Ärmelnähte schließen. Ärmel einnähen, dabei die Weite oben einhalten. Eine Schlinge für den Knopf häkeln und an die linke Seite der Arbeit auf die Taillenblende nähen. Knopf an der entsprechenden Stelle auf der rechten Blende annähen. Alle Nähte leicht von links dämpfen.

Fortsetzung von S. 68

Armausschnitt: Im Muster 10 (13) M zu Beginn der nächsten R abk. Dann die Armausschnittkante gerade hocharbeiten bis zur vollendeten 21. R des 5. Rapports (R 7 des 6. Rapports) und einer Armausschnitthöhe von ca. 11 (12) cm.

Halsausschnitt: Im Muster 4 M zu Beginn der nächsten (Rück-)R abk., dann an der Halskante in den nächsten 16 (15) R 1 M abn., bis 38 (40) M übrigbleiben. Danach im Muster gerade hocharbeiten bis zur vollendeten 24. R des 6. Rapports (R 8 des 7. Rapports) und bis das Vorderteil die gleiche Höhe wie das Rückenteil bis zur Schulterschräge hat = ca. 50 (52) cm.

Schulterschräge: Im Muster 13 (14) M zu Beginn der nächsten und der folgenden 2. R abk. Eine R ohne Abnahme arbeiten, dann 12 M zu Beginn der nächsten R abk.

Rechtes Vorderteil

Wie das linke Vorderteil arbeiten, jedoch gegengleich fertigen.

Ärmel

Mit Nadeln Nr. 2½ und Garn A 56 (60) M anschl. 11 cm im Rippenmuster arbeiten, dabei in der letzten Rückreihe wie folgt zun.: 8 (10) M im Rippenmuster, * 1 M Rippenmuster, zweimal im Rippenmuster in die nächste M einstechen; von * an 19mal wiederholen, 8 (10) M Rippenmuster = 76 (80) M.
Mit Nadeln Nr. 3½ glatt rechts im Einstrickmuster nach der Strickschrift arbeiten, dabei mit R 13 (1) der Strickschrift beginnen. *Für Größe 36* mit R 13 beginnen, so daß das Muster mit dem Armausschnitt übereinstimmt; M 1−24 3mal in den R wiederholen, dann die R mit den M 1−4 einschl. beenden. *Für Größe 38/40* M 1−24 3mal in den R wiederholen, die R mit M 1−8 beenden. Linksgestrickte R gegengleich arbeiten. Im Muster fortfahren und für die Seitenformung beidseitig in jeder 15. (3.) R und jeder folgenden 4. R 1 M zun., bis 130 (136) M auf der Nadel sind, wobei die Extramaschen ins Muster aufgenommen werden. Dann im Muster gerade hocharbeiten bis zur vollendeten 12. (24.) R des 6. (5.) Rapports. (Es handelt sich um den 6. Rapport bei der kleineren Größe, weil Sie R 15−24 des 1. Rapports, danach 4 komplette Rapports und anschließend R 1−12 des 6. Rapports gestrickt haben.) Alle M abk.; diese abgekettete Kante sollte 41 (43) cm lang sein.
Den zweiten Ärmel genauso arbeiten.

Vordere Blenden

Rechtes Vorderteil

Mit Nadeln Nr. 2½ und Garn A auf der rechten Seite der Arbeit, an der unteren Kante beginnend, 141 (148) M aus der vorderen Öffnungskante bis zum Beginn des Halsausschnittes aufnehmen. 5 R im Rippenmuster mit Garn A stricken.

Knopflöcher: In der nächsten R 8 Knopflöcher wie folgt einarbeiten: 3 M im Rippenmuster, * 3 M abk., 16 (17) M Rippenmuster; von * an 6mal wiederholen, 3 M abk., 2 M Rippenmuster. Die nächste R im Rippenmuster zurückstricken, dabei die 3 abgeketteten M an den gleichen Stellen jeweils wieder anschl. Weitere 4 R im Rippenmuster mit Garn A stricken. Alle M im Rippenmuster abk.

Linkes Vorderteil

Wie das rechte Vorderteil arbeiten, jedoch am Anfang des Halsausschnittes beginnen und die Knopflöcher weglassen.

Kragen

Mit Nadeln Nr. 2½ und Garn A 109 (113) M anschl. Eine R im Rippenmuster arbeiten. Dann beidseitig am Ende der nächsten und 5mal in den folgenden 2. R 1 M zun. Danach in den nächsten 6 R beidseitig 1 M zun. = 133 (137) M. 4 (6) R ohne Zunahme im Rippenmuster arbeiten. Dann beidseitig in den nächsten 6 R 1 M abn. Danach beidseitig 6mal 1 M in jeder 2. R abn. = 109 (113) M. Eine weitere R im Rippenmuster mit Garn A arbeiten; dann im Rippenmuster alle M zugleich abk.

Taschen

Taschenblenden

Auf der rechten Seite der Arbeit mit Nadeln Nr. 2½ und Garn A 28 (32) M aus der unteren abgeketteten Kante des Taschenschlitzes aufnehmen. 8 cm im Rippenmuster mit Garn A arbeiten, dann im Rippenmuster abk. Die zweite Taschenblende genauso fertigen.

Fertigstellung

Alle Teile leicht von links dämpfen, dabei das Rippenmuster aussparen. Seiten- und Schulternähte schließen. Unterarmnähte schließen, dabei oben 4 cm offenlassen. Die gerade obere Ärmelkante oben im Armausschnitt feststecken, den offenen Teil der Ärmelnaht an der geraden abgeketteten Kante unten am Armausschnitt feststecken. Ärmel einnähen. Auf der rechten Seite der Arbeit die geformte Zunahmekante des Kragens im Halsausschnitt, am Anfang der vorderen Blende beginnend und endend, feststecken. Kragen annähen. Kragen zur Hälfte zusammenlegen, so daß die abgekettete, geformte Kante die erste Naht gerade verdeckt. Feststecken und annähen. Taschenblenden annähen, Taschenfutter auf der linken Seite der Arbeit jeweils anheften. 8 Knöpfe, den Knopflöchern entsprechend, an die linke Vorderteilblende nähen. Gummiband für die Saumkante zurechtschneiden und auf der linken Seite der Jacke in die Anschlagkante ziehen. Enden sichern.

CHITIMACHA

Diese Damen- oder Herrenweste mit einem indianischen Design hat einen doppelt eingelegten Schalkragen. Die Armblenden und der Kragen sind in das Muster miteinbezogen.

Material

Garn

Nehmen Sie für dieses Modell ein 2fädiges Shetlandgarn. Verschiedene Größen erfordern verschiedene Garnmengen.

Garn A	125 (175) g	(Rost)
Garn B	50 (75) g	(Senf)
Garn C	50 (75) g	(Jade)
Garn D	50 g	(Beige)
Garn E	100 g (125) g	(Schwarz)

Stricknadeln

Je ein Paar Stricknadeln Nr. 3½, Nr. 3 und Nr. 2½; 5 Lederknöpfe

Größen 36/38/40 und 44/46

Bei unterschiedlichen Angaben: Größe 44/46 in Klammern (siehe auch Schnittschema S. 120)

Maschenprobe

30 M und 32 R = 10 × 10 cm im Einstrickmuster mit Nadeln Nr. 3½

Rückenteil

Mit Nadeln Nr. 2½ und Garn E 120 (130) M anschl. 4 cm im Rippenmuster (1 M r, 1 M l) arbeiten, dabei in der letzten Rückreihe *nur für Größe 44/46* 10 M zun., indem Sie zweimal in jede 13. M einstechen = 120 (140) M.
Mit Nadeln Nr. 3½ glatt rechts im Einstrickmuster nach der Strickschrift arbeiten, wobei die ungeraden (rechtsgestrickten) R von rechts nach links und die geraden (linksgestrickten) R von links nach rechts gelesen werden. Das Muster in den rechtsgestrickten R wie folgt aufteilen: *Für Größe 36/38/40* M 1−40 3mal wiederholen; *für Größe 44/46* M 1−40 3mal wiederholen, dann die R mit M 1−20 beenden. Linksgestrickte R gegengleich arbeiten. *Gleichzeitig* für die Seitenformung beidseitig in jeder 5. und folgenden 4. R 1 M zun., bis 140 (160) M auf der Nadel sind, wobei die Extramaschen ins Muster aufgenommen werden. Hocharbeiten bis zur vollendeten 14. (30.) R des 2. Rapports und einer Gesamthöhe von ca. 26 (31) cm.
Armausschnitte: Im Muster 16 M zu Beginn der nächsten 2 R abk. Dann je 1 M beidseitig in den nächsten 3 R abk. = 102 (122) M. Nun gerade hocharbeiten bis zur vollendeten 18. (46.) R des 3. Rapports. Die Höhe der Armausschnitte beträgt ca. 23 (27) cm.

Schulterschrägung: Je 6 (8) M zu Beginn der nächsten 6 R abk. Danach 6 M zu Beginn der nächsten 2 R abk. = 54 (62) M.
Kragen: 12 R im Muster mit diesen 54 (62) M gerade hocharbeiten. Beidseitig in der nächsten und jeder folgenden 2. R 1 M zun., bis 74 (82) M auf der Nadel sind = 19 R. Beidseitig in jeder folgenden 2. R 1 M abn., bis 56 (64) M übrigbleiben = 18 R.
Beidseitig in der nächsten R 1 M abn. 12 R ohne Abnahme arbeiten. Alle M zugleich abk.

Vorderteile

Rechtes Vorderteil

Mit Nadeln Nr. 2½ und Garn E 80 (90) M anschl. 4 R im Rippenmuster arbeiten.
Knopflöcher: Das erste Knopfloch wie folgt einarbeiten: In der nächsten Rückreihe 6 M im Rippenmuster stricken, 4 M abk., 12 M Rippenmuster und 4 M abk.; im Rippenmuster bis zum Ende der R arbeiten. Mit Garn E fortfahren, bis das Bündchen 4 cm mißt.
Mit Nadeln Nr. 3½ glatt rechts im Einstrickmuster nach der Strickschrift arbeiten. Das Muster in den R wie folgt aufteilen: *Für Größe 36/38/40* M 1−40 2mal arbeiten; *für Größe 44/46* M 1−40 2mal arbeiten, dann die R mit M 1−10 beenden.

Linksgestrickte R gegengleich arbeiten. 1 M an der Seitenkante in der 5. und in jeder folgenden 4. R, insgesamt 10mal, zun., bis 90 (100) M auf der Nadel sind, wobei die Extramaschen ins Strickmuster aufgenommen werden. *Gleichzeitig* in R 15 (19) des 1. Rapports das 2. Knopfloch und die Taschenöffnung wie folgt einarbeiten: 6 M im Muster stricken, 4 M abk., die nächsten 10 M stricken, 4 M abk., dann das Muster bis zu den letzten 20 (26) M der R arbeiten. Wenden und über die nächsten 32 M mit Garn A l M stricken. Wieder wenden, mit Garn C über diese 32 M das Taschenfutter arbeiten. 13 M glatt rechts mit Garn C stricken, dann mit einer R r M das Taschenfutter beenden. Nun im Muster über die letzten 20 (26) M der R 15 (19) stricken. Um das Knopfloch fertigzustellen, die nächste R (R 16[20]) im Muster zurückstricken bis zum Beginn der ersten abgeketteten Knopflochkante (die letzten 24 M der R).
4 M direkt über den in R 15 (19) abgeketteten M anschl., die nächsten 10 M im Muster stricken, 4 M über der nächsten abgeketteten Kante anschl. und dann die restlichen 6 M der R arbeiten. Im Muster fortfahren, dabei an der Seitenkante 1 M in jeder 4. R zun., bis 90 (100) M auf der Nadel sind. *Gleichzeitig* in jeder 20. (24.) R ein Knopfloch einarbeiten (d. h., das 3. Knopfloch in R 35 [43] des 1. Rapports, das 4. Knopfloch in R 55 [5] des 1. [2.] Rapports und das 5. Knopfloch in R 13 [29] des 5. Rapports). Alle Knopflöcher wie in R 15 (19) beschrieben einarbeiten, dabei die Extramaschen an den Seitenkanten mitberücksichtigen. Sobald 90 (100) M auf der Nadel sind, gerade hocharbeiten bis zur vollendeten 13. (29.) R des 2. Rapports und einer Gesamthöhe von ca. 26 (31) cm.
Armausschnitt: Im Muster zu Beginn der nächsten Rückreihe 16 M abk. An der Armausschnittkante in den nächsten 3 R je 1 M abk. = 71 (81) M. Danach den Armausschnitt gerade hocharbeiten.
Kragen: Im Muster an der Vorderkante in der nächsten R = R 18 (34) des 2. Rapports und in jeder folgenden 2. R 1 M zun., bis 79 (89) M auf der Nadel sind. Dann gerade hocharbeiten bis das Vorderteil ca. 23 (27) cm mißt; mit einer R r M enden (d. h., mit R 17 [45] des 3. Rapports).
Schulterschrägung: 6 (8) M zu Beginn der nächsten und 2mal in jeder folgenden 2. R abk. Dann 6 M zu Beginn der folgenden 2. R abk. = 55 (59) M. Die restlichen M zugleich abk.

Linkes Vorderteil
Wie das rechte Vorderteil stricken, jedoch gegengleich und ohne Knopflöcher arbeiten. Wenn das Taschenfutter in R 15 (19) beginnt, folgendermaßen arbeiten: Die ersten 52 (58) M der R im Muster stricken, wenden, über die 32 M der nächsten R l M mit Garn A zurückstricken, wenden, mit Garn C 13 cm glatt rechts arbeiten, dann das Muster über die restlichen M in R 15 (19) fertigstricken.

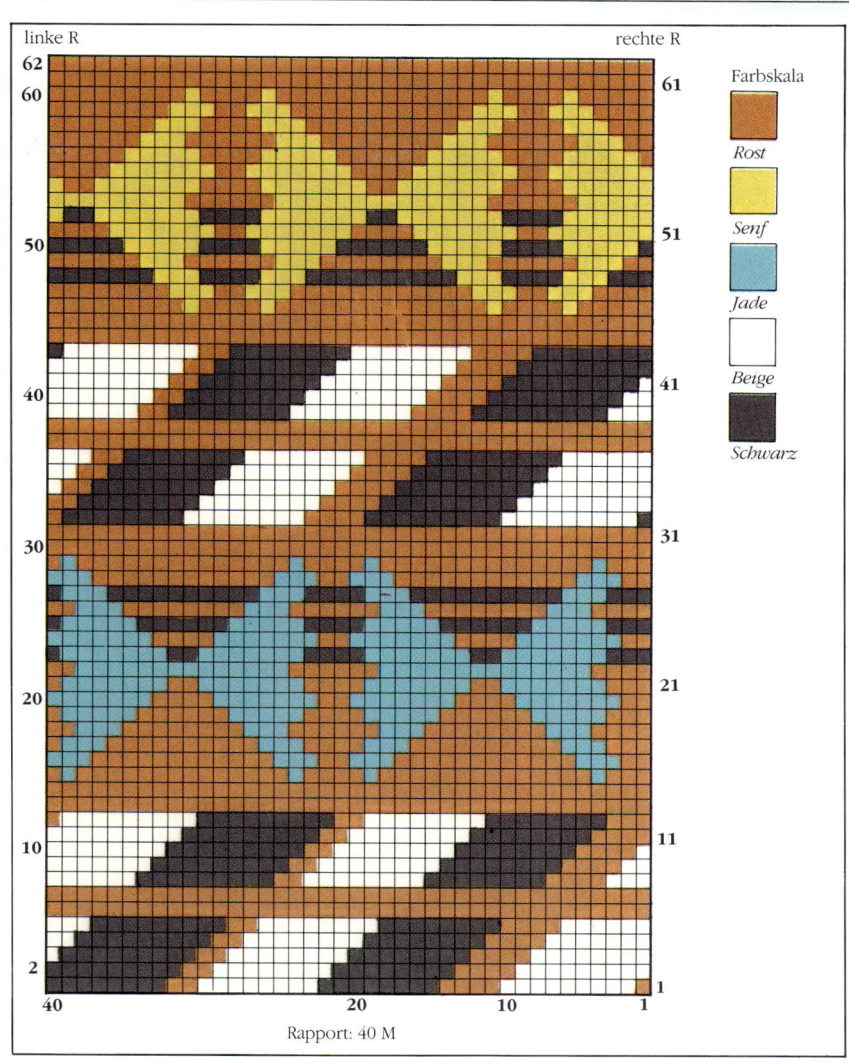

linke R   rechte R

Rapport: 40 M

Farbskala

Rost

Senf

Jade

Beige

Schwarz

Armausschnittblenden

Schulternähte schließen. Mit Nadeln Nr. 3 und Garn E 160 (180) M aus dem Armausschnitt aufnehmen. Eine R l M stricken. Dann nach der Strickschrift weiterarbeiten. Das Muster in den rechtsgestrickten R wie folgt aufteilen: *Für Größe 36/38/40* M 1–40 4mal wiederholen; *für Größe 44/46* M 1–40 4mal wiederholen, dann 1mal die M 1–20 arbeiten. R 1–5 der Strickschrift arbeiten. Mit Garn E eine weitere R l M stricken. Mit Nadeln Nr. 2½ noch weitere 9 R im Rippenmuster für den Beleg arbeiten.

Fertigstellung

Mit einer stumpfen Nadel alle losen Enden versäubern. Alle Teile leicht von links dämpfen, dabei das Rippenmuster aussparen. Seitennähte schließen.
Armausschnittblenden: Blenden an den Unterarmpunkten mit einer flachen Naht schließen. Blenden zur Hälfte zusammenlegen, so daß das Rippenmuster an der Armausschnittkante gerade sichtbar ist, und die innere abgekettete Kante des Rippenmusters an die Innenseite des Armausschnittes heften.

Vordere Blenden und Knopflöcher: Die rechte vordere Belegkante nach innen legen, so daß die Knopflochkanten übereinanderliegen, und feststecken. Dann diese Innenkante festnähen und die doppelten abgeketteten Knopflochkanten überwendlich zusammennähen. Innenkante des linken vorderen Belegs ebenfalls festnähen. Die Kanten des hinteren Kragens an die obere Kante des Schalkragens auf der rechten und linken Vorderseite mit flachen Stichen annähen. Dann den gesamten Kragen umlegen und die Innenkante auf der Innenseite der Arbeit feststecken und anheften. Die Seiten des Taschenfutters mit überwendlichen Stichen zusammennähen, dabei das Futter nicht an das Vorderteil nähen. Knöpfe annähen. Dämpfen.

PORZELLAN

Chinesisches Porzellan mit weiß-blauem Design stand Pate für das zarte Muster dieser schönen Weste. Der Rücken ist im Rippenmuster gearbeitet.

Material

Garn
Nehmen Sie für dieses Modell ein 2fädiges Shetlandgarn.
Garn A   150 g (Mittelblau)
Garn B   75 g (Elfenbein)
Garn C   25 g (Navy)

Stricknadeln
Je ein Paar Stricknadeln Nr. 3 und Nr. 2½; 5 Knöpfe

Größen 38/40 und 42

Bei unterschiedlichen Angaben: Größe 42 in Klammern (siehe auch Schnittschema S. 120)

Maschenprobe
32 M und 32 R = 10 × 10 cm im Einstrickmuster mit Nadeln Nr. 3

Vorderteile

Linkes Vorderteil
Mit Nadeln Nr. 2½ und Garn A 72 (77) M anschl.
5 cm im Rippenmuster (1 M r, 1 M l) arbeiten.
Mit Nadeln Nr. 3 im Einstrickmuster nach der Strickschrift arbeiten, wobei die ungeraden (rechtsgestrickten) R von rechts nach links und die geraden (linksgestrickten) R von links nach rechts gelesen werden. *Für Größe 38/40* 1mal M 1–72 und *für Größe 42* 1mal M 1–77 in der R arbeiten. Linksgestrickte R gegengleich fertigen. Im Muster gerade hocharbeiten bis zur vollendeten 76. (80.) R der Strickschrift und einer Gesamthöhe von ca. 29 (30) cm.
Arm- und Halsausschnitt: Im Muster 10 (12) M zu Beginn der nächsten R abk.; dann im Muster bis zu den beiden letzten M stricken, 2 M r zus.str. Nun 1 M an der Armausschnittkante in den nächsten 21 R abn., danach den Armausschnitt gerade hocharbeiten. *Gleichzeitig* an der Halsausschnittkante in jeder folgenden 4. R nach der 1. Abnahme in R 77 (81) 1 M abn., bis noch 27 (30) M übrig sind. Dann bis zur vollendeten 62. (70.) R des 2. Rapports und einer Gesamthöhe von ca. 51 (53) cm weiterarbeiten.
Schulterschrägung: Im Muster je 9 (10) M zu Beginn der nächsten und zweimal in jeder folgenden 2. R abk.

Rechtes Vorderteil
Wie das linke Vorderteil, jedoch gegengleich, arbeiten.

linke R   recht

86
80
70
60
50
40
30
20
10
2

77   72   1

Rapport: 77 M

Farbskala

Mittelblau   Elfenbein

Rückenteil

Mit Nadeln Nr. 2½ und Garn A 148 (156) M anschl. 5 cm im Rippenmuster arbeiten.
Mit Nadeln Nr. 3 das gesamte Rückenteil im Rippenmuster mit Garn A stricken. Gerade hocharbeiten, bis die Arbeit, wie das Vorderteil, bis zum Armausschnitt 29 (30) cm mißt; mit einer Rückreihe enden.
Schulterschrägung: Je 9 (10) M zu Beginn der nächsten 6 R abk. Die restlichen 46 (48) M in der Mitte teilen und beide Hälften auf eine Hilfsnadel legen.
Schulternähte schließen.

Vordere Blenden

Rechtes Vorderteil

Auf der rechten Seite der Arbeit mit Nadeln Nr. 2½ und Garn A, an der Saumkante beginnend, 93 (97) M aus der rechten vorderen Öffnungskante bis zum Beginn des Halsausschnittes, dann weitere 100 (104) M aus dem Halsausschnitt bis zur hinteren Mitte aufnehmen, einschl. der 23 (24) M auf der 1. Hilfsnadel. 3 R im Rippenmuster stricken.

Knopflöcher: 5 Knopflöcher in der 4. R des Rippenmusters wie folgt einarbeiten: 4 M im Rippenmuster, * 3 M abk., 18 (19) M Rippenmuster; von * an 3mal wiederholen, 3 M abk., bis zum Ende der R im Rippenmuster stricken. Die 5. R im Rippenmuster zurückstricken, dabei die 3 abgeketteten M jeweils an den gleichen Stellen wieder aufnehmen. 4 R im Rippenmuster arbeiten. Mit Garn C eine weitere R im Rippenmuster stricken. Mit Garn C abk.

Linkes Vorderteil

Wie die rechte vordere Blende arbeiten, aber in der hinteren Halsausschnittmitte mit den restlichen 23 (24) M der Hilfsnadel beginnen und 170 (177) M bis zur Saumkante aufnehmen; Knopflöcher weglassen.

Armausschnittblenden

Auf der rechten Seite der Arbeit mit Nadeln Nr. 2½ und Garn A 152 (160) M aus dem Armausschnitt aufnehmen. 9 R im Rippenmuster stricken. Mit Garn C eine weitere R im Rippenmuster arbeiten. Mit Garn C abk. Die zweite Armausschnittblende genauso fertigen.

Fertigstellung

Alle Teile leicht von links dämpfen, dabei das Rippenmuster aussparen. Seitennähte schließen. Rippen am hinteren Halsausschnitt schließen. Knöpfe auf die linke Blende nähen. Nähte leicht von links dämpfen.

ISLAM

Das geometrische Muster dieser Weste stammt von alten islamischen Vorlagen.
Das Modell hat einen Rücken im Rippenmuster und kleine Taschen.

Material

Garn

Nehmen Sie für dieses Modell ein 2fädiges Shetlandgarn. Verschiedene Größen erfordern verschiedene Garnmengen.

Garn A 75 (75/100) g (Schokolade)
Garn B 50 g (Torf)
Garn C 50 g (Weinrot)
Garn D 25 g (Puderblau)
Garn E 25 g (Elfenbein)
Garn F 25 g (Orange)
Garn G 25 g (Grau mit Orange)
Garn H 50 g (Helles Lila)
Garn J 50 g (Kräftiges Lila)

Stricknadeln

Je ein Paar Stricknadeln Nr. 3½, Nr. 3 und Nr. 2½; 5 Knöpfe

Größen 36, 38/40 und 42/44

Bei unterschiedlichen Angaben: Größen 38/40 und 42/44 in Klammern (siehe auch Schnittschema S. 120)

Maschenprobe
32 M und 32 R = 10 × 10 cm im Einstrickmuster mit Nadeln Nr. 3½

Vorderteile

Taschenfutter
Beginnen Sie mit dem Taschenfutter. Mit Nadeln Nr. 3 und Garn A 28 (32/36) M anschl. und 7 cm glatt rechts stricken; mit einer Rückreihe enden. M auf eine Hilfsnadel nehmen. Das zweite Taschenfutter genauso arbeiten.

Linkes Vorderteil
** Mit Nadeln Nr. 2½ und Garn A 66 (72/78) M anschl. 5 cm im Rippenmuster (1 M r, 1 M l) arbeiten.
Mit Nadeln Nr. 3½ glatt rechts im Einstrickmuster nach der Strickschrift arbeiten, wobei die ungeraden (rechtsgestrickten) R von rechts nach links und die geraden (linksgestrickten) R von links nach rechts gelesen werden. Das Muster in den R wie folgt aufteilen: *Für Größe 36* M 1−16 4mal in den R wiederholen, die R mit M 1−2 beenden; *für Größe 38/40* M 1−16 4mal wiederholen, dann die R mit M 1−8 beenden, *für Größe 42/44* M 1−16 4mal wiederholen, dann die R mit M 1−14 beenden. Linksgestrickte R gegengleich arbeiten. Im Muster gerade hocharbeiten bis zur vollendeten 14. R der Strickschrift.
Tasche: Die Tasche in R 15 wie folgt einarbeiten: Die ersten 19 (20/21) M der R abstricken, dann die nächsten 28 (32/36) M auf eine Hilfsnadel legen und an ihrer Stelle über die 28 (32/36) M des Taschenfutters auf der Hilfsnadel

stricken; dann die restlichen 19 (20/21) M der R im Muster arbeiten. Weiter gerade hocharbeiten bis zur vollendeten 28. (32./36.) R des 2. Rapports und einer Gesamthöhe von ca. 29 (30/32) cm.
Arm- und Halsausschnitt: Zu Beginn der nächsten R 8 (10/12) M abk., dann im Muster bis zu den letzten 2 M stricken; 2 M r zus.str. An der Armausschnittkante in den nächsten 14 (16/18) R je 1 M abn.; dann den Armausschnitt gerade hocharbeiten. *Gleichzeitig* an der Halskante in jeder 4. − nach der 1. Abnahme in R 29 (33/37) − 1 M abn., insgesamt 8 (9/13)mal. Danach in jeder folgenden 3. R 1 M abn., bis 24 (26/28) M übrigbleiben. Weiter gerade hocharbeiten bis zur vollendeten 50. (6./12.) R des 3. (4./4.) Rapports und einer Armausschnitthöhe von ca. 22 (23/24) cm.
Schulterschrägung: Im Muster 8 (10/10) M zu Beginn der nächsten R abk., dann 8 (8/9) M zu Beginn jeder 2. R abk.

Rechtes Vorderteil
Bündchen wie das linke Vorderteil von ** bis ** stricken. Mit Nadeln Nr. 3½ glatt rechts im Einstrickmuster nach der Strickschrift wie das linke Vorderteil fertigen, dabei das zweite Taschenfutter einarbeiten und alle Formungen gegengleich anfertigen.

Rückenteil

Mit Nadeln Nr. 2½ und Garn A 132 (144/156) M anschl. 5 cm im Rippenmuster stricken.
Mit Nadeln Nr. 3 den gesamten Rücken im Rippenmuster nach folgender Streifensequenz arbeiten:
R 1: Garn B
R 2: Garn C
R 3: Garn H
R 4: Garn J
R 5: Garn A
Nicht benötigtes Garn an den Seiten mitführen; die R 1−5 wiederholen, bis der Rücken die gleiche Gesamtlänge wie das Vorderteil hat = ca. 29 (30/32) cm.
Armausschnitte: Im Rippenmuster je 3 (4/6) M in der nächsten Hinreihe und der folgenden R abk. Dann beidseitig in jeder 2. R 2 M zus.str., bis 100 (104/108) M übrigbleiben. Gerade hocharbeiten, bis der Rücken die gleiche Gesamtlänge wie das Vorderteil vom Beginn des Armausschnittes bis zur Schulterschrägung hat = ca. 22 (23/24) cm.
Schulterschrägung: Zu Beginn der nächsten Hinreihe und der darauffolgenden R je 10 (11/10) M abk. Dann je 9 (9/10) M zu Beginn der nächsten 4 R abk. Die restlichen 44 (46/48) M in der Mitte teilen und beide Hälften auf eine Hilfsnadel legen.
Schulternähte schließen.

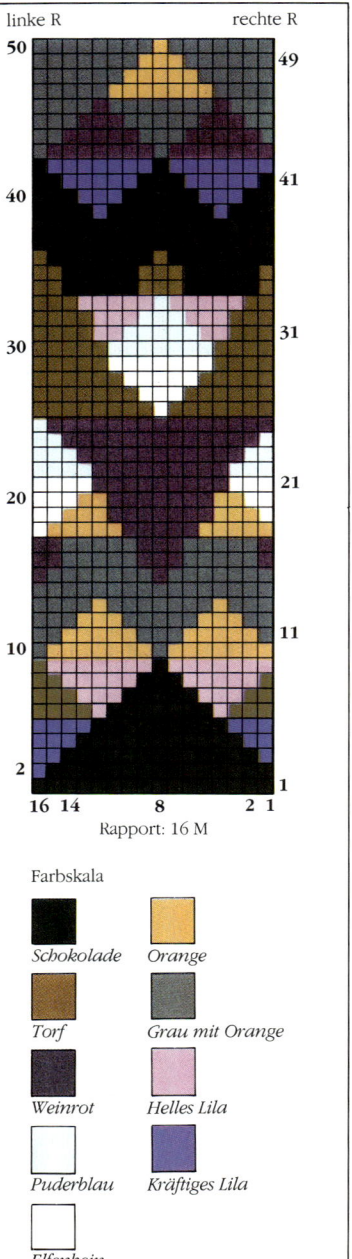

linke R   rechte R
50   49
41
40
31
30
21
20
11
10
2   1
16 14   8   2 1
Rapport: 16 M

Farbskala

Schokolade   Orange

Torf   Grau mit Orange

Weinrot   Helles Lila

Puderblau   Kräftiges Lila

Elfenbein

Vordere Blenden

Rechtes Vorderteil

Mit Nadeln Nr. 2½ und Garn A, an der Saumkante beginnend, 93 (97/101) M aus der vorderen Öffnungskante bis zum Beginn des Halsausschnittes aufnehmen. Dann 81 (87/93) M aus dem Halsausschnitt bis zur hinteren Mitte aufnehmen, einschl. der 22 (23/24) M der Hilfsnadel = 174 (184/194) M. 3 R im Rippenmuster arbeiten.

Knopflöcher: In der 4. R des Rippenmusters wie folgt 5 Knopflöcher einarbeiten: 4 M im Rippenmuster, * 3 M abk., 18 (19/20) M Rippenmuster; von * an 3mal wiederholen, 3 M abk. und bis zum Ende der R im Rippenmuster stricken. Die 5. R im Rippenmuster zurückstricken, dabei die 3 abgeketteten M an den gleichen Stellen jeweils wieder anschl. 4 R im Rippenmuster mit Garn A arbeiten. Dann 1 R im Rippenmuster mit Garn C stricken. Alle M mit Garn C abk.

Linkes Vorderteil

Mit Nadeln Nr. 2½ und Garn A, an der hinteren Mitte des Halsausschnittes beginnend, die 22 (23/24) M der Hilfsnadel stricken, dann 59 (64/69) M bis zum Beginn des Halsausschnittes und weitere 93 (97/101) M aus der vorderen Öffnungskante bis zur Saumkante aufnehmen = 174 (184/194) M. 9 R im Rippenmuster mit Garn A arbeiten. Mit Garn C eine weitere R im Rippenmuster fertigen und mit Garn C abk.

Armausschnittblenden

Mit Nadeln Nr. 2½ und Garn A auf der rechten Seite der Arbeit 144 (150/156) M aus dem Armausschnitt aufnehmen. 9 R im Rippenmuster arbeiten. Mit Garn C eine weitere R im Rippenmuster stricken. Mit Garn C alle M abk. Die zweite Blende genauso fertigen.

Taschen

Taschenblenden

Mit Nadeln Nr. 2½ und Garn A über die 28 (32/36) M der Hilfsnadel stricken. 9 R im Rippenmuster arbeiten. Mit Garn C 1 weitere R im Rippenmuster fertigen. Mit Garn C alle M abk. Die zweite Taschenblende genauso arbeiten.

Fertigstellung

Alle Teile leicht von links dämpfen, dabei das Rippenmuster aussparen. Rippenblende in der hinteren Halsausschnittmitte zusammennähen. Seitennähte schließen. Taschenfutter an die linke Seite der Vorderteile heften, Seitenkanten annähen. 5 Knöpfe, den Knopflöchern entsprechend, an die linke Blende nähen. Alle Nähte leicht von links dämpfen.

Rückenansicht

BLÄTTER

Diese warme Winterjacke hat ein kleines Blattmuster und ist in herbstlichen Farbtönen gestrickt.

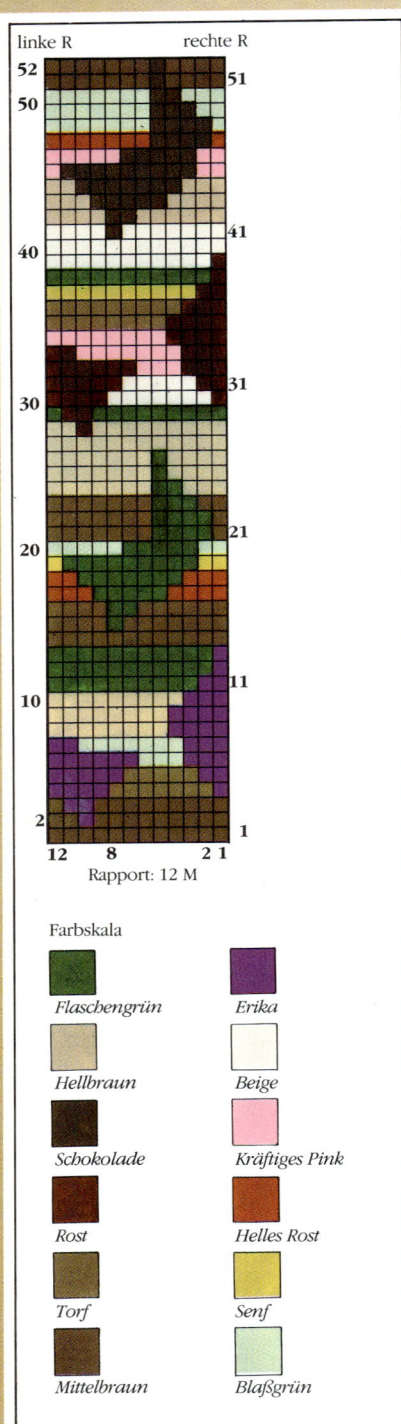

linke R   rechte R

Rapport: 12 M

Farbskala

Flaschengrün — Erika

Hellbraun — Beige

Schokolade — Kräftiges Pink

Rost — Helles Rost

Torf — Senf

Mittelbraun — Blaßgrün

Material

Garn

Nehmen Sie für dieses Modell ein 2fädiges Shetlandgarn.

Garn A   100 g (Flaschengrün)
Garn B   50 g (Hellbraun)
Garn C   50 g (Schokolade)
Garn D   50 g (Rost)
Garn E   50 g (Torf)
Garn F   50 g (Mittelbraun)
Garn G   50 g (Erika)
Garn H   50 g (Beige)
Garn J   25 g (Kräftiges Pink)
Garn K   25 g (Helles Rost)
Garn L   25 g (Senf)
Garn M   25 g (Blaßgrün)

Stricknadeln

Je ein Paar Stricknadeln Nr. 3½, Nr. 3 und Nr. 2½; 8 Knöpfe

Größen 36 und 38/40

Bei unterschiedlichen Angaben: Größe 38/40 in Klammern (siehe auch Schnittschema S. 121)

Maschenprobe

32 M und 32 R = 10 × 10 cm im Einstrickmuster mit Nadeln Nr. 3½

Rückenteil

Mit Nadeln Nr. 2½ und Garn A 123 (135) M anschl. 5 (6) cm im Rippenmuster (1 M r, 1 M l) arbeiten, dabei in der letzten Rückreihe wie folgt zun.: 2 (8) M im Rippenmuster, * 6 M Rippenmuster, zweimal im Rippenmuster in die nächste M einstechen; von * an 16mal wiederholen, 2 (8) M Rippenmuster = 140 (152) M. Mit Nadeln Nr. 3½ glatt rechts im Einstrickmuster nach der Strickschrift arbeiten, wobei die ungeraden (rechtsgestrickten) R von rechts nach links und die geraden (linksgestrickten) R von links nach rechts gelesen werden. Das Muster in den R wie folgt aufteilen: *Für Größe 36* M 1–12 11mal in den R wiederholen, dann die R mit M 1–8 beenden; *für Größe 38/40* M 1–12 12mal wiederholen, die R mit M 1–8 beenden. Linksgestrickte R gegengleich arbeiten. Im Muster gerade hocharbeiten bis zur vollendeten 40. R des 2. Rapports und einer Gesamthöhe von ca. 34 (35) cm.
Armausschnitte: Je 10 (12) M zu Beginn der nächsten 2 R abk. = 120 (128) M. Hocharbeiten bis zur vollendeten 52. R des 3. Rapports (R 4 des 4. Rapports) und einer Gesamthöhe von ca. 53 (56) cm.
Schulterschrägung: Je 13 (14) M zu Beginn der nächsten 4 R abk. Dann je 11 (12) M zu Beginn der nächsten 2 R abk. Alle 46 (48) M abk.

Vorderteile

Taschenfutter

Beide Taschenfutter wie folgt arbeiten: Mit Nadeln Nr. 3 und Garn A 26 (28) M anschl. 6 cm glatt rechts stricken, mit einer Rückreihe enden.

Linkes Vorderteil

Mit Nadeln Nr. 2½ und Garn A 60 (64) M anschl. 5 cm im Rippenmuster arbeiten, dabei in der letzten Rückreihe wie folgt zun.: 29 (30) M im Rippenmuster stricken, zweimal im Rippenmuster in jede der nächsten 2 (4) M einstechen, 29 (30) M Rippenmuster = 62 (68) M.
Mit Nadeln Nr. 3½ glatt rechts im Einstrickmuster nach der Strickschrift arbeiten. Das Muster in den rechtsgestrickten R wie folgt aufteilen: *Für Größe 36* M 1–12 5mal in den R wiederholen, dann 1mal M 1–2 arbeiten; *für Größe 38/40* M 1–12 5mal wiederholen, dann M 1–8 1mal arbeiten. Linksgestrickte R gegengleich fertigen. Im Muster weiterarbeiten bis zur vollendeten 13. R der Strickschrift.
Tasche: Die Tasche in der 14. R wie folgt einarbeiten: Die ersten 18 (19) M der R stricken, die nächsten 26 (28) M abk., dann im Muster bis zum Ende der R arbeiten. Im Muster über die ersten 18 (20) M der 15. R zurückstricken, dann im Muster über die 26 (28) M des Taschenfutters auf der Hilfsnadel arbeiten dann im Muster bis zum Ende der R stricken. Gerade hocharbeiten bis zur vollendeten 40. R des 2. Rapports und einer Gesamthöhe von ca. 34 (35) cm.
Armausschnitt: Im Muster fortfahren und zu Beginn der nächsten R 10 (12) M abk. = 52 (56) M. Gerade hocharbeiten bis zur vollendeten 27 (31.) R des 3. Rapports und einer Gesamthöhe von ca. 47 (49) cm.
Halsausschnitt: Im Muster 3 M zu Beginn der nächsten Rückreihe abk. Dann an der Halskante 1 M in den nächsten 12 (13) R abk., bis 37 (40) M übrigbleiben. Nun gerade hocharbeiten bis zur vollendeten 52. R des 3. Rapports (R 4 des 4. Rapports) und einer Gesamthöhe von ca. 53 (56) cm.
Schulterschrägung: Im Muster je 13 (14) M zu Beginn der nächsten und folgenden 2. R 1 R ohne Abnahme arbeiten, dann 11 (12) M zu Beginn der nächsten R abk.

Rechtes Vorderteil

Wie das linke Vorderteil stricken, jedoch die Tasche, Arm- und Halsausschnitt sowie die Schulterschrägung gegengleich arbeiten.

Ärmel

Mit Nadeln Nr. 2½ und Garn A 62 (64) M anschl. 10 (11) cm im Rippenmuster stricken, dabei in der letzten Rückreihe wie folgt zun.: 4 (2) M im Rippenmuster, * zweimal im Rippenmuster in die nächste M einstechen, 2 M Rippenmuster; von * an 17 (19)mal wiederholen, 4 (2) M Rippenmuster = 80 (84) M.
Mit Nadeln Nr. 3½ glatt rechts im Einstrickmuster nach der Strickschrift arbeiten. Das Muster in den R wie folgt aufteilen: *Für Größe 36* M 1–12 6mal wiederholen, die R mit M 1–8 beenden; *für Größe 38/40* M 1–12 7mal wiederholen. Im Muster fortfahren, *gleichzeitig* beidseitig je 1 M in der 3. und jeder folgenden 5. R zun. bis 128 (134) M auf der Nadel sind. Die Extramaschen sofort ins Muster aufnehmen. Dann gerade hocharbeiten bis zur 26. R des 3. Rapports. Der Ärmel sollte eine Gesamthöhe von ca. 50 (51) cm haben. Alle M zugleich abk.; die abgekettete Kante sollte ca. 41 (43) cm lang sein.

Vordere Blenden

Rechtes Vorderteil

Auf der rechten Seite der Arbeit mit Nadeln Nr. 2½ und Garn A, an der unteren Kante beginnend, 149 (157) M aus der rechten vorderen Öffnungskante bis zum Beginn des Halsausschnittes aufnehmen. 5 R im Rippenmuster (1 M r, 1 M l) arbeiten.

Knopflöcher: 8 Knopflöcher in der nächsten R (R 6) wie folgt einarbeiten: 3 (4) M Rippenmuster, * 3 M abk., 17 (18) M Rippenmuster; von * an 6mal wiederholen, 3 M abk., 3 M Rippenmuster. Die nächste R (R 7) im Rippenmuster zurückstricken und die 3 abgeketteten M jeweils an den gleichen Stellen wieder anschl. Weitere 4 R im Rippenmuster arbeiten. Im Rippenmuster abk.

Linkes Vorderteil

Am Anfang des Halsausschnittes beginnend 149 (157) M aus der linken vorderen Öffnungskante bis zur Saumkante hin aufnehmen. Wie die rechte Vorderteilblende, jedoch ohne Knopflöcher, arbeiten.

Kragen

Mit Nadeln Nr. 2½ und Garn A 115 M anschl. 1 R im Rippenmuster arbeiten. Im Rippenmuster weiterstricken, dabei beidseitig 1 M in der nächsten und 5mal in jeder 2. R zun. = 127 M. Dann beidseitig 1 M in den nächsten 6 R zun. = 139 M. 10 cm gerade hocharbeiten. Danach beidseitig in den nächsten 6 R je 2 M r zus.str., danach 2 M beidseitig in der nächsten und 5mal in jeder folgenden 2. R r zus.str. = 115 M. 1 R gerade arbeiten. Im Rippenmuster alle M abk.

Taschen

Taschenblenden

Mit Nadeln Nr. 2½ und Garn A 26 (28) M aus der unteren abgeketteten Taschenkante aufn. 10 R im Rippenmuster arbeiten; im Rippenmuster abk. Die zweite Taschenblende genauso arbeiten.

Fertigstellung

Alle Teile leicht von links dämpfen, dabei das Rippenmuster aussparen. Schulternähte schließen. Ärmelnähte schließen, dabei oben 4 cm offenlassen. Armkugel oben im Armausschnitt und den offenen Teil der Ärmelnaht an der geraden abgeketteten unteren Armausschnittkante feststecken. Ärmel einnähen. Auf der rechten Seite der Arbeit die geformte Kragenkante im Halsausschnitt zwischen den Innenkanten der vorderen Blenden feststecken. Annähen und den Kragen zur Hälfte umlegen, so daß die abgekettete, geformte Kante die Naht gerade bedeckt. Kante annähen. Das Taschenfutter auf der Innenseite der Jacke anheften und die Taschenblenden an den Seiten annähen. 8 Knöpfe, den Knopflöchern entsprechend, an die linke vordere Blende nähen. Nähte dämpfen.

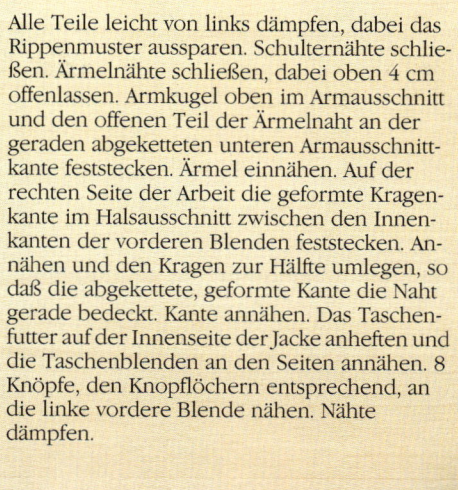

MOSAIK

Ein Damen- oder Herrenpullunder im gleichen geometrischen Muster wie das
Modell »Islam«. Der Pullunder hat einen V-Ausschnitt, der Rücken ist im Rippenmuster gearbeitet.

Material

Garn

Nehmen Sie für dieses Modell ein 2fädiges
Shetlandgarn. Verschiedene Größen erfordern
verschiedene Garnmengen.

Garn A	75 (75/100) g	(Navy)
Garn B	50 (50/75) g	(Rost)
Garn C	50 (50/75) g	(Oliv)
Garn D	25 (25/50) g	(Flaschengrün)

Garn E	25 g	(Elfenbein)
Garn F	25 g	(Senf)
Garn G	25 g	(Rehbraun)
Garn H	25 g	(Hellgrün)
Garn J	25 g	(Orange)

Stricknadeln

Je ein Paar Stricknadeln Nr. 3½, Nr. 3 und Nr. 2½.

Größen 38/40, 44 und 48

Bei unterschiedlichen Angaben: Größen 44
und 48 in Klammern (siehe auch Schnittschema
S. 121)

Maschenprobe

31 M und 30 R = 10 × 10 cm im Einstrickmuster
mit Nadeln Nr. 3½.

Rückenansicht

Vorderteil

Mit Nadeln Nr. 2½ und Garn A 130 (142/152) M anschl. 5 (5/6) M im Rippenmuster (1 M r, 1 M l) arbeiten, dabei in der letzten Rückreihe wie folgt zun.: 1 M im Rippenmuster, * 8 (6/5) M Rippenmuster, zweimal in die nächste M einstechen; von * an 13 (19/23)mal wiederholen, 3 (1/ 7) M Rippenmuster = 144 (160/176) M.
Mit Nadeln Nr. 3½ glatt rechts im Einstrickmuster arbeiten, wobei die ungeraden (rechtsgestrickten) R von rechts nach links und die geraden (linksgestrickten) R von links nach rechts gelesen werden. Die 16 M der Strickschrift 9 (10/11)mal in den R wiederholen. Im Muster gerade hocharbeiten bis zur vollendeten 42. (46./46.) R des 2. Rapports und einer Gesamthöhe von ca. 35 (37/38) cm.

Arm- und Halsausschnitt: Im Muster je 11 (13/15) M zu Beginn der nächsten 2 R abk. 2 M zu Beginn der nächsten R r zus.str., die nächsten 59 (65/71) M im Muster stricken. Wenden, die restlichen M auf eine Hilfsnadel nehmen. Nun über die ersten 60 (66/72) M im Muster zurückstricken. * In der nächsten R 2 M r zus.str., dann das Muster zu Ende arbeiten. In der nächsten R im Muster stricken. Zu Beginn der folgenden R 2 M r zus.str., bis zu den 2 letzten M im Muster arbeiten, 2 M r zus.str. Die nächste R im Muster stricken *. Diese 4 R von * bis * wiederholen, bis 33 (35/41) M übrigbleiben. Armausschnitt gerade hocharbeiten, aber weiterhin an der Halskante in jeder 4. R 2 M r zus.str., bis 27 (30/33) M übrigbleiben. Gerade hocharbeiten bis zur vollendeten 14. (22./30.) R des 4. Rapports und einer Gesamthöhe von ca. 59 (62/65) cm.
Schulterschräge: Je 9 (10/11) M zu Beginn der nächsten und 2mal in jeder folgenden 2. R abk.
Für die rechte Seite nun die M auf der Hilfsnadel abstricken; im Muster in der nächsten R bis zu den beiden letzten M stricken, 2 M r zus.str. Eine R gerade arbeiten. ** In der nächsten R im Muster bis zu den 2 letzten M stricken, 2 M r zus.str. Eine R gerade stricken. Zu Beginn der nächsten R 2 M r zus.str., im Muster bis zu den 2 letzten M arbeiten, 2 M r zus.str. Eine R gerade stricken **. Im Muster diese 4 R von ** bis ** wiederholen, bis 33 (35/41) M übrigbleiben.
Wie die linke Schulter, jedoch mit gegengleicher Formung, beenden.

Rückenteil

Mit Nadeln Nr. 2½ und Garn A 144 (160/176) M anschl. 5 (5/6) M im Rippenmuster arbeiten. Mit Nadeln Nr. 3 den gesamten Rücken im Rippenmuster nach folgender Farbsequenz fertigen:
R 1: Garn B
R 2: Garn C
R 3: Garn A
R 1−3 stets wiederholen, dabei das nicht gebrauchte Garn an den Seiten mitführen. Ohne Zunahme arbeiten, bis der Rücken die gleiche Länge wie das Vorderteil, von der Anschlagkante bis zum Beginn des Armausschnittes gemessen, hat = ca. 35 (37/38) cm. Mit einer Rückreihe enden.
Armausschnitte: Je 8 (10/12) M zu Beginn der nächsten 2 R abk. Dann beidseitig in jeder 2. R 2 M r zus.str., bis 96 (106/116) M übrigbleiben. Armausschnitte weiter gerade hocharbeiten, bis der Rücken von der Anschlagkante bis zur Schulterschräge die gleiche Länge wie das Vorderteil hat = ca. 59 (62/55) cm. Mit einer Rückreihe enden.
Schulterschräge: Je 9 (10/11) M zu Beginn der nächsten 6 R abk. Die restlichen 42 (46/50) M auf eine Hilfsnadel nehmen.

Halsausschnittblende

Rechte Schulternaht schließen.
Mit Nadeln Nr. 2½ und Garn A auf der rechten Seite der Arbeit, an der linken Schulter beginnend, 70 (74/80) M aus der linken Halsseite bis zur Mitte des V-Ausschnittes aufnehmen; diesen Punkt mit einem farbigen Faden markieren. Dann 2 M aus der Armausschnittmitte aufnehmen und markieren. Nun 70 (74/80) M aus der rechten Halsseite aufnehmen und die 42 (46/ 50) M der Hilfsnadel abstricken = 184 (194/ 210) M. Halsblende im Rippenmuster (1 M r, 1 M l) arbeiten, dabei in der vorderen Mitte 2 M wie folgt abn.:
R 1: Vom rückwärtigen Halsausschnitt an der rechten Halsseite entlang bis zu den 2 letzten M vor dem Markierungspunkt stricken, 1 M abh., 1 M r, die abgeh. M über die abgestr. ziehen, 2 M l, 2 M r zus.str., an der linken Halskante entlang bis zum Ende stricken.
R 2: Vom rückwärtigen Halsausschnitt an der linken Halsseite entlang bis zu den 2 letzten M vor dem Markierungspunkt stricken, 1 M abh., 1 M r, die abgeh. M über die abgestr. ziehen, 2 M r, 2 M r zus.str., im Rippenmuster zu Ende arbeiten.
R 1−2 4mal wiederholen, dann nochmals R 1 stricken. Mit Garn B 1 R im Rippenmuster wie R 2 arbeiten. Alle M abk.

Armausschnittblenden

Schulternähte schließen. Mit Nadeln Nr. 2½ und Garn A 172 (178/186) M aus dem Armausschnitt aufnehmen. 9 R im Rippenmuster stricken. Mit Garn B eine weitere R im Rippenmuster arbeiten. M mit Garn B abk.
Die zweite Armausschnittblende genauso fertigen.

Fertigstellung

Seitennähte und Rippen an den Unterarmpunkten schließen. Leicht dämpfen.

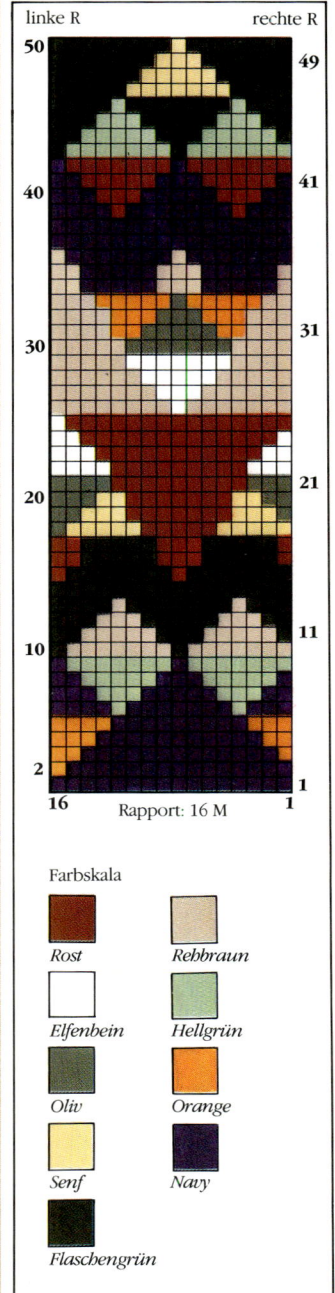

linke R   rechte R

50   49

40   41

30   31

20   21

10   11

2   1

16   Rapport: 16 M   1

Farbskala

Rost   Rehbraun
Elfenbein   Hellgrün
Oliv   Orange
Senf   Navy
Flaschengrün

PLASTISCHE MUSTER

TERRIERPARADE

Kleine schwarze und weiße Hunde auf grauem Hintergrund bilden das Muster dieses leichten Sommerjäckchens mit dreiviertellangen Ärmeln.

Material

Garn

Nehmen Sie für dieses Modell ein Baumwollgarn.

Garn A   300 g (Grau)
Garn B   100 g (Schwarz)
Garn C   100 g (Weiß)
Garn D   50 g (Gelb)
Garn E   50 g (Helles Pink)

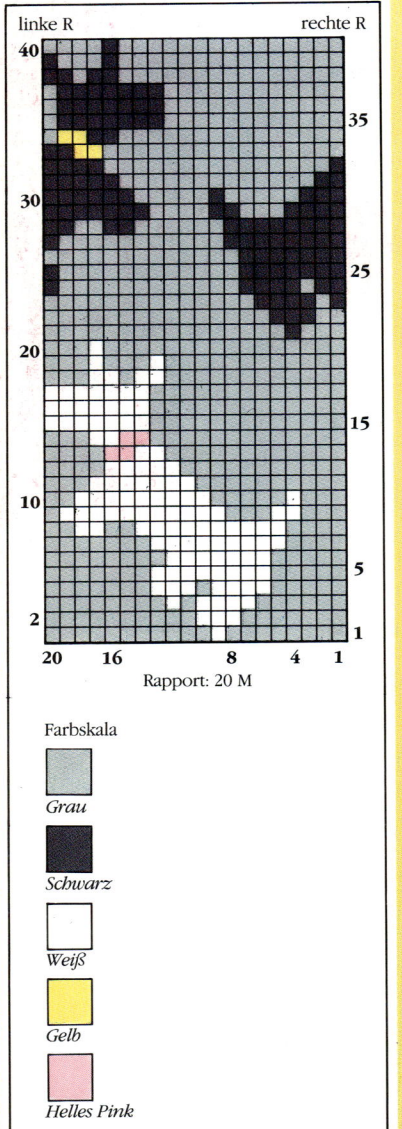

Farbskala

Grau

Schwarz

Weiß

Gelb

Helles Pink

Rapport: 20 M

linke R   rechte R

Stricknadeln

Je ein Paar Stricknadeln Nr. 3½, Nr. 3 und Nr. 2½; 5 Knöpfe; 1 m Hutgummi

Größen 38 und 42

Bei unterschiedlichen Angaben: Größe 42 in Klammern (siehe auch Schnittschema S. 121)

Maschenprobe
30 M und 30 R = 10 × 10 cm im Einstrickmuster mit Nadeln Nr. 3½

Rückenteil

Mit Nadeln Nr. 2½ und Garn A 124 (128) M anschl. 5 cm im Rippenmuster (1 M r, 1 M l) arbeiten, dabei in der letzten Rückreihe wie folgt zun.: 2 (0) M im Rippenmuster, * 9 (7) M Rippenmuster, zweimal im Rippenmuster in die nächste M einstechen; von * an 11 (15)mal wiederholen, 2 (0) M Rippenmuster = 136 (144) M.
Mit Nadeln Nr. 3½ glatt rechts im Einstrickmuster nach der Strickschrift arbeiten, wobei die ungeraden (rechtsgestrickten) R von rechts nach links und die geraden (linksgestrickten) R von links nach rechts gelesen werden. Das Muster in den R wie folgt aufteilen: *Für Größe 38* M 1−20 6mal in der R wiederholen, dann die R mit M 1−16 beenden; *für Größe 42* M 1−20 7mal wiederholen, dann 1mal M 1−4 stricken. Linksgestrickte R gegengleich arbeiten. Im Muster gerade hocharbeiten bis zur vollendeten 30. R des 2. Rapports und einer Gesamthöhe von ca. 28 cm.
Armausschnitte: Im Muster je 6 M zu Beginn der nächsten 2 R abk. Dann beidseitig in jeder R 2 M r zus.str., bis 100 (108) M übrigbleiben. Nun gerade hocharbeiten bis zur vollendeten 6. (10.) R des 4. Rapports und einer Gesamthöhe von ca. 47 (48) cm.
Schulterschrägung: Je 6 M zu Beginn der nächsten 4 R abk. Dann 6 (7) M zu Beginn der nächsten 6 R abk. Die restlichen 40 (42) M in der Mitte teilen und beide Hälften auf eine Hilfsnadel legen.

Vorderteile

Taschenfutter
Beginnen Sie mit dem Taschenfutter. Mit Nadeln Nr. 3 und Garn A 26 (28) M anschl. 6 cm glatt rechts arbeiten, mit einer R l M enden. M auf eine Hilfsnadel legen. Das zweite Taschenfutter genauso stricken.

Linkes Vorderteil
Mit Nadeln Nr. 2½ und Garn A 56 (60) M anschl. 5 cm im Rippenmuster arbeiten, dabei in der letzten Rückreihe wie folgt zun.: 0 (2) M im Rippenmuster, * 3 M Rippenmuster, zweimal im Rippenmuster in die nächste M einstechen, 3 M Rippenmuster; von * an 7mal wiederholen, 0 (2) M Rippenmuster = 64 (68) M.
Nun mit Nadeln Nr. 3½ glatt rechts im Einstrickmuster nach der Strickschrift arbeiten. Das Muster in den rechtsgestrickten R wie folgt aufteilen: *Für Größe 38* M 1−20 3mal in der R wiederholen, die R mit M 1−4 beenden; *für Größe 42* M 1−20 3mal wiederholen, dann 1mal M 1−8 arbeiten.
Linksgestrickte R gegengleich arbeiten. Im Muster bis zur vollendeten 20. R der Strickschrift fortfahren.
Tasche: Die Tasche in der 21. R wie folgt einarbeiten: Im Muster über die ersten 19 (20) M der R stricken, die nächsten 26 (28) M auf eine Hilfsnadel nehmen und an ihrer Stelle die 26 (28) M des Taschenfutters auf der Hilfsnadel abstricken; bis zum Ende der R im Muster fortfahren. Bis zur vollendeten 22. R des 2. Rapports und einer Gesamthöhe von ca. 25 cm weiterstricken.
Halsausschnitt: Muster in der nächsten R bis zu den letzten 2 M stricken; 2 M r zus.str. 3 R gerade arbeiten. Nun diese 4 R nochmals arbeiten = 62 (66) M.
Armausschnitt: Im Muster 6 M zu Beginn der nächsten R abk., bis zu den letzten 2 M weiterstricken, 2 M r zus.str. Dann 13 (14)mal an der Halskante in jeder folgenden 4. R 1 M abk. *Gleichzeitig* an der Armausschnittkante in den nächsten 12 R 1 M abn. = 40 (44) M. Nun am Armausschnitt gerade hocharbeiten, aber weiterhin an der Halskante 10 (11)mal 1 M in jeder 4. R nach der 1. Abnahme abk. = 30 (33) M. Dann im Muster gerade hocharbeiten bis zur vollendeten 6. (10.) R des 4. Rapports und einer Gesamthöhe von ca. 47 (48) cm.
Schulterschrägung: Im Muster zu Beginn der nächsten und in der folgenden 2. R je 6 M abk., dann 3mal je 6 (7) M zu Beginn jeder 2. R abk.

Rechtes Vorderteil
Wie das linke Vorderteil stricken, dabei die Tasche, Arm- und Halsausschnitt sowie die Schulterformung gegengleich arbeiten.

Ärmel

Mit Nadeln Nr. 2½ und Garn C 60 (64) M anschl. 1 R im Rippenmuster arbeiten. Mit Garn A weitere 7 cm im Rippenmuster stricken, dabei in der letzten Rückreihe wie folgt zun.: 10 (12) M im Rippenmuster, zweimal im Rippenmuster in die nächsten 40 M einstechen, 10 (12) M im Rippenmuster = 100 (104) M.
Mit Nadeln Nr. 3½ glatt rechts im Einstrickmuster arbeiten und das Muster wie folgt aufteilen: *Für Größe 38* M 1–20 5mal wiederholen; *für Größe 42* M 1–20 5mal wiederholen, dann 1mal M 1–4 arbeiten. Linksgestrickte R gegengleich fertigen. Im Muster gerade hocharbeiten bis zur vollendeten 30. R des 2. Rapports und einer Gesamthöhe von ca. 30 cm.
Armkugel: Im Muster je 6 (8) M zu Beginn der nächsten 2 R abk. Dann beidseitig in der nächsten und in jeder folgenden 2. R, insgesamt 10mal, 2 M r zus.str. Nun 14 (18) R gerade hocharbeiten, dann beidseitig in der nächsten und 6mal in jeder folgenden 2. R 2 M r zus.str. Dann beidseitig in den nächsten 10 R 2 M r zus.str. Die restlichen 36 M abk.; die lange Kante wird bei der Fertigstellung gefältelt in den Armausschnitt eingesetzt.
Den zweiten Ärmel genauso fertigen.
Schulternähte schließen.

Vordere Blenden

Rechtes Vorderteil

Mit Nadeln Nr. 2½ und Garn A auf der rechten Seite der Arbeit, an der Saumkante beginnend, 81 M aus der vorderen Öffnungskante bis zum Beginn des Halsausschnittes, dann 95 (99) M aus dem Halsausschnitt bis zur hinteren Mitte aufnehmen, einschl. der 21 (22) M der Hilfsnadel = 176 (180) M. 3 R im Rippenmuster arbeiten.
Knopflöcher: In der 4. R 5 Knopflöcher wie folgt einarbeiten: 4 M im Rippenmuster, * 3 M abk., 15 M Rippenmuster; von * an 3mal wiederholen, 3 M abk., bis zum Ende der R im Rippenmuster. In der nächsten R (R 5) die 3 abgeketteten M jeweils an den gleichen Stellen wieder anschl. 3 weitere R im Rippenmuster arbeiten. Mit Garn C 1 R im Rippenmuster stricken. Alle M mit Garn C abk.

Linkes Vorderteil

Mit Nadeln Nr. 2½ und Garn A, an der hinteren Mitte des Halsausschnittes beginnend, auf der rechten Seite der Arbeit die 21 (22) M der Hilfsnadel abstricken, dann 74 (77) M aus dem Halsausschnitt, aus der vorderen Öffnungskante bis zur Saumkante aufnehmen. Wie die rechte Blende, jedoch ohne Knopflöcher, arbeiten.

Taschen

Taschenblenden

Mit Nadeln Nr. 2½ und Garn A auf der rechten Seite der Arbeit die 26 (28) M der Tasche auf der Hilfsnadel im Rippenmuster stricken. 9 R mit Garn A arbeiten; dann mit Garn C eine weitere R im Rippenmuster stricken. Mit Garn C alle M abk.

Fertigstellung

Alle Teile leicht von links dämpfen, dabei das Rippenmuster aussparen. Seiten- und Unterarmnähte schließen. Ärmel im Armausschnitt feststecken, dabei die Weite an der Armkugel in Falten legen. Einnähen. Die Seiten der Taschenblenden festnähen und das Taschenfutter von links an die Jackenvorderteile heften. Rippen in der hinteren Mitte schließen. 5 Knöpfe, den Knopflöchern entsprechend, auf die linke Blende nähen. Nähte leicht dämpfen. Hutgummi durch die Saumkante ziehen und beide Enden sichern.

RENNLÄUFER

Das originelle Motiv dieser langärmligen Jacke mit rundem Kragen ist in bunten Farben auf hellblauem Untergrund gestrickt. Das Modell ist besonders bei jungen Leuten beliebt.

Material

Garn
Nehmen Sie für dieses Modell ein 2fädiges Shetlandgarn.

Garn A 300 g (Blaßblau)
Garn B 50 g (Beige)
Garn C 50 g (Schwarz)
Garn D 25 g (Rot)
Garn E 25 g (Grün)
Garn F 25 g (Mittelblau)
Garn G 25 g (Gelb)
Garn H 25 g (Rost)
Garn K 25 g (Royalblau)

Stricknadeln
Je ein Paar Stricknadeln Nr. 3½ und Nr. 2½; 8 Knöpfe

Größen 38/40 und 42

Bei unterschiedlichen Angaben: Größe 42 in Klammern (siehe auch Schnittschema S. 121)

Maschenprobe
32 M und 30 R = 10 × 10 cm im Einstrickmuster mit Nadeln Nr. 3½

Rückenteil

Mit Nadeln Nr. 2½ und Garn A 127 (135) M anschl. 5 cm im Rippenmuster (1 M r, 1 M l) arbeiten, dabei in der letzten Rückreihe wie folgt zun.: 4 (8) M im Rippenmuster, * 6 M Rippenmuster, zweimal im Rippenmuster in die nächste M einstechen; von * an 16mal wiederholen, 4 (8) M Rippenmuster = 144 (152) M. Mit Nadeln Nr. 3½ glatt rechts im Einstrickmuster nach der Strickschrift arbeiten, wobei die ungeraden (rechtsgestrickten) R von rechts nach links und die geraden (linksgestrickten) R von links nach rechts gelesen werden. Das Muster in den rechtsgestrickten R wie folgt aufteilen: *Für Größe 38/40* M 1−25 5mal in den R wiederholen, dann die R mit M 1−19 beenden; *für Größe 42* M 1−25 6mal wiederholen, dann die R mit M 1−2 beenden. Linksgestrickte R gegengleich fertigen. Im Muster gerade hocharbeiten bis zur vollendeten 26. (30.) R des 2. Rapports und einer Gesamthöhe von ca. 36 (37) cm.
Armausschnitte: Im Muster je 10 (12) M zu Beginn der nächsten 2 R abk. = 124 (128) M. Dann gerade hocharbeiten bis zur vollendeten 18. (26.) R des 3. Rapports und einer Gesamthöhe von ca. 57 (59) cm.
Schulterschrägung: Im Muster je 14 M zu Beginn der nächsten 4 R abk. Dann je 11 (12) M zu Beginn der folgenden 2 R abk. Die restlichen 46 (48) M abk.

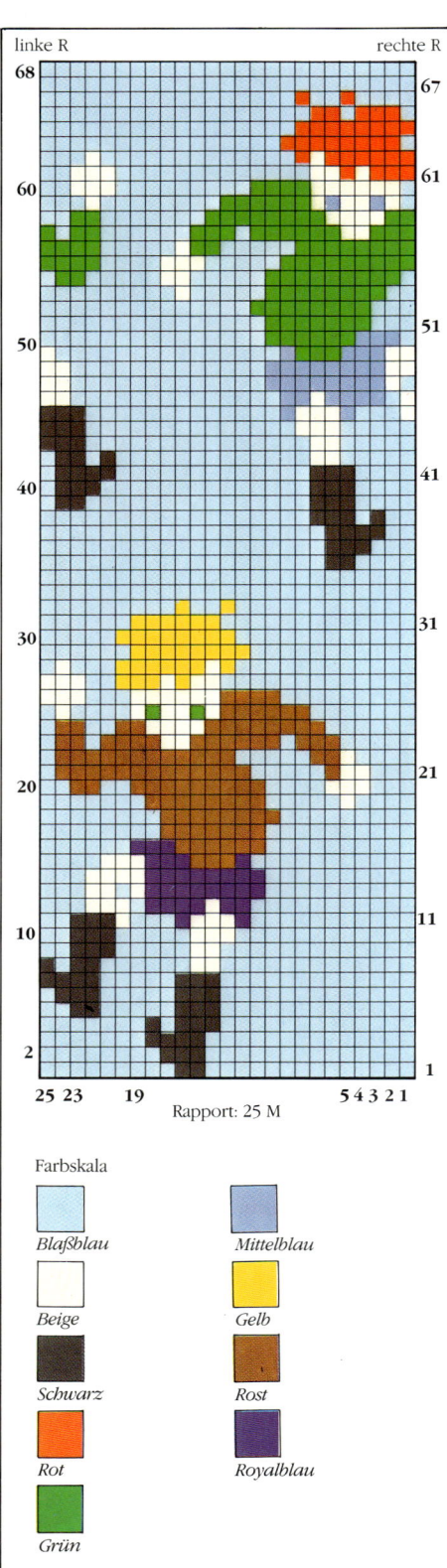

linke R — rechte R

68
67
61
60
51
50
41
40
31
30
21
20
11
10
2
1
25 23 — 19 — 5 4 3 2 1
Rapport: 25 M

Farbskala

Blaßblau	Mittelblau
Beige	Gelb
Schwarz	Rost
Rot	Royalblau
Grün	

Vorderteile

Linkes Vorderteil
Mit Nadeln Nr. 2½ und Garn A 64 (68) M anschl. 5 cm im Rippenmuster arbeiten, dabei in der letzten Rückreihe wie folgt zun.: 2 M im Rippenmuster, * 11 (12) M Rippenmuster, im Rippenmuster zweimal in die nächste M einstechen; von * an 4mal wiederholen, 2 (1) M Rippenmuster = 69 (73) M.
Mit Nadeln Nr. 3½ glatt rechts im Einstrickmuster nach der Strickschrift arbeiten. Das Muster in den rechtsgestrickten R wie folgt aufteilen: *Für Größe 38/40* M 5−25 1mal stricken, M 1−25 1mal stricken und dann die R mit M 1−23 beenden; *für Größe 42* M 3−25 1mal stricken, dann die M 1−25 2mal arbeiten. Linksgestrickte R gegengleich fertigen (d. h., *für Größe 38/40* M 23−1, M 25−1, M 25−5; *für Größe 42* M 25−1 2mal und M 25−3 1mal). Im Muster gerade hocharbeiten bis zur vollendeten 26. (30.) R des 2. Rapports und einer Gesamthöhe von ca. 36 (37) cm.
Armausschnitt: Im Muster 10 (12) M zu Beginn der nächsten R abk. = 59 (61) M. Dann gerade hocharbeiten bis zur vollendeten 65. R des 2. Rapports (R 5 des 3. Rapports) und einer Gesamthöhe von ca. 49 (52) cm.
Halsausschnitt: 4 M zu Beginn der nächsten R abk. Dann am Ende jeder folgenden R 16 (17)mal je 2 M r zus.str., bis 39 (40) M übrigbleiben. Nun gerade hocharbeiten bis zur vollendeten 18. (26.) R des 3. Rapports und einer Gesamthöhe von ca. 56 (58) cm.
Schulterschrägung: Im Muster je 14 M zu Beginn der nächsten und der folgenden 2. R abk. 1 R gerade arbeiten. Dann 11 (12) M zu Beginn der nächsten R abk.

Rechtes Vorderteil
Wie das linke Vorderteil arbeiten, jedoch den Arm- und Halsausschnitt sowie die Schulterschrägung gegengleich stricken.

Ärmel

Mit Nadeln Nr. 2½ und Garn A 60 (64) M anschl. 10 cm im Rippenmuster arbeiten, dabei in der letzten Rückreihe wie folgt zun.: 0 (2) M im Rippenmuster, *3 M Rippenmuster, zweimal im Rippenmuster in die nächste M einstechen; von * an 14 (14)mal wiederholen, 0 (2) M Rippenmuster = 75 (79) M.
Mit Nadeln Nr. 3½ glatt rechts im Einstrickmuster nach der Strickschrift arbeiten. Das Muster in den rechtsgestrickten R wie folgt aufteilen: *Für Größe 38/40* M 1−25 3mal arbeiten; *für Größe 42* M 1−25 3mal arbeiten, dann die R mit M 1−4 beenden. Linksgestrickte R gegengleich fertigen. Im Muster fortfahren, dabei für die Formung beidseitig 1 M in jeder 3. und folgenden 4. R zun., bis 129 (135) M auf der Nadel sind. Die Extramaschen sofort ins Muster aufnehmen. Dann gerade hocharbeiten bis zur vollendeten 66. R des 2. Rapports und einer Gesamthöhe von ca. 54 cm. Alle M abk. Diese abgekettete Kante sollte ca. 41 (43) cm messen. Den zweiten Ärmel genauso fertigen.

Vordere Blenden

Rechtes Vorderteil
Mit Nadeln Nr. 2½ und Garn A, an der Saumkante beginnend, auf der rechten Seite der Arbeit

143 (151) M aus der vorderen Öffnungskante bis zum Beginn des Halsausschnittes aufnehmen. 3 R im Rippenmuster arbeiten.
Knopflöcher: In der 4. R des Rippenmusters 5 Knopflöcher wie folgt einarbeiten: 4 (5) M Rippenmuster, *3 M abk., 16 (17) M Rippenmuster; von * an 6mal wiederholen, 3 M abk., 3 M Rippenmuster. Die 5. R im Rippenmuster strikten, dabei die abgeketteten M wieder anschl. Weitere 4 R mit Garn A im Rippenmuster arbeiten. Mit Garn F 1 weitere R im Rippenmuster strikten. Mit Garn F alle M abk.

Linkes Vorderteil
Auf der rechten Seite der Arbeit mit Nadeln Nr. 2½ und Garn A, am Anfang des Halsausschnittes beginnend, 143 (151) M aus der linken vorderen Öffnungskante bis zur Saumkante aufnehmen. Wie die rechte Blende, jedoch ohne Knopflöcher, arbeiten.

Kragen

Mit Nadeln Nr. 2½ und Garn A 113 (115) M anschl. 1 R im Rippenmuster arbeiten. Dann mit Garn A im Rippenmuster fortfahren, dabei beidseitig 1 M in der nächsten und 5mal in jeder folgenden 2. R zun. Nun beidseitig in den nächsten 6 R je 1 M zun. = 137 (139) M. 4 R im Rippenmuster ohne Abnahme arbeiten. Nun beidseitig je 1 M in den nächsten 6 R abn., danach beidseitig in der nächsten und 5mal in jeder folgenden 2. R je 1 M abn. Eine R im Rippenmuster strikten. Im Rippenmuster abk.

Fertigstellung

Alle Teile leicht von links dämpfen, dabei das Rippenmuster aussparen. Seiten- und Schulternähte schließen. Unterarmnähte schließen, dabei oben 3 (4) cm offenlassen. Die abgekettete Kante des Ärmels oben im Armausschnitt feststecken; die beiden ungenähten Teile der Ärmelnaht an der geraden abgeketteten unteren Armausschnittkante feststecken. Ärmel einsetzen.
Die Anschlagkante des Kragens im Halsausschnitt feststecken, dabei an den Ansatzpunkten der vorderen Blenden beginnen und enden. Kragen annähen und zur Hälfte zusammenlegen, so daß die abgekettete Kante die Anschlagkante gerade verdeckt. Feststecken und sauber anheften. Knöpfe, den Knopflöchern entsprechend, auf die linke vordere Blende nähen. Nähte leicht von links dämpfen.

TEDDYBÄR

Bunte Teddybären bilden das Muster dieser Weste, die mit dunkelbraunen Blenden eingefaßt ist.
Der Rücken wurde im Rippenmuster gearbeitet.

Material

Garn

Nehmen Sie für dieses Modell, wenn nicht anders angegeben, ein 2fädiges Shetlandgarn. Verschiedene Größen erfordern verschiedene Garnmengen.

Garn A	75 (100) g	(Rehbraun)
Garn B	75 (100) g	(Schokolade)
Garn C	25 g	(Rot)
Garn D	25 g	(Violett)
Garn E	50 g	(Mittelbraun)
Garn F	25 g	(Jade)
Garn G	25 g	(Mittelblau)

Stricknadeln

Je ein Paar Stricknadeln Nr. 3½, Nr. 3 und Nr. 2½; 5 Knöpfe (Ø 1,5 cm)

Größen 36 und 38/40

Bei unterschiedlichen Angaben: Größe 38/40 in Klammern (siehe auch Schnittschema S. 121)

Maschenprobe

32 M und 30 R = 10 × 10 cm im Einstrickmuster mit Nadeln Nr. 3½

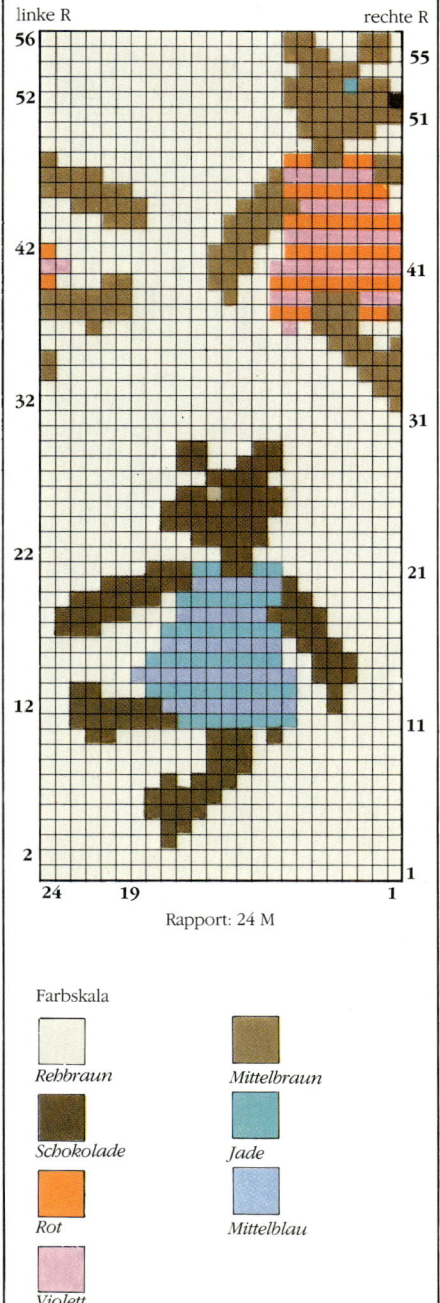

linke R

56
55
52
51

42
41

32
31

22
21

12
11

2
1

24   19   1

Rapport: 24 M

rechte R

Farbskala

Rehbraun

Schokolade

Rot

Violett

Mittelbraun

Jade

Mittelblau

Vorderteile

Linkes Vorderteil

Mit Nadeln Nr. 2½ und Garn B 70 (76) M anschl. 5 cm im Rippenmuster (1 M r, 1 M l) arbeiten, dabei beidseitig in der letzten Rückreihe 1 M zun. = 72 (78) M.

Mit Nadeln Nr. 3½ glatt rechts im Einstrickmuster nach der Strickschrift arbeiten, wobei die ungeraden (rechtsgestrickten) R von rechts nach links und die geraden (linksgestrickten) R von links nach rechts gelesen werden. Das Muster in den rechtsgestrickten R wie folgt aufteilen: *Für Größe 36* M 1−24 3mal wiederholen; *für Größe 38/40* M 19−24 1mal arbeiten, dann M 1−24 3mal wiederholen. Linksgestrickte R gegengleich fertigen. Im Muster fortfahren bis zur vollendeten 24. (28.) R des 2. Rapports und einer Gesamthöhe von ca. 31 (33) cm.

Arm- und Halsausschnitt: Im Muster je 10 (12) M zu Beginn der nächsten R abk., dann bis zu den letzten beiden M stricken; 2 M r zus.str. Im Muster an der Armausschnittkante in den nächsten 18 (19) R 1 M abn.; nun gerade weiterarbeiten. *Gleichzeitig* an der Halsausschnittkante 15 (16)mal in jeder 4. R nach der ersten Abnahme 1 M abk. = 28 (30) M. Dann die Halskante gerade hocharbeiten bis zur vollendeten 36. (42.) R des 3. Rapports und einer Gesamthöhe von ca. 54 (56) cm.

Schulterschrägung: 10 M zu Beginn der nächsten R abk. Dann je 9 (10) M zu Beginn jeder folgenden 2. R abk.

Rechtes Vorderteil

Wie das linke Vorderteil arbeiten, dabei den Arm- und Halsausschnitt sowie die Schulterschrägung gegengleich stricken.

Rückenteil

Mit Nadeln Nr. 2½ und Garn B 140 (152) M anschl. 5 cm im Rippenmuster (1 M r, 1 M l) stricken, dabei in der letzten Rückreihe 4 M

Rückenansicht

zun., indem Sie in jede 35. (38.) M zweimal einstechen = 144 (156) M. Mit Nadeln Nr. 3 den gesamten Rücken nach folgender Farbsequenz im Rippenmuster arbeiten:

R 1: Garn E
R 2: Garn A
R 3: Garn B
Nicht gebrauchtes Garn an den Seiten mitfüh-

ren. Gerade hocharbeiten, bis der Rücken von der Anschlagkante bis zum Beginn des Armausschnittes ca. 31 (33) cm mißt.

Armausschnitte: Auf der rechten Seite der Arbeit je 3 (4) M zu Beginn der nächsten 2 R abk. Dann beidseitig in jeder R 2 M r zus.str., bis 104 (110) M übrigbleiben. Weiter gerade hocharbeiten, bis der Rücken von der Anschlagkante bis zum Beginn der Schulterschrägung ca. 54 (56) cm mißt.

Schulterschrägung: Auf der rechten Seite der Arbeit je 10 M zu Beginn der nächsten 2 R abk. Dann je 9 (10) M zu Beginn der nächsten 4 R abk. Die restlichen 48 (50) M in der Mitte teilen und beide Hälften auf eine Hilfsnadel legen. Schulternähte schließen.

Vordere Blenden

Rechtes Vorderteil

Mit Nadeln Nr. 2½ und Garn B auf der rechten Seite der Arbeit, an der unteren Kante beginnend, 101 (105) M aus der rechten vorderen Öffnungskante bis zum Beginn des Halsausschnittes aufnehmen. Dann 84 (88) M aus dem Halsausschnitt bis zur hinteren Mitte aufnehmen, einschl. der 24 (25) M der 1. Hilfsnadel = 185 (193) M. 3 R im Rippenmuster stricken.

Knopflöcher: In der 4. R des Rippenmusters 5 Knopflöcher wie folgt einarbeiten: 4 M im Rippenmuster, * 3 M abk., 20 (21) M Rippenmuster; von * an 3mal wiederholen, 3 M abk. und bis zum Ende der R im Rippenmuster stricken. Die nächste R (R 5) im Rippenmuster zurückstricken, dabei die 3 abgeketteten M jeweils an den gleichen Stellen wieder anschl. 4 weitere R im Rippenmuster arbeiten. Dann mit Garn E 1 R im Rippenmuster stricken. Mit Garn E alle M abk.

Linkes Vorderteil

Mit Garn B, in der hinteren Mitte beginnend, die 24 (25) M der 2. Hilfsnadel stricken; dann 60 (63) M aus dem Halsausschnitt und weitere 101 (105) M aus der linken vorderen Öffnungskante bis zum Saum aufnehmen. Wie die linke Blende, jedoch ohne Knopflöcher, arbeiten.

Armausschnittblenden

Mit Garn B auf der rechten Seite der Arbeit 155 (163) M aus dem Armausschnitt aufnehmen. Wie die linke vordere Blende stricken. Die zweite Armausschnittblende genauso arbeiten.

Fertigstellung

Seitennähte schließen. Alle Teile und Nähte leicht von links dämpfen, dabei das Rippenmuster aussparen. Rippen in der hinteren Mitte schließen. 5 Knöpfe, den Knopflöchern entsprechend, auf die linke vordere Blende nähen.

SEEMÖWE

Dieser ausgefallene Damen- oder Herrenpullover mit U-Boot-Ausschnitt und eingestrickten Seemöwen auf leuchtend blauem Hintergrund ist ideal für die Freizeit.

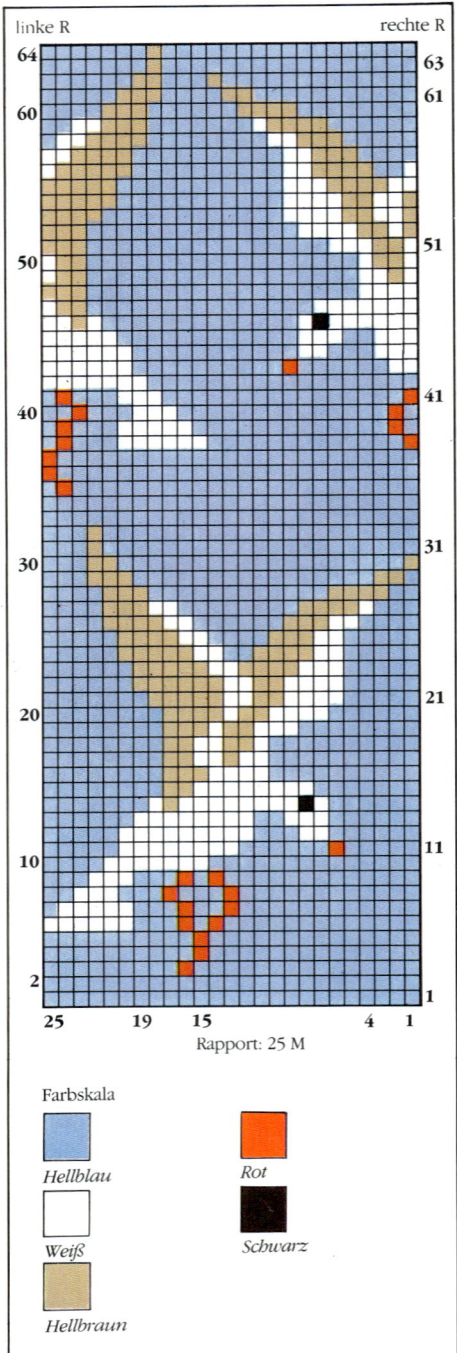

linke R — rechte R

Rapport: 25 M

Farbskala

Hellblau — Rot

Weiß — Schwarz

Hellbraun

Material

Garn

Nehmen Sie für dieses Modell ein 2fädiges Shetlandgarn. Verschiedene Größen erfordern verschiedene Garnmengen.

Garn A	175 (175/200) g (Hellblau)
Garn B	100 g (Weiß)
Garn C	100 (100/125) g (Hellbraun)
Garn D	25 g (Rot)
Garn E	25 g (Schwarz)

Stricknadeln

Je ein Paar Stricknadeln Nr. 3½ und Nr. 2½

Größen 38/40, 42 und 46

Bei unterschiedlichen Angaben: Größen 42 und 46 in Klammern (siehe auch Schnittschema S. 122)

Maschenprobe

32 M und 32 R = 10 × 10 cm im Einstrickmuster mit Nadeln Nr. 3½

Rücken- und Vorderteil

Rücken- und Vorderteil werden gleich gestrickt. Mit Nadeln Nr. 2½ und Garn C 130 (136/149) M anschl. 8 cm im Rippenmuster (1 M r, 1 M l) arbeiten, dabei in der letzten Rückreihe wie folgt zun.: 2 (5/10) M im Rippenmuster, * 2mal im Rippenmuster in die nächste M einstechen, 8 (6/4) M Rippenmuster; von * an 13 (17/25)mal wiederholen, 2 (5/9) M Rippenmuster = 144 (154/175) M.
Mit Nadeln Nr. 3½ glatt rechts im Einstrickmuster nach der Strickschrift arbeiten, wobei die ungeraden (rechtsgestrickten) R von rechts nach links und die geraden (linksgestrickten) R von links nach rechts gelesen werden. Das Muster in den rechtsgestrickten R wie folgt aufteilen: *Für Größe 38/40* M 1–25 5mal in den R wiederholen, die R mit M 1–19 beenden; *für Größe 42* M 1–25 6mal wiederholen, dann 1mal M 1–4 stricken; *für Größe 46* M 1–25 7mal wiederholen. Die linksgestrickten R gegengleich arbeiten. Im Muster fortfahren bis zur vollendeten 26. (26./46.) R des 2. Rapports und einer Gesamthöhe von ca. 36 (36/42) cm.
Armausschnitte: Im Muster je 10 (12/16) M zu Beginn der nächsten 2 R abk. = 124 (130/141) M. Dann gerade hocharbeiten bis zur 64. (2./34.) R des 2. (3./3.) Rapports und einer Gesamthöhe von ca. 48 (48/58) cm. Mit Garn C die Passe wie folgt arbeiten: 1 R r, dann 11 cm im Rippenmuster stricken, dabei mit einer Rückreihe enden. Mit Garn B die nächste Hinreihe im Rippenmuster arbeiten. Mit Garn B im Rippenmuster abk.

Ärmel

Mit Nadeln Nr. 2½ und Garn B 60 (62/71) M anschl. 1 R im Rippenmuster arbeiten. Mit Garn C weitere 10 (11/11) R im Rippenmuster stricken, dabei in der letzten Rückreihe wie folgt zun.: 2 (2/7) M im Rippenmuster, * 2 M Rippenmuster, zweimal im Rippenmuster in die nächste M einstechen; von * an 18mal wiederholen 1 (1/7) M Rippenmuster = 79 (79/90) M.
Mit Nadeln Nr. 3½ glatt rechts im Einstrickmuster nach der Strickschrift arbeiten. Das Muster in den rechtsgestrickten R wie folgt aufteilen: *Für die Größen 38/40 und 42* M 1–25 3mal wiederholen, dann 1mal M 1–4 arbeiten; *für Größe 46* M 1–25 3mal arbeiten, dann 1mal M 1–15 stricken. Linksgestrickte R gegengleich arbeiten. Im Muster fortfahren, dabei *gleichzeitig* beidseitig in der 3. und jeder darauffolgenden 4. R 1 M zun., bis 135 (139/148) M auf der Nadel sind. Die Extramaschen sofort ins Muster aufnehmen. Dann gerade hocharbeiten bis zum vollendeten 2. Rapport. *Nur für Größe 46* 2 weitere R glatt rechts mit Garn A arbeiten. Der Ärmel sollte jetzt ca. 50 (50/51) cm lang sein. Alle M locker abk. Die abgekettete Kante sollte ca. 43 (46/49) cm messen.

Fertigstellung

Alle Teile leicht von links dämpfen, dabei das Rippenmuster aussparen. Seitennähte schließen. Die Kante der vorderen und hinteren Passe 2 cm überlappend feststecken. Vorderen Einsatz leicht anheben und unter dem hinteren Einsatz, jeweils 5 cm von der äußeren Schulterkante entfernt, mit unsichtbaren Stichen annähen. Ärmelnähte schließen, dabei oben jeweils 3 (4/5) cm offenlassen. Obere Ärmelkante oben im Armausschnitt feststecken, und die beiden offenen Teile der Ärmelnaht an der geraden unteren Armausschnittkante feststecken. Ärmel einsetzen. Nähte leicht von links dämpfen.

KÄTZCHEN

Ein legerer Damen- und Herrenpullover mit kleinen schwarzen und weißen Kätzchen,
welche ein besonders originelles Einstrickmuster bilden.

Material

Garn

Nehmen Sie für dieses Modell ein 2fädiges Shetlandgarn. Verschiedene Größen erfordern verschiedene Garnmengen.

Garn	A	225 (225/225/250) g (Pink)
Garn	B	100 (100/100/125) g (Mittelblau)
Garn	C	75 (75/75/100) g (Elfenbein)
Garn	D	75 (75/85/100) g (Schwarz)
Garn	E	25 (25/25/50) g (Rost)
Garn	F	25 (25/25/50) g (Gelb)

Stricknadeln

Je ein Paar Stricknadeln Nr. 3½ und Nr. 2½.

Größen 38, 40, 42/44 und 46

Bei unterschiedlichen Angaben: Größen 40, 42 44 und 46 in Klammern (siehe auch Schnitt-schema S. 122)

Maschenprobe

32 M und 30 R = 10 × 10 cm im Einstrickmuster mit Nadeln Nr. 3½.

Rückenteil

* Mit Nadeln Nr. 2½ und Garn A 120 (128/138/
148) M anschl. 5 (5/6/6) cm im Rippenmuster (1
M r, 1 M l) arbeiten, dabei in der letzten Rückreihe wie folgt zun.: 0 (9/3/8) M im Rippenmuster, * 5 (4/5/5) M Rippenmuster, zweimal im
Rippenmuster in die nächste M einstechen; von
* an 19 (21/21/21)mal wiederholen, 0 (9/3/8) M
Rippenmuster = 140 (150/160/170) M.
Mit Nadeln Nr. 3½ glatt rechts im Einstrickmuster nach der Strickschrift arbeiten, wobei die
ungeraden (rechtsgestrickten) R von rechts
nach links und die geraden (linksgestrickten) R
von links nach rechts gelesen werden. Das
Muster in den rechtsgestrickten R wie folgt
aufteilen: *Für Größe 38* die 20 M des Rapports
5mal in den R wiederholen; *für Größe 40* M
1—20 7mal wiederholen, dann die R mit M 1—10
beenden; *für Größe 42/44* M 1—20 8mal wiederholen; *für Größe 46* M 1—20 8mal wiederholen,
dann 1mal M 1—10 beenden. Linksgestrickte R
gegengleich fertigen. Im Muster fortfahren bis
zur vollendeten 20. (24./24./28.) R des 3. Rapports und einer Gesamthöhe von ca. 42 (43/44/
46) cm.
Armausschnitte: Je 12 (13/14/15) M zu Beginn der nächsten 2 R abk. ** Dann gerade
hocharbeiten bis zur vollendeten 38. (46./46./
46.) R des 4. Rapports und einer Gesamthöhe
von ca. 63 (66/67/67) cm. *Für Größe 46* glatt
rechts mit Garn A bis zu einer Gesamthöhe von
68 cm weiterstricken, um das Muster fertigzustellen; mit einer Rückreihe enden. Dann für
alle Größen wie folgt weiterarbeiten:
Schulterschrägung: Je 13 (14/15/15) M zu
Beginn der nächsten 2 R abk. Dann je 11 (12/13/
14) M zu Beginn der nächsten 4 R abk. Die
restlichen 46 (48/50/54) M auf eine Hilfsnadel
legen.

Vorderteil

Von ** bis ** wie den Rücken arbeiten = 116
(124/132/140) M. Im Muster gerade hocharbeiten bis zur vollendeten 14. (18./18./22.) R des 4.
Rapports und einer Gesamthöhe von ca. 55 (56/
57/59) cm.
Halsausschnitt: In der nächsten R die ersten
43 (46/49/52) M der R im Muster stricken, wenden und die restlichen 73 (78/83/88) M auf eine
Hilfsnadel nehmen. Im Muster über die ersten
43 (46/49/52) M stricken, dabei an der Halskante in den nächsten 8 (8/8/9) R 1 M abn. = 35 (38/
41/43) M. Dann die Halskante gerade hocharbeiten; bei den *Größen 38 und 40* im Muster
fortfahren; für die *Größen 42/44 und 46* mit
Garn A weiterstricken, bis das Vorderteil von
der Anschlagkante bis zur Schulterschrägung
die gleiche Länge wie der Rücken hat = ca. 63
(66/67/68) cm; mit einer Rückreihe enden.

Schulterschrägung: 13 (14/15/15) M zu Beginn der nächsten R abk. Dann 2mal je 11 (12/
13/14) M zu Beginn jeder 2. R abk.
Nun für die rechte Schulter mit der Hilfsnadel
weiterarbeiten. Die ersten 30 (32/34/36) M für
die Halskante abk., dann im Muster bis zum
Ende der R arbeiten. Die rechte Schulter wie
die linke arbeiten, jedoch mit gegengleicher Hals- und
Schulterformung, stricken.

Ärmel

Mit Nadeln Nr. 2½ und Garn A 58 (60/62/64) M
anschl. 10 cm im Rippenmuster arbeiten. In der
letzten Rückreihe wie folgt zun.: 10 M im Rip-
penmuster, zweimal in jede der nächsten 38
(40/42/44) M einstechen, 10 M Rippenmuster =
96 (100/104/108) M.
Mit Nadeln Nr. 3½ 8 R glatt rechts nach folgender Farbsequenz arbeiten:
R 1: (Garn D) r M.
R 2: (Garn F) l M.
R 3: (Garn E) r M.
R 4: (Garn D) l M.
R 5: (Garn F) r M.
R 6: (Garn E) l M.
R 7: (Garn D) r M.
R 8: (Garn A) l M.
Dann mit Garn A glatt rechts weiterstricken.
Nun beidseitig in der nächsten und jeder fol-
genden 8. R 1 M zun., bis 116 (124/132/140) M
auf der Nadel sind. Dann gerade hocharbeiten,
bis der Ärmel ca. 52 (52/54/54) cm mißt. Alle M
abk.; diese Kante sollte ca. 40 (43/46/48) cm
lang sein. Den zweiten Ärmel genauso fertigen.

Halsausschnittblende

Rechte Schulternaht schließen.
Mit Nadeln Nr. 2½ und Garn A, an der linken
Schulter beginnend, 27 (29/31/33) M aus der
linken Halskante, dann 28 (30/32/34) M aus der
vorderen abgeketteten Kante, 27 (29/31/33) M
aus der rechten Kante bis zur rechten Schulternaht und die 46 (48/50/54) M der Hilfsnadel an
der rückwärtigen Halskante aufnehmen = 128
(136/144/154) M. 12 R im Rippenmuster mit
Garn A arbeiten. Dann im Rippenmuster abk.

Fertigstellung

Alle Teile leicht von links dämpfen, dabei das
Rippenmuster aussparen. Schulternähte und
Halsblenden schließen. Seiten- und Ärmelnähte schließen, dabei jeweils oben 4 (4/4/5) cm
offenlassen. Dieser offene Teil wird in die gerade abgekettete Unterkante des Armausschnittes
eingesetzt. Obere Ärmelkante oben im Armausschnitt feststecken, wenn nötig die Weite leicht
einhalten. Ärmel einnähen. Nähte leicht von
links dämpfen.

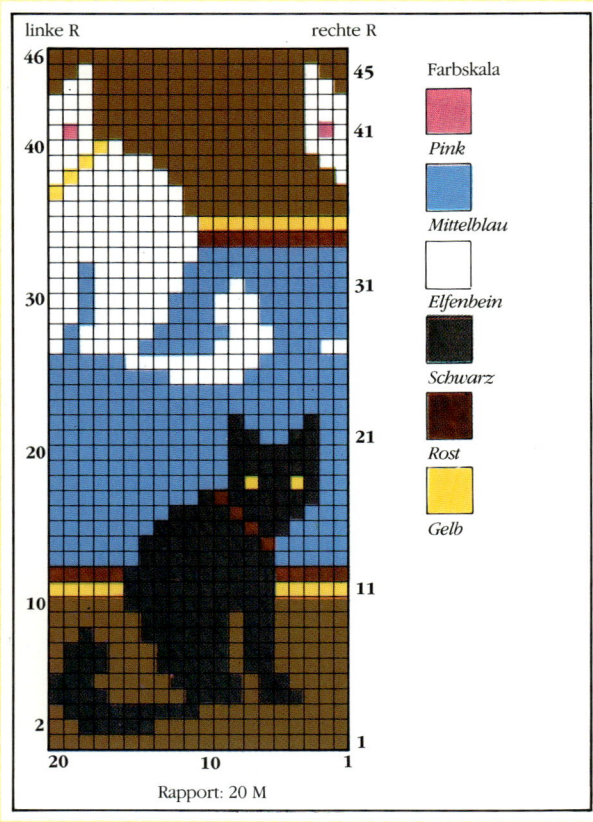

linke R   rechte R

Farbskala

Pink

Mittelblau

Elfenbein

Schwarz

Rost

Gelb

Rapport: 20 M

FIGÜRCHEN

Dieser schwarze Pullover mit dem lustigen bunten Design hat einen runden Ausschnitt und Bündchen mit farblich kontrastierender Einfassung.

Material

Garn

Nehmen Sie für dieses Modell ein 2fädiges Shetlandgarn.

Garn A	250 (275) g	(Schwarz)
Garn B	50 g	(Lila)
Garn C	25 g	(Rost)
Garn D	25 g	(Gelb)
Garn E	50 g	(Rot)
Garn F	25 g	(Blattgrün)
Garn G	25 g	(Sand)

Stricknadeln

Je ein Paar Stricknadeln Nr. 3½, Nr. 3 und Nr. 2½; 1 Nadelspiel Nr. 2½ oder 1 Rundstricknadel Nr. 2½

Größen 36/38/40 und 42/44

Bei unterschiedlichen Angaben: Größe 42/44 in Klammern (siehe auch Schnittschema S. 122)

Maschenprobe

30 M und 28 R = 10 × 10 cm im Einstrickmuster mit Nadeln Nr. 3½

Rückenteil

** Mit Nadeln Nr. 2½ und Garn A 135 (150) M anschl. 5 cm im Rippenmuster (1 M r, 1 M l) arbeiten, dabei in der letzten Rückreihe wie folgt zun.: * 8 (5) M l, zweimal l in die nächste M einstechen; von * an bis zum Ende der R wiederholen = 150 (175) M.
Mit Nadeln Nr. 3½ glatt rechts im Einstrickmuster nach der Strickschrift arbeiten, wobei die ungeraden (rechtsgestrickten) R von rechts nach links und die geraden (linksgestrickten) R von links nach rechts gelesen werden. Die 25 M des Rapports 6 (7)mal in den R wiederholen. Im Muster fortfahren bis zur vollendeten 38. (42.) R des 2. Rapports und einer Gesamthöhe von ca. 43 (45) cm.
Armausschnitte: Im Muster je 10 (15) M zu Beginn der nächsten 2 R abk. ** = 130 (145) M. Dann gerade hocharbeiten bis zur vollendeten 8. (36.) R des 3. Rapports und einer Gesamthöhe von ca. 64 (67) cm.
Schulterschrägung: Im Muster je 15 M zu Beginn der nächsten 2 R abk. Dann je 13 (15) M zu Beginn der nächsten 4 R abk. Die restlichen 48 (55) M auf eine Hilfsnadel legen.

Vorderteil

Von ** bis ** wie den Rücken arbeiten = 130 (145) M. Nun gerade hocharbeiten bis zur vollendeten 68. R des 2. Rapports (R 8 des 3. Rapports) und einer Gesamthöhe von ca. 54 (57) cm.
Halsausschnitt: In der nächsten Hinreihe die ersten 47 (53) M im Muster stricken und auf eine Hilfsnadel legen; danach die nächsten 36 (39) M abk. Im Muster über die restlichen 47 (53) M der R stricken. Den Halsausschnitt zunächst mit diesen M arbeiten. Dafür an der Halskante in den nächsten 6 R je 1 M abn. Dann mit den restlichen M im Muster gerade hochar-

beiten, bis das Vorderteil von der Anschlagkante bis zum Beginn der Schulterkante die gleiche Länge wie der Rücken hat = ca. 64 (67) cm.
Schulterschrägung: Auf der linken Seite der Arbeit 15 (17) M zu Beginn der nächsten R abk., dann 2mal je 13 (15) M zu Beginn jeder 2. R abk. Auf der linken Seite der Arbeit die restlichen 47 (53) M des linken Vorderteils auf der Hilfsnadel abstricken. Linkes Vorderteil wie das rechte, jedoch mit gegengleicher Hals- und Schulterformung, arbeiten.

Ärmel

Mit Nadeln Nr. 2½ und Garn C 60 (66) M anschl. und 1 R im Rippenmuster arbeiten. Mit Garn A im Rippenmuster weiterstricken, bis der Ärmel 9 cm mißt.
Mit Nadeln Nr. 3½ den ganzen Ärmel mit Garn A glatt rechts stricken. Beidseitig in der 1. und in jeder folgenden 4. R je 1 M zun., bis 130 (136) M auf der Nadel sind. Dann gerade hocharbeiten bis zu einer Gesamthöhe von ca. 53 cm. Alle M locker abk. (Bei der Fertigstellung wird diese gerade Kante an die gerade Kante oben im Armausschnitt angesetzt. Die letzten 4 [5] cm der Unterarmnaht werden dann an die 10 [15] abgeketteten M unten am Armausschnitt angesetzt.)
Den zweiten Ärmel genauso fertigen.

Halsausschnittblende

Schulternähte schließen. Mit dem Nadelspiel oder der Rundstricknadel mit Garn A, an der linken Schulternaht beginnend, 33 M aus der linken Halskante, 34 (37) M aus der abgeketteten Kante in der vorderen Mitte, 33 M aus der rechten Halskante und schließlich die 48 (55) M der Hilfsnadel für den hinteren Halsausschnitt aufnehmen = 148 (158) M. 10 R im Rippenmuster stricken. Mit Garn C eine weitere R im Rippenmuster arbeiten. Alle M mit Garn C im Rippenmuster abk.

Fertigstellung

Alle Teile leicht von links dämpfen, dabei das Rippenmuster aussparen. Seiten- und Ärmelnähte schließen, dabei oben 4 (5) cm offenlassen. Die gerade abgekettete Ärmelkante oben im Armausschnitt feststecken; die Weite, wenn nötig, einhalten. Die beiden offenen Teile des Ärmels an der unteren Kante des Armausschnittes feststecken. Ärmel einsetzen. Nähte dämpfen.

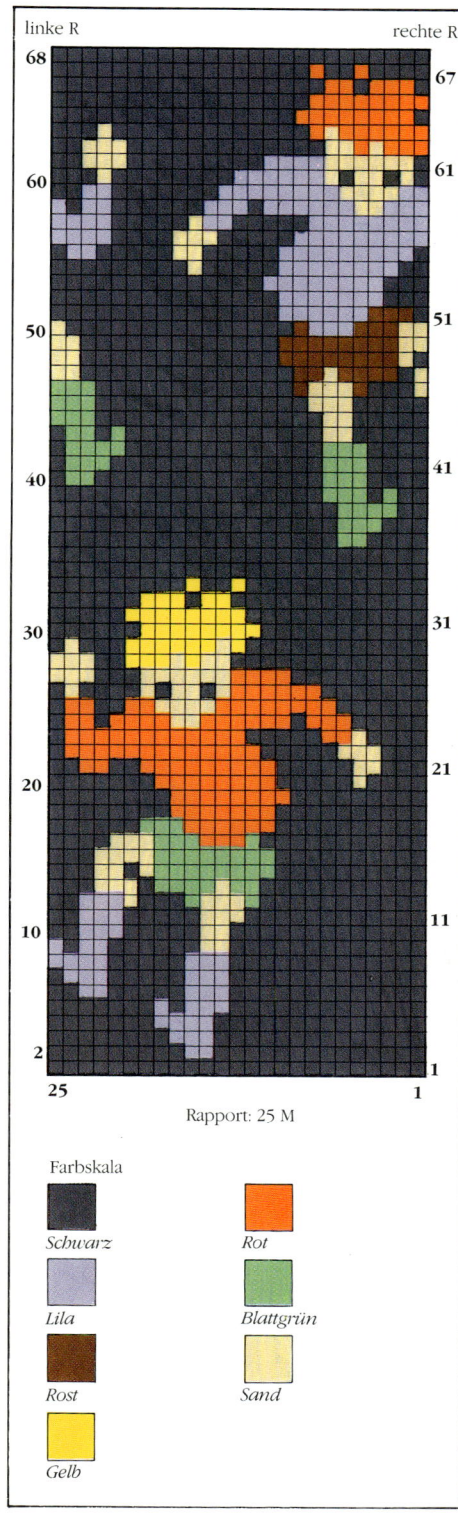

Rapport: 25 M

Farbskala

Schwarz — Rot
Lila — Blattgrün
Rost — Sand
Gelb

SCHMETTERLING

Eine aparte Weste in beige-grünen Farbtönen mit blauen und gelben Schmetterlingen.
Das Modell wird bis zum Armausschnitt in einem Stück gestrickt und ist mit Blenden im Zopfmuster eingefaßt.

Material

Garn

Nehmen Sie für dieses Modell ein 2fädiges Shetlandgarn.

Garn A 125 g (Oliv)
Garn B   75 g (Hellbraun)
Garn C   75 g (Senf)
Garn D   75 g (Hellblau)
Garn E   25 g (Mittelblau)
Garn F   25 g (Orange)
Garn G   75 g (Schokolade)
Garn H 100 g (Beige)

Stricknadeln

Je ein Paar Stricknadeln Nr. 3½, Nr. 3; 1 Rundstricknadel Nr. 3½ und 1 Rundstricknadel Nr. 2½; 1 Zopfnadel; 5 Knöpfe (Ø 1,5 cm)

Größen 38/40/42

Einheitsgröße (siehe auch Schnittschema S. 122)

Maschenprobe

32 M und 32 R = 10 × 10 cm im Einstrickmuster mit Nadeln Nr. 3½
Anmerkung: Vorder- und Rückenteil werden mit der Rundstricknadel bis zum Armausschnitt in einem Stück gearbeitet; dabei wie in den R stricken.

Rücken- und Vorderteil

Mit der Rundstricknadel Nr. 2½ und Garn A 284 M anschl. 10 cm im Rippenmuster (1 M r, 1 M l) arbeiten. In der letzten Rückreihe wie folgt zun.: * 9 M l, zweimal l in die nächste M einstechen; von * an in der ganzen R bis zu den letzten 4 M wiederholen; 4 M l = 304 M.
Mit Rundstricknadel Nr. 3½ glatt rechts nach der Strickschrift arbeiten, wobei die ungeraden (rechtsgestrickten) R von rechts nach links und die geraden (linksgestrickten) R von links nach rechts gelesen werden. Die beiden Extramaschen (M 1−2) zu Beginn der R stricken; dann die M 3−32 des Rapports 10mal in den R arbeiten und die R mit M 33 und 34 beenden. Linksgestrickte R gegengleich arbeiten; dafür mit M 34−33 beginnen und mit M 2−1 enden. Im Muster fortfahren bis zur vollendeten 64. R des 1. Rapports und einer Gesamthöhe von ca. 30 cm.

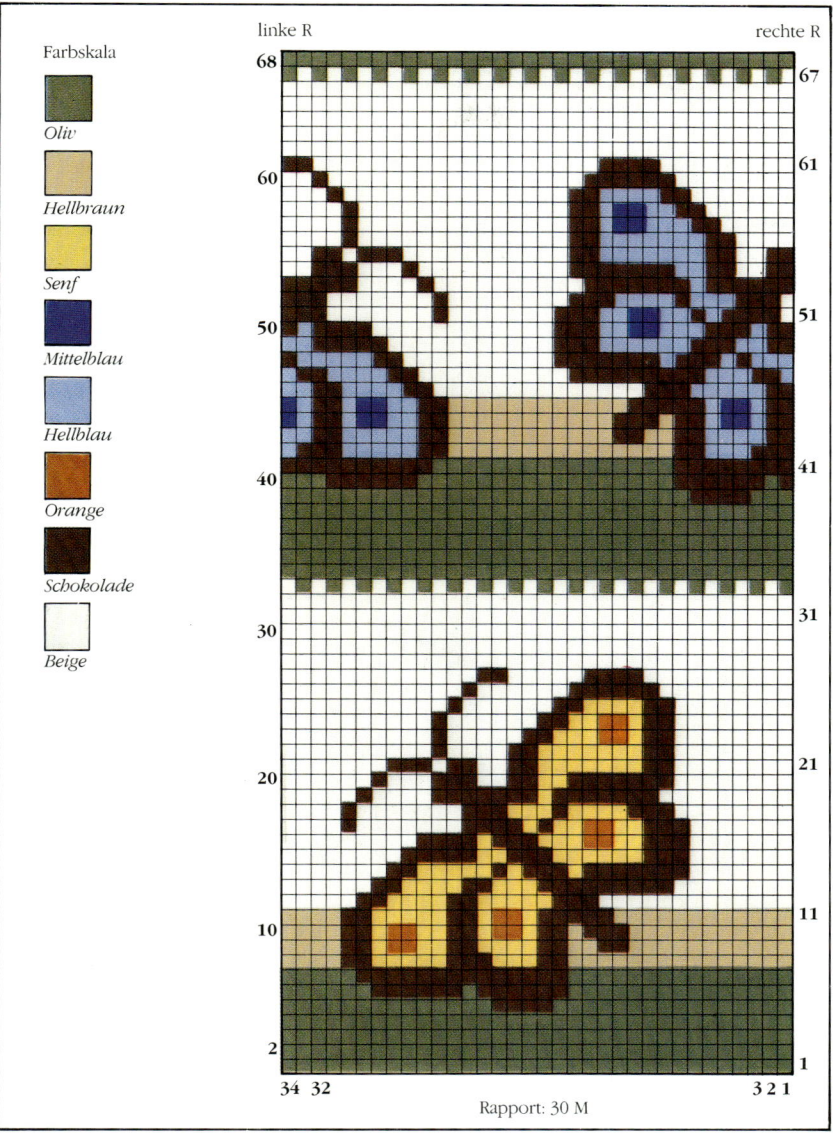

linke R   rechte R

Rapport: 30 M

R 8: 3 M r, 6 M l, 3 M r
R 9: r M
R 10: 3 M r, 6 M l, 3 M r
Diese 10 R bilden das Zopfmuster.
R 1–4 nochmals arbeiten.
Knopflöcher: In der nächsten R 4 Knopflö-
cher wie folgt einarbeiten:
R 5: * 5 M r, 2 M abk., 5 M r
R 6: 3 M r, 2 M l, 2 M anschl., 2 M l, 3 M r
Nun 28 R im Zopfmuster gerade hocharbeiten *.
Von * an 2mal wiederholen, dann noch 1 Knopf-
loch in den nächsten 2 R wie zuvor arbeiten.
Im Zopfmuster gerade hocharbeiten (R 1–10,
jedoch ohne die Knopflöcher, wiederholen),
bis der Streifen lang genug ist für die rechte
Vorderkante, den hinteren Halsausschnitt und
die linke Öffnungskante; beim Messen den
Streifen leicht dehnen. Alle M abk.

Armausschnitte
Mit Nadeln Nr. 3½ und Garn A 12 M anschl. R
1–10 des Zopfmusters wie zuvor arbeiten, bis
der Streifen 51 cm mißt. Alle M abk. Den zweiten Streifen genauso fertigen.

Fertigstellung

Weste leicht von links dämpfen, dabei die Rippen aussparen.
Vordere Blenden: Zopfstreifen so feststekken, daß das oberste Knopfloch direkt unter
dem Halsausschnitt am rechten Vorderteil liegt.
Mit einer flachen Naht auf der linken Seite der
Arbeit befestigen. 5 Knöpfe, den Knopflöchern
entsprechend, auf die linke vordere Blende
nähen.
Armausschnittblenden: Die Schmalseiten
der Blenden V-förmig mit der rechten Seite
nach oben übereinander legen (siehe S. 140)
und feststecken. An den Seiten sauber zusammennähen. Den Streifen um den Armausschnitt
legen, wobei das V an der Unterkante des Arm-
lochs liegt. Auf der linken Seite der Arbeit mit
passendem Garn annähen. Nähte leicht von
links dämpfen.

Hals- und Armausschnitt: An der Halskante
beidseitig in der nächsten und in jeder folgenden 3. R je 2 M r zus.str. *Gleichzeitig* nach
vollendeter 16. R des 2. Rapports und einer
Gesamthöhe von ca. 37 cm die Arbeit für den
Armausschnitt wie folgt teilen: In der nächsten
R mit Nadeln Nr. 3½ die ersten 65 M der R
stricken, wenden und die restlichen M auf eine
Hilfsnadel legen.

Rechtes Vorderteil
Im Muster mit diesen ersten 65 M weiterarbeiten; an der Halskante weiterhin 1 M in der
nächsten und jeder folgenden 3. R abk., bis 40 M
übrigbleiben. Dann gerade hocharbeiten bis
zur vollendeten 27. R des 3. Rapports und einer
Gesamthöhe von ca. 61 cm. Auf der linken Seite
der Arbeit die ganze R abk. Nun mit den M auf
der Hilfsnadel weiterarbeiten. Die nächsten
160 M der R (17) stricken, wenden und die
restlichen 65 M auf eine Hilfsnadel legen. Das
Muster über die 160 M des Rückens arbeiten.
Bis zur vollendeten 28. R des 3. Rapports und
einer Gesamthöhe von ca. 61 cm fortfahren.
Alle M abk.

Linkes Vorderteil
Auf der rechten Seite der Arbeit mit den 65 M

der Hilfsnadel weiterarbeiten. R 17 der Strickschrift von der Arm- bis zur Halskante fertigen,
dabei wie beim rechten Vorderteil den Halsausschnitt, jedoch gegengleich, formen. Wie das
rechte Vorderteil fertigstellen; mit der 27. R des
3. Rapports enden. Alle M abk.

Zopfblenden

Anmerkung: Bei der Anweisung »6 Zopfm.«
(siehe R 7 unten) die nächsten 3 M der R auf die
Zopfnadel vor die Arbeit legen; die nächsten 3
M r stricken, dann die 3 M der Zopfnadel r
arbeiten.
Schulternähte schließen.

Vorderteile
Mit Nadeln Nr. 3½ und Garn A 12 M anschl.
Blende wie folgt arbeiten:
R 1: r M
R 2: 3 M r, 6 M l, 3 M r
R 3: r M
R 4: 3 M r, 6 M l, 3 M r
R 5: r M
R 6: 3 M r, 6 M l, 3 M r
R 7: 3 M r, 6 Zopf-M, 3 M r

DACKEL

Eine Weste mit besonders hübschem Design — kleine Dackelhunde werden hier in das Vorderteil eingestrickt. Der Rücken ist im Rippenmuster gearbeitet. Wenn Sie eine hellere Hintergrundfarbe nehmen, wirkt das Muster noch plastischer.

Material

Garn
Nehmen Sie für dieses Modell ein 2fädiges Shetlandgarn.
Garn A   100 g (Sand)
Garn B   100 g (Dunkelbraun)
Garn C   50 g (Schokolade)
Garn D   25 g (Mittelbraun)
Garn E   25 g (Rost)

Stricknadeln
Je ein Paar Stricknadeln Nr. 3½, Nr. 3 und Nr. 2½; 5 Knöpfe

Größen 36, 38/40 und 42/44

Bei unterschiedlichen Angaben: Größen 38/40 und 42/44 in Klammern (siehe auch Schnittschema S. 122)

Maschenprobe
32 M und 30 R = 10 × 10 cm im Einstrickmuster mit Nadeln Nr. 3½

Vorderteile

Linkes Vorderteil
Mit Nadeln Nr. 2½ und Garn B 66 (72/78) M anschl. 5 cm im Rippenmuster (1 M r, 1 M l) arbeiten.
Mit Nadeln Nr. 3½ glatt rechts im Einstrickmuster nach der Strickschrift arbeiten, wobei die ungeraden (rechtsgestrickten) R von rechts nach links und die geraden (linksgestrickten) R von links nach rechts gelesen werden. Das Muster in den rechtsgestrickten R wie folgt aufteilen: *Für Größe 36* M 1—36 1mal arbeiten, dann die R mit M 1—30 beenden; *für Größe 38/40* M 1—36 2mal wiederholen; *für Größe 42/44* M 1—36 2mal wiederholen, dann die R mit M 1—6 beenden. Linksgestrickte R gegengleich arbeiten. Im Muster fortfahren bis zur vollendeten 16. R der Strickschrift.
Tasche: In R 17 die Tasche wie folgt einarbeiten: Die ersten 19 (20/21) M der R stricken, die nächsten 28 (32/36) M abk. und bis zum Ende der R im Muster arbeiten. In der nächsten R (R 18) im Muster über die ersten 19 (20/21) M stricken, dann die 28 (32/36) abgeketteten M der Vorreihe an gleicher Stelle wieder anschl. und im Muster bis zum Ende der R arbeiten. Im Muster gerade hocharbeiten bis zur vollendeten 10. (14./18.) R des 3. Rapports und einer Gesamthöhe von ca. 30 (31/32) cm.
Arm- und Halsausschnitt: 12 (13/14) M zu Beginn der nächsten R = R 11 (15/19) der Strickschrift abk.; dann das Muster bis zu den letzten 2 M stricken; 2 M r zus.str. An der Armausschnittkante in den nächsten 15 (16/17) R 1 M abk. Dann die Armkante gerade hocharbeiten. *Gleichzeitig* an der Halskante in jeder 4. R nach der 1. Abnahme 1 M abn., bis 24 (27/30) M übrigbleiben. Dann bis zur vollendeten 8.

(16./24.) R des 5. Rapports und einer Gesamthöhe von ca. 50 (53/55) cm fortfahren.
Schulterschrägung: Im Muster 12 (13/14) M zu Beginn der nächsten Hinreihe abk., dann die R im Muster beenden. In der nächsten R 1 M abh., dann im Muster zu Ende stricken. Restliche M abk.

Rechtes Vorderteil
Wie das linke Vorderteil stricken, jedoch die Formungen gegengleich arbeiten.

Rückenteil

Mit Nadeln Nr. 2½ und Garn B 132 (144/156) M anschl. 5 cm im Rippenmuster arbeiten. Mit Nadeln Nr. 3 den gesamten Rücken im Rippenmuster (1 M r, 1 M l) nach folgender Farbsequenz stricken:
R 1: Garn B
R 2: Garn C
R 3: Garn A
Nicht gebrauchte Wolle an den Seiten mitführen. R 1—3 wiederholen, bis der Rücken von der Anschlagkante bis zum Beginn des Armausschnittes die gleiche Länge wie das Vorderteil hat = ca. 30 (31/32) cm; mit einer Rückreihe enden.
Armausschnitte: Je 3 (4/6) M zu Beginn der nächsten und folgenden R abk. Dann beidseitig in jeder R 2 M r zus.str., bis 100 (104/108) M übrigbleiben. Gerade hocharbeiten, bis der Rücken von der Anschlagkante bis zum Beginn der Schulterschrägung die gleiche Länge wie das Vorderteil hat = ca. 50 (53/55) cm.
Schulterschrägung: Im Muster je 9 (10/10) M zu Beginn der nächsten 2 R abk. Dann je 9 (9/10) M zu Beginn der nächsten 4 R abk. Die restlichen 44 (48/50) M in der Mitte teilen und beide Hälften auf eine Hilfsnadel legen. Schulternähte schließen.

Vordere Blenden

Rechtes Vorderteil
Auf der rechten Seite der Arbeit mit Nadeln Nr. 2½ und Garn B, an der Saumkante beginnend, 97 (101/105) M aus der vorderen Öffnungskante bis zum Beginn des Halsausschnittes aufnehmen. Dann 82 (88/93) M aus der Halskante bis zur hinteren Mitte, einschl. der 22 (24/25) M der Hilfsnadel, aufnehmen = 179 (189/198) M. 3 R im Rippenmuster arbeiten.
Knopflöcher: In der 4. R 5 Knopflöcher wie folgt einarbeiten: 4 M im Rippenmuster, * M abk., 19 (20/21) M Rippenmuster; von * an 3mal wiederholen, 3 M abk. und bis zum Ende der R im Rippenmuster arbeiten. Die nächste R im Rippenmuster zurückstricken, dabei die 3 abgeketteten M jeweils an den gleichen Stellen wieder anschl. 4 weitere R im Rippenmuster arbeiten. Mit Garn C 1 R im Rippenmuster stricken. Mit Garn C alle M im Rippenmuster abk.

Linkes Vorderteil
In der hinteren Mitte beginnend, die 22 (24/25) M der Hilfsnadel stricken, dann 60 (64/68) M bis zum Beginn des Halsausschnittes und weitere 97 (101/105) M bis zur Saumkante aufnehmen = 179 (189/198) M. Wie die linke Blende, jedoch ohne Knopflöcher, arbeiten.

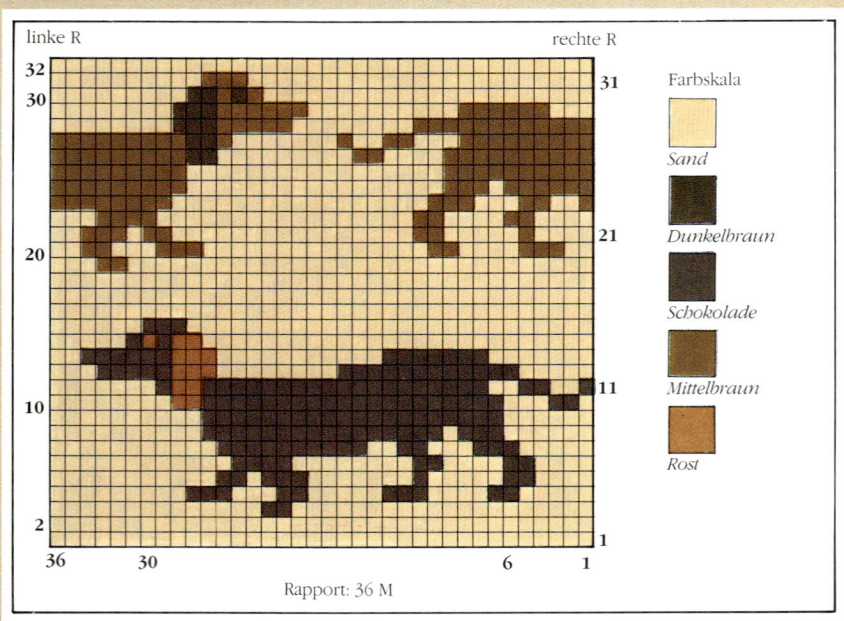

Rapport: 36 M

Farbskala
Sand
Dunkelbraun
Schokolade
Mittelbraun
Rost

Armausschnittblenden

Auf der rechten Seite der Arbeit mit Nadeln Nr. 2½ und Garn B 145 (153/161) M aus dem Armausschnitt aufnehmen. Wie die linke vordere Blende arbeiten. Die zweite Blende genauso stricken.

Taschen

Taschenblenden

Auf der rechten Seite der Arbeit mit Nadeln Nr. 2½ und Garn B 28 (32/36) M aus der unteren abgeketteten Kante des Taschenschlitzes im Vorderteil aufnehmen. Wie die linke Blende stricken. Die zweite Taschenblende genauso arbeiten.

Taschenfutter

Die Arbeit mit der Oberseite nach unten halten; mit Nadeln Nr. 2½ und Garn B 28 (32/36) M aus der oberen abgeketteten Kante des Schlitzes hinter der Taschenblende aufnehmen. 7 cm glatt rechts arbeiten, dabei mit einer R l M beginnen. Alle M abk. Das zweite Taschenfutter genauso arbeiten.

Fertigstellung

Alle Teile leicht von links dämpfen, dabei die Rippen aussparen. Seitennähte schließen. Rippen in der hinteren Mitte des Halsausschnittes und Unterarmnähte schließen. Taschenfutter auf der linken Seite der Arbeit nach unten ziehen und die Seiten der Taschen und der Taschenblenden festnähen. 5 Knöpfe, den Knopflöchern entsprechend, an die linke vordere Blende nähen.

SCHWARZER KATER

Ein extravaganter Pullover mit schwarz-rotem Design, rundem Halsausschnitt und gestreiften Bündchen.

Material

Garn

Garn A 275 g (Beige)
Garn B 75 g (Schwarz)
Garn C 75 g (Rost)
Garn D 25 g (Pink)
Garn E 25 g (Jade)

Stricknadeln

Je ein Paar Stricknadeln Nr. 3 und Nr. 2½; 1 Nadelspiel Nr. 2½ *oder* 1 Rundstricknadel Nr. 2½

Größen 38/40/42/44

Einheitsgröße (siehe auch Schnittschema S. 122)

Maschenprobe

30 M und 30 R = 10 × 10 cm im Einstrickmuster mit Nadeln Nr. 3½

Rückenteil

** Mit Nadeln Nr. 2½ und Garn B 135 M anschl. Im Rippenmuster (1 M r, 1 M l) nach folgender Farbsequenz arbeiten:
R 1: Garn B
R 2: Garn C
R 3: Garn C
R 4: Garn B
R 1−4 wiederholen, bis das Bündchen ca. 5 cm mißt; mit R 4 enden. In der nächsten R wie folgt zun.: (Garn B) * 8 M l; zweimal l in die nächste M einstechen; von * an bis zum Ende der R wiederholen = 150 M.
Mit Nadeln Nr. 3 glatt rechts im Einstrickmuster nach der Strickschrift arbeiten, wobei die ungeraden (rechtsgestrickten) R von rechts nach links und die geraden (linksgestrickten) R von links nach rechts gelesen werden. Die 30 M des Rapports 5mal in den R wiederholen. (Die Katzenaugen können Sie auch hinterher aufstikken.) Im Muster fortfahren bis zur vollendeten 60. R des 2. Rapports und einer Gesamthöhe von ca. 45 cm.
Armausschnitte: Je 10 M zu Beginn der nächsten 2 R abk. = 130 M. ** Dann gerade hocharbeiten bis zur vollendeten 62. R des 3. Rapports und einer Gesamthöhe von ca. 66 cm.
Schulterschrägung: Auf der rechten Seite der Arbeit glatt rechts mit Garn A weiterstrikken. Je 15 M zu Beginn der nächsten 2 R abk., je 13 M zu Beginn der nächsten 4 R abk. Die restl. 48 M auf eine Hilfsnadel nehmen.

Vorderteil

Wie das Rückenteil von ** bis ** arbeiten = 130 M, so daß Rippenmuster, Einstrickmuster und

Armausschnitt übereinstimmen. Dann die Armkanten gerade hocharbeiten bis zur vollendeten 30. R des 3. Rapports und einer Gesamthöhe von ca. 56 cm.
Halsausschnitt: In der nächsten R die ersten 47 M der R im Muster arbeiten, dann diese 47 M auf eine Hilfsnadel legen. Die nächsten 36 M abk., und dann die letzten 47 M der R im Muster stricken. Weiter über diese M arbeiten, dabei an der Halskante in den nächsten 6 R 1 M abn. Nun mit den restlichen 41 M gerade hocharbeiten, bis das Vorderteil von der Anschlagkante bis zur Schulterschrägung die gleiche Länge wie das Rückenteil hat = ca. 66 cm; mit R 61 des 3. Rapports enden.
Schulterschrägung: Für die rechte Schulter 15 M zu Beginn der nächsten R mit Garn A abk., dann je 13 M zu Beginn jeder folgenden 2. R abk. Nun auf der linken Seite der Arbeit über die restlichen 47 M der Hilfsnadel am linken Vorderteil arbeiten. Linke Halskante und Schulter wie die rechte Seite, jedoch gegengleich, arbeiten.

Ärmel

Mit Nadeln Nr. 2½ und Garn B 60 M anschl. 9 cm im Rippenmuster wie das Bündchen stricken. Mit Nadeln Nr. 3 glatt rechts im Einstrickmuster nach der Strickschrift arbeiten, wobei die 30 M des Rapports 2mal in den R wiederholt werden; dabei beidseitig in jeder 3. und folgenden 4. R 1 M zun., bis 130 M auf der Nadel sind. Die Extramaschen sofort ins Muster aufnehmen. Dann im Muster gerade hochstricken bis zur vollendeten 6. R des 3. Rapports und einer Gesamthöhe von ca. 52 cm. Alle M abk. (Diese Kante wird bei der Fertigstellung oben in den Armausschnitt eingesetzt. Die letzten 4 cm der Ärmelnaht werden an die abgekettete Unterkante des Armausschnittes angesetzt.)
Den zweiten Ärmel genauso arbeiten.

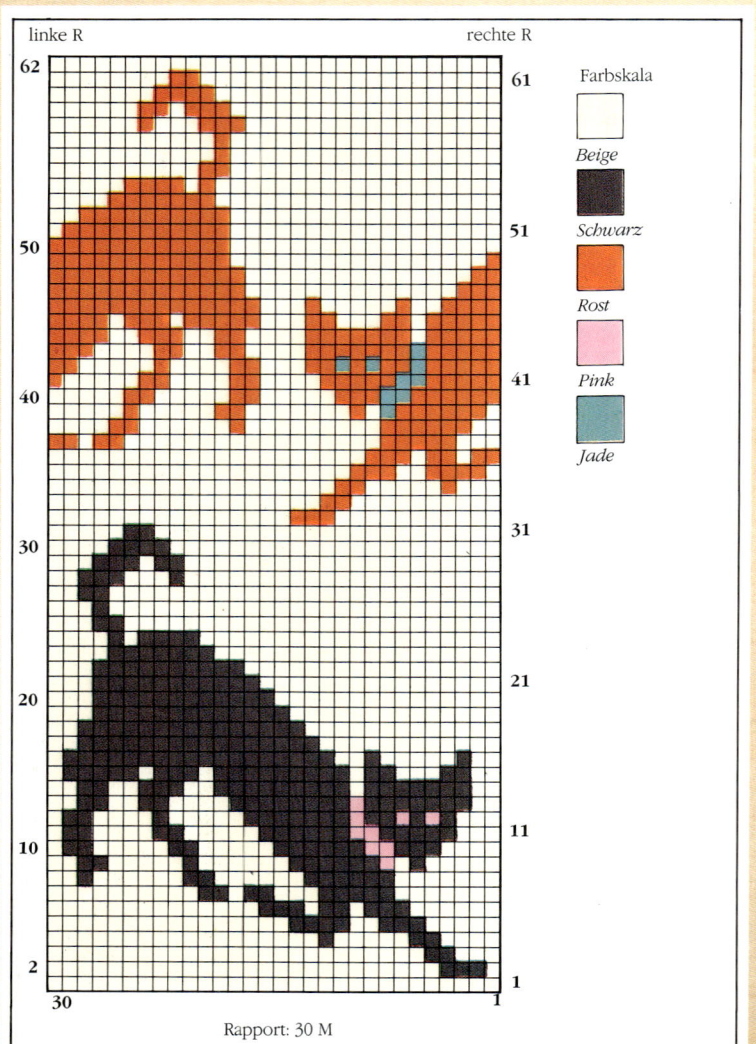

linke R   rechte R

Farbskala

Beige
Schwarz
Rost
Pink
Jade

Rapport: 30 M

Halsausschnittblende

Schulternähte schließen.
Auf der rechten Seite der Arbeit mit dem Nadelspiel oder der Rundstricknadel und Garn B, an
der linken Schulter beginnend, 34 M aus der
linken Halsausschnittkante, 34 M aus der vorderen Mitte, dann 34 M aus der rechten Halsausschnittkante bis zur Schulternaht und schließlich die 48 M der Hilfsnadel an der hinteren
Ausschnittmitte aufnehmen = 150 M. 12 Rd im
Rippenmuster nach derselben Farbsequenz
wie beim Bündchen arbeiten. Im Rippenmuster abk.

Fertigstellung

Alle Teile leicht von links dämpfen, dabei das
Rippenmuster aussparen. Seitennähte schließen. Ärmelnähte schließen, dabei oben jeweils
4 cm offenlassen. Die gerade Oberkante des
Ärmels oben im Armausschnitt und
den ungenähten Teil des Ärmels an
der Unterkante des Armausschnittes
feststecken. Ärmel einnähen. Nähte
dämpfen.

MAIKÄFER

*Diese klassische knopflose Weste hat ein kleines Käfermuster
und separat gestrickte Bordüren.*

Material

Garn

Nehmen Sie für dieses Modell ein 2fädiges
Shetlandgarn.
Garn A   175 g (Beige)
Garn B   50 g (Torf)
Garn C   25 g (Karmesin)
Garn D   25 g (Royalblau)
Garn E   25 g (Smaragdgrün)
Garn F   25 g (Dunkelbraun)
Garn G   25 g (Purpur)

Stricknadeln

Je ein Paar Stricknadeln Nr. 3½, Nr. 3 und 2½

Größen 36 und 38/40

Bei unterschiedlichen Angaben: Größe 38/40 in
Klammern (siehe auch Schnittschema S. 123)

Maschenprobe

30 M und 30 R = 10 × 10 cm im Einstrickmuster
mit Nadeln Nr. 3½

Rückenteil

Saum: Mit Nadeln Nr. 2½ und Garn A 132 (144)
M anschl. 12 R glatt rechts arbeiten, mit einer
Rückreihe enden.
Bordüre: Mit Nadeln Nr. 3½ glatt rechts die 12
R des Bordürenmusters nach Strickschrift A
arbeiten, wobei die ungeraden (rechtsgestrick-
ten) R von rechts nach links und die geraden
(linksgestrickten) R von links nach rechts gelesen werden. *Für Größe 36* M 1−10 13mal in den
R wiederholen, dann die R mit M 1−2 beenden;
für Größe 38/40 M 1−10 14mal in den R wiederholen, die R mit M 1−4 beenden. Linksgestrickte
R gegengleich arbeiten. Bis zur vollendeten 12.
R im Bordürenmuster weiterarbeiten. Nach
Strickschrift B das Einstrickmuster wie folgt
aufteilen:
Für Größe 36 M 1−20 6mal in den R wiederholen, dann die R mit M 1−12 beenden; *für Größe
38/40* M 1−20 7mal arbeiten, dann die R mit M
1−4 beenden.
Linksgestrickte R gegengleich arbeiten. Im Muster fortfahren bis zur vollendeten 80. R des 1.
Rapports (R 2 des 2. Rapports) und einer Gesamthöhe von ca. 33 (34) cm.
Armausschnitte: Im Muster 3 (4) M zu Beginn
der nächsten 2 R abk. Dann beidseitig in jeder R
2 M r zus.str., bis 96 (104) M übrigbleiben.
Weiter gerade hocharbeiten bis zur vollendeten 64. (68.) R des 2. Rapports und einer
Gesamthöhe von ca. 56 (57) cm.
Schulterschrägung: Je 9 (10) M zu Beginn
der nächsten 6 R abk. Die restlichen 42 (44) M
in der Mitte teilen und beide Hälften auf eine
Hilfsnadel legen.

Vorderteile

Linkes Vorderteil

Saum: Mit Nadeln Nr. 2½ und Garn A 66 (72) M
anschl. und 12 R glatt rechts arbeiten; mit einer
linksgestrickten R enden.
Bordüre: Mit Nadeln Nr. 3½ nach Strickschrift
A das Bordürenmuster glatt rechts stricken;
dabei *für Größe 36* in den rechtsgestrickten R
M 1−10 6mal arbeiten, dann die R mit M 1−6
beenden; *für Größe 38/40* M 1−10 7mal arbeiten, dann M 1−2 1mal stricken. Linksgestrickte R
gegengleich fertigen. Die 12 R des Bordürenmusters beenden. Nach Strickschrift B das Ein-

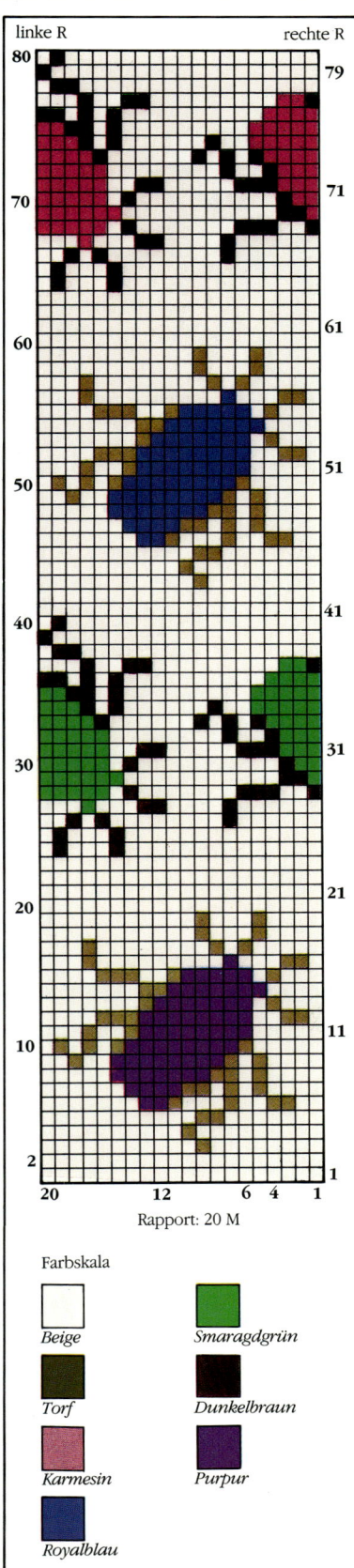

linke R · rechte R

80 · 79

71

61

51

41

31

21

11

2 · 1

20 · 12 · 6 · 4 · 1

Rapport: 20 M

Farbskala

- □ Beige
- ■ Smaragdgrün
- ■ Torf
- ■ Dunkelbraun
- ■ Karmesin
- ■ Purpur
- ■ Royalblau

Strickschrift B

strickmuster wie folgt aufteilen: *Für Größe 36* M 1–20 3mal in den R wiederholen, dann 1mal M 1–6 arbeiten; *für Größe 38/40* M 1–20 3mal in den R wiederholen, dann 1mal M 1–12 stricken. Linksgestrickte R gegengleich fertigen. Im Muster bis zur vollendeten 20. R der Strickschrift arbeiten.

Tasche: In R 21 die Tasche wie folgt einarbeiten: Die ersten 20 (22) M der R im Muster arbeiten, die nächsten 26 (28) M abk., dann die letzten 20 (22) M der R im Muster beenden. In R 22 im Muster über die ersten 20 (22) M stricken, 26 (28) M direkt über den abgeketteten M wieder anschl. und die letzten 20 (22) M der R im Muster beenden.

Im Muster gerade hocharbeiten bis zur vollendeten 80. R des 1. Rapports (R 2 des 2. Rapports) und bis das Vorderteil von der Anschlagkante bis zum Beginn des Armausschnittes die gleiche Länge wie das Rückenteil hat = ca. 33 (34) cm.

Arm- und Halsausschnitt: 11 (13) M zu Beginn der nächsten R abk., dann im Muster bis zu den letzten 2 M stricken; 2 M r zus.str. An der Armausschnittkante in den nächsten 15 R je 1 M abn., dann die Armausschnittkante gerade hocharbeiten. *Gleichzeitig* an der Halskante in jeder 4. R nach der 1. Abnahme 1 M abk., bis 26 (27) M übrigbleiben. Dann bis zur vollendeten 64. (68.) R des 2. Rapports und einer Gesamthöhe von ca. 56 (57) cm gerade hocharbeiten.

Schulterschrägung: 11 (12) M zu Beginn der nächsten R = R 65 (69) abk. Zu Beginn der nächsten R 1 M abk., dann im Muster bis zum Ende der R stricken. Alle M abk.

Rechtes Vorderteil

Wie das linke Vorderteil arbeiten, jedoch die Tasche, Arm- und Halsausschnitt sowie die Schulterschrägung gegengleich stricken. Schulternähte schließen.

Blenden

Rechtes Vorderteil

Die ersten 12 in Garn A glatt rechts gestrickten R als Saum freilassen.

Auf der rechten Seite der Arbeit mit Nadeln Nr. 3 und Garn A, am Anfang des Bordürenmusters (R 13) beginnend, 94 M aus der vorderen Öffnungskante bis zum Beginn des Halsausschnittes, dann 82 (88) M aus der Halskante bis zur hinteren Mitte, einschl. der 21 (22) M der 1. Hilfsnadel, aufnehmen = 176 (182) M. Die 1. R l mit Garn A stricken, dann die 12 R der Bordüre nach Strickschrift A arbeiten, dabei die 10 M des Rapports wie folgt aufteilen: *Für Größe 36* M 1–10 17mal, dann M 1–6 1mal arbeiten; *für Größe 38/40* M 1–10 18mal, dann M 1–2 1mal arbeiten. Linksgestrickte R gegengleich ferti-

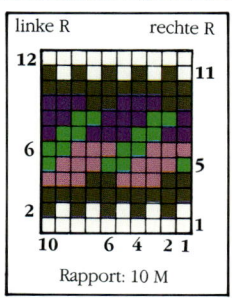

linke R · rechte R

12 · 11

6 · 5

2 · 1

10 · 6 · 4 · 2 · 1

Rapport: 10 M

Strickschrift A

gen. Wenn die 12 R der Bordüre fertig sind, 12 weitere R glatt rechts mit Garn A stricken, dabei mit einer rechtsgestrickten R beginnen. Alle M abk.

Linkes Vorderteil

In der hinteren Mitte des Halsausschnittes beginnend, wie beim rechten Vorderteil die 21 (22) M der 2. Hilfsnadel stricken, dann 61 (66) M aus der Halskante und weitere 94 M entlang der vorderen Öffnungskante bis zur Saumbordüre aufnehmen; die 12 glatt rechts gestrickten R in Garn A bleiben frei. Wie die linke Vorderteilblende arbeiten.

Armausschnittbordüren

Auf der rechten Seite der Arbeit mit Nadeln Nr. 3 und Garn A 134 (140) M aus dem Armausschnitt aufnehmen. Die nächste R l M stricken. Dann das Bordürenmuster nach Strickschrift A wie folgt aufteilen: *Für Größe 36* M 1–10 13mal wiederholen, dann M 1–4 1mal arbeiten; *für Größe 38/40* M 1–10 14mal wiederholen. Linksgestrickte R gegengleich arbeiten. Die 12 Bordürenreihen beenden. Dann mit Nadeln Nr. 2½ und Garn A 12 R glatt rechts stricken. Alle M abk. Die zweite Armausschnittblende genauso arbeiten.

Taschen

Taschenblenden

Mit Nadeln Nr. 2½ und Garn A 24 (26) M aus der unteren abgeketteten Taschenschlitzkante aufnehmen. 1 R l stricken. Dann mit Nadeln Nr. 3 das Bordürenmuster nach Strickschrift A wie folgt aufteilen: *Für Größe 36* M 1–10 2mal, dann M 1–4 1mal arbeiten; *für Größe 38/40* M 1–10 2mal, dann M 1–6 1mal arbeiten. Linksgestrickte R gegengleich stricken. Im Muster bis zur vollendeten 10. R der Strickschrift arbeiten. Dann mit Nadeln Nr. 2½ und Garn A 8 R glatt rechts stricken. Alle M abk. Die zweite Taschenblende genauso fertigen.

Taschenfutter

Die Arbeit mit der Oberseite nach unten halten und auf der rechten Seite der Arbeit mit Nadeln Nr. 2½ und Garn A die 26 (28) M der Anschlagkante des Taschenschlitzes hinter der Taschenblende aufnehmen. 7 cm glatt rechts arbeiten, dabei mit einer linksgestrickten R beginnen. Alle M abk. Das zweite Taschenfutter genauso arbeiten.

Fertigstellung

Weste leicht von links dämpfen. Dann die 12 glatt rechts gestrickten R am Saum nach innen einschlagen, feststecken und anheften. Vorderteilblenden in der hinteren Mitte flach zusammennähen und wie den Saum nach innen kippen und anheften; dabei die Vorderteilblende am Saum glattziehen. Armausschnittblenden am Unterarmpunkt zusammennähen und genauso wie die Vorderteilblenden anheften. Die 3 freien Seiten des Taschenfutters an die Rückseite der Vorderteile heften. Die glatte Hälfte der Taschenblenden nach innen einschlagen und anheften. Die Seiten der Taschenblenden annähen. Danach werden die Bordüren leicht gedämpft.

REGENWEIBLEIN

Mädchen mit Regenschirmen und Gummistiefeln bilden das Muster dieser lustigen Jacke mit dreiviertellangen Ärmeln.

Material

Garn
Nehmen Sie für dieses Modell ein 2fädiges Shetlandgarn.

Garn A 150 g (Beige)
Garn B 50 g (Rot)
Garn C 50 g (Gelb)
Garn D 75 g (Schwarz)
Garn E 25 g (Blasses Orange)
Garn F 25 g (Blattgrün)
Garn G 25 g (Kräftiges Blau)

Stricknadeln
Je ein Paar Stricknadeln Nr. 3½ und Nr. 2½; 5 Knöpfe

Größen 36 und 38/40

Bei unterschiedlichen Angaben: Größe 38/40 in Klammern (siehe auch Schnittschema S. 123)

Maschenprobe
31 M und 32 R = 10 × 10 cm im Einstrickmuster mit Nadeln Nr. 3½

Rückenteil

Mit Nadeln Nr. 2½ und Garn D 124 (128) M anschl. 5 cm im Rippenmuster (1 M r, 1 M l) arbeiten, dabei in der letzten Rückreihe wie folgt zun.: 2 M im Rippenmuster, * 9 (8) M Rippenmuster, zweimal im Rippenmuster in die nächste M einstechen; von * an 11 (13)mal wiederholen, 2 M Rippenmuster = 136 (144) M. Mit Nadeln Nr. 3½ glatt rechts im Einstrickmuster nach der Strickschrift arbeiten, wobei die ungeraden (rechtsgestrickten) R von rechts nach links und die geraden (linksgestrickten) R von links nach rechts gelesen werden. Das Muster in den rechtsgestrickten R wie folgt aufteilen: *Für Größe 36* M 1−28 4mal wiederholen, dann 1mal M 1−24 stricken; *für Größe 38/40* M 1−28 5mal wiederholen, dann 1mal M 1−4 stricken. Linksgestrickte R gegengleich arbeiten. Im Muster fortfahren bis zur vollendeten 72. R der Strickschrift und einer Gesamtlänge von ca. 28 cm.

Armausschnitte: Im Muster je 8 M zu Beginn der nächsten 2 R abk. Dann 10mal beidseitig in jeder R 2 M r zus.str. = 100 (108) M. Gerade hocharbeiten bis zur vollendeten 62. (66.) R des 2. Rapports und einer Gesamthöhe von ca. 47 (48) cm.

Schulterschrägung: Im Muster je 6 M zu Beginn der nächsten 4 R abk. Dann je 6 (7) M zu Beginn der folgenden 6 R abk. Die restlichen 40 (42) M in der Mitte teilen und beide Hälften auf eine Hilfsnadel legen.

Vorderteile

Linkes Vorderteil

Mit Nadeln Nr. 2½ und Garn D 56 (58) M anschl.
5 cm im Rippenmuster arbeiten, dabei in der
letzten Rückreihe wie folgt zun.: 1 M im Rippenmuster, * 8 (6) M Rippenmuster, zweimal im
Rippenmuster in die nächste M einstechen; von
* an 5 (7)mal wiederholen, 1 M Rippenmuster
= 62 (66) M.
Mit Nadeln Nr. 3½ glatt rechts im Einstrickmuster nach der Strickschrift arbeiten. Das Muster
in den rechtsgestrickten R wie folgt aufteilen:
Für Größe 36 M 1–28 2mal wiederholen, dann
1mal M 1–6 arbeiten; *für Größe 38/40* M 1–28
2mal wiederholen, dann 1mal M 1–10 stricken.
Linksgestrickte R gegengleich arbeiten. Im Muster bis zur vollendeten 64. R der Strickschrift
und einer Gesamthöhe von ca. 25 cm fortfahren.

Hals- und Armausschnitt: Im Muster * in der
nächsten Hinreihe bis zu den 2 letzten M strik-
ken; 2 M r zus.str. 3 R gerade hocharbeiten *.
Von * bis * 1mal wiederholen = 60 (64) M. An
der Halskante weiterhin in jeder 5. R nach der 1.
Abnahme 1 M abk. und *gleichzeitig* an der
Armausschnittkante 8 M zu Beginn der nächsten R (R 1 des 2. Rapports) abk. Dann an der
Armausschnittkante in den folgenden 10 R je 2
M r zus.str. Nun die Armkante gerade hocharbeiten, aber an der Halskante weiterhin in jeder
5. R wie zuvor abn., bis 30 (33) M übrigbleiben.
Dann im Muster gerade hocharbeiten bis zur
vollendeten 62. (66.) R des 2. Rapports und
einer Gesamthöhe von ca. 47 (48) cm.
Schulterschrägung: Je 6 M zu Beginn der
nächsten und jeder folgenden 2. R abk.; dann
3mal 6 (7) M zu Beginn jeder 2. R abk.

Rechtes Vorderteil

Wie das linke Vorderteil stricken, jedoch den
Hals- und Armausschnitt sowie die Schulterschrägung gegengleich arbeiten.

Ärmel

Mit Nadeln Nr. 2½ und Garn D 64 M anschl. 7
cm im Rippenmuster arbeiten, dabei in der
letzten Rückreihe wie folgt zun.: 10 M im Rippenmuster, zweimal im Rippenmuster in jede
der nächsten 44 M einstechen, 10 M Rippenmuster = 108 M.
Mit Nadeln Nr. 3½ glatt rechts im Einstrickmuster nach der Strickschrift arbeiten. Das Muster
in den rechtsgestrickten R wie folgt aufteilen:
Für beide Größen M 1–28 3mal wiederholen,
dann die r mit M 1–24 beenden. Linksgestrickte
R gegengleich arbeiten. Im Muster fortfahren
bis zur vollendeten 72. R des 1. Rapports und
einer Gesamthöhe von ca. 29 cm.
Armkugel: Im Muster je 8 M zu Beginn der
nächsten 2 R abk. Dann beidseitig in der nächsten und in jeder folgenden 2. R insgesamt
10mal 2 M r zus.str. = 72 M. Nun 20 (24) R
gerade hocharbeiten, dann beidseitig in der

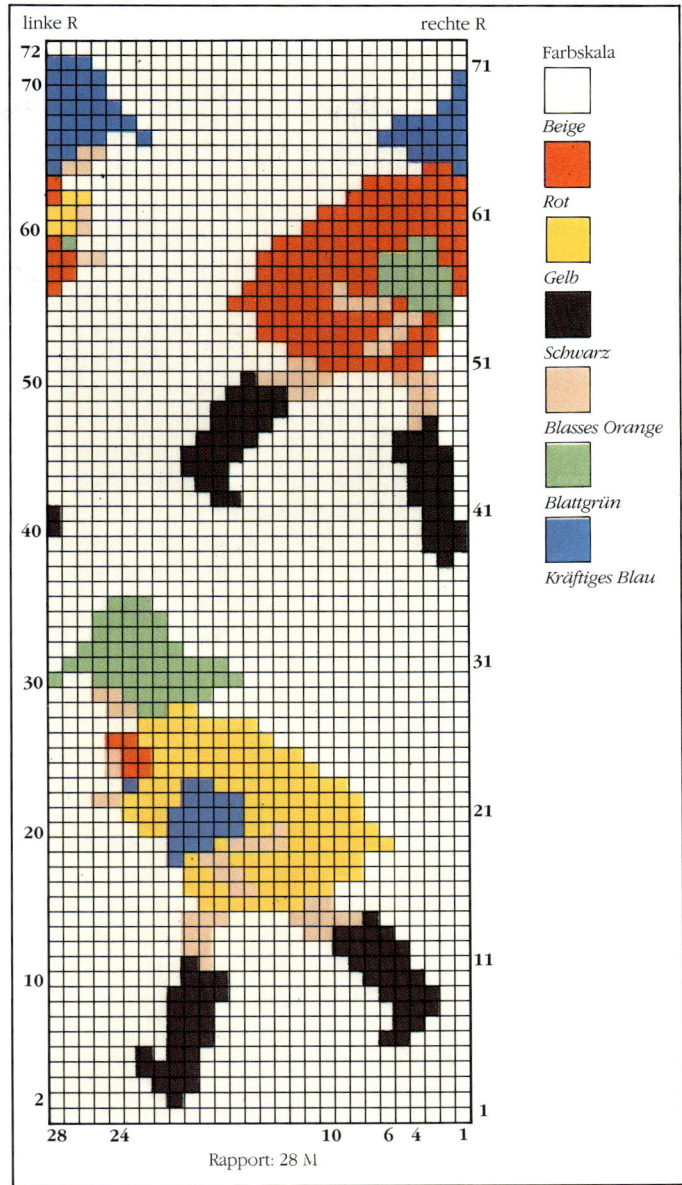

nächsten und jeder folgenden 2. R insgesamt
6mal 2 M r zus.str. = 60 M. Nun am Ende der
folgenden 10 R je 2 M r zus.str. = 40 M. Alle M
abk. Diese weite Ärmelkante wird bei der Fertigstellung gefältelt in den Armausschnitt eingesetzt.
Schulternähte schließen.

Vordere Blenden

Rechtes Vorderteil

Mit Nadeln Nr. 2½ und Garn D, an der Saumkante beginnend, auf der rechten Seite der
Arbeit 93 M aus der vorderen Öffnungskante bis
zum Beginn des Halsausschnittes, dann 99
(103) M aus der Halskante bis zur hinteren
Mitte aufnehmen, einschl. der 20 (21) M der 1.
Hilfsnadel in der hinteren Mitte = 192 (196) M.
3 R im Rippenmuster arbeiten.
Knopflöcher: In der 4. R 5 Knopflöcher wie
folgt einarbeiten: 4 M im Rippenmuster, * 3 M
abk., 18 M Rippenmuster; von * an 3mal wieder-

holen, 3 M abk., bis zum Ende im Rippenmuster
stricken. In der 5. R im Rippenmuster zurückstricken, dabei die 3 abgeketteten M jeweils an
den gleichen Stellen wieder anschl. Weitere 3 R
im Rippenmuster arbeiten. Alle M abk.

Linkes Vorderteil

Wie das rechte Vorderteil stricken, aber in der
hinteren Mitte der Halskante mit den 20 (21) M
der 2. Hilfsnadel beginnen und bis zur Saumkante weiterarbeiten. Die Knopflöcher weglassen.

Fertigstellung

Alle Teile leicht von links dämpfen, dabei die
Rippen aussparen. Rippen, Seiten- und Ärmelnähte schließen. Ärmel im Armausschnitt in 3
Falten zu beiden Seiten der Schulternaht feststecken und einnähen. Nähte leicht von links
dämpfen. Knöpfe, den Knopflöchern entsprechend, an die linke vordere Blende nähen.

KATZENKINDER

Eine leichte Baumwollweste in hellen Farbtönen mit einem originellen Katzendesign.
Der Rücken ist im Rippenmuster gearbeitet.

Material

Garn
Nehmen Sie für dieses Modell ein Baumwoll-garn.

Garn A   250 g (Blaßgrau)
Garn B   150 g (Ecru)
Garn C   50 g (Pink)
Garn D   50 g (Blaßlila)
Garn E   50 g (Braun)
Garn F   50 g (Schwarz)

Stricknadeln
Je ein Paar Stricknadeln Nr. 3½, Nr. 3 und Nr. 2½; 5 Knöpfe (Ø 1,5 cm)

Größen 36, 38/40 und 42/44

Bei unterschiedlichen Angaben: Größen 38/40 und 42/44 in Klammern (siehe auch Schnitt-schema S. 123)

Maschenprobe
32 M und 32 R = 10 × 10 cm im Einstrickmuster mit Nadeln Nr. 3½

Vorderteile

Linkes Vorderteil
Mit Nadeln Nr. 2½ und Garn A 64 (70/76) M anschl. 5 cm im Rippenmuster (1 M r, 1 M l) arbeiten, dabei beidseitig in der letzten Rück-reihe 1 M zun. = 66 (72/78) M.
Mit Nadeln Nr. 3½ glatt rechts im Einstrick-muster nach der Strickschrift arbeiten, wobei die ungeraden (rechtsgestrickten) R von rechts nach links und die geraden (linksgestrickten) R von links nach rechts gelesen werden. Das Muster in den rechtsgestrickten R wie folgt aufteilen: *Für Größe 36* M 15–20 zu Beginn der R stricken, dann M 1–20 3mal wiederholen; *für Größe 38/40* M 9–20 1mal stricken, dann M 1–20 3mal wiederholen; *für Größe 42/44* M 3–20 1mal arbeiten, dann M 1–20 3mal wieder-holen. Linksgestrickte R gegengleich fertigen. Im Muster bis zur vollendeten 22. R der Strick-schrift arbeiten.
Tasche: Die Tasche in der 23. R wie folgt einarbeiten: Die ersten 19 (20/21) M der R stricken, die nächsten 28 (32/36) M abk., dann im Muster über die letzten 19 (20/21) M arbei-ten. In der nächsten R (R 24) die ersten 19 (20/21) M der R stricken, dann die 28 (32/36) abgeketteten M der Vorreihe wieder anschl.

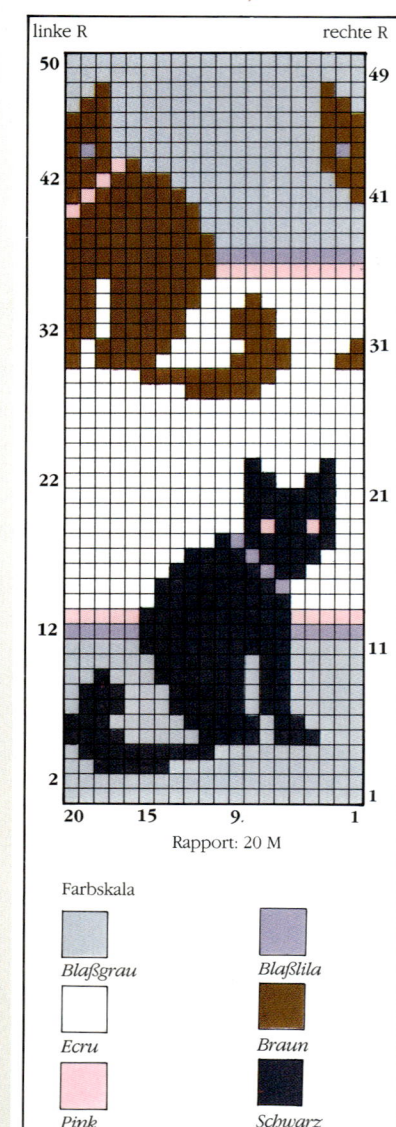

linke R   rechte R

Rapport: 20 M

Farbskala

Blaßgrau   Blaßlila

Ecru   Braun

Pink   Schwarz

und im Muster über die restlichen 19 (20/21) M stricken. Gerade hocharbeiten bis zur vollen-deten 26. (30./34.) R des 2. Rapports und einer Gesamthöhe von ca. 29 (30/31) cm.
Arm- und Halsausschnitt: 8 (10/12) M zu Beginn der nächsten R abk., dann bis zu den letzten 2 M stricken; 2 M r zus.str. An der Armkante in den nächsten 17 R je 1 M abn.; dann gerade hocharbeiten. *Gleichzeitig* an der Hals-ausschnittkante, in jeder 4. R nach der 1. Abnah-me in R 27, 1 M abk., bis 26 (28/30) M übrigblei-

ben. Dann bis zu einer Gesamthöhe von ca. 52 (55/57) cm gerade hocharbeiten. (Nach Been-digung des 3. Rapports die restlichen R mit Garn A stricken, kein neues Muster an der Schulterkante beginnen.)
Schulterschrägung: Mit Garn A 10 M zu Be-ginn der nächsten Hinreihe abk. Dann je 8 (9/10) M zu Beginn jeder 2. R abk.

Rechtes Vorderteil
Wie das linke Vorderteil stricken, jedoch die Tasche, Arm- und Halsausschnitt sowie die Schulterschrägung gegengleich arbeiten.

Rückenteil

Mit Nadeln Nr. 2½ und Garn A 128 (140/152) M anschl. 5 cm im Rippenmu-ster arbeiten, dabei in der letzten Rückreihe zun., indem Sie zweimal in jede 32. (35./38.) M einstechen — insgesamt 4mal = 132 (144/152) M
Mit Nadeln

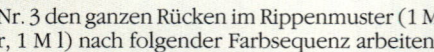

Nr. 3 den ganzen Rücken im Rippenmuster (1 M r, 1 M l) nach folgender Farbsequenz arbeiten:
R 1: Garn B
R 2: Garn D
R 3: Garn A

In dieser Farbfolge gerade hocharbeiten, bis der Rücken von der Anschlagkante bis zum Armausschnitt die gleiche Länge wie das Vorderteil hat = ca. 29 (30/31) cm.
Armausschnitte: Je 3 (4/6) M zu Beginn der nächsten 2 R abk. Dann beidseitig in jeder R 2 M r zus.str., bis 100 (104/110) M übrigbleiben. Gerade hocharbeiten, bis der Rücken bis zur Schulterschräung die gleiche Länge wie das Vorderteil hat = ca. 52 (55/57) cm.
Schulterschräung: Je 9 (10/10) M zu Beginn der nächsten Hinreihe und der folgenden R abk. Dann je 9 (9/10) M zu Beginn der nächsten 4 R abk. Die restlichen 46 (48/50) M in der Mitte teilen und beide Hälften auf eine Hilfsnadel legen.
Schulternähte schließen.

Vordere Blenden

Rechtes Vorderteil

Mit Nadeln Nr. 2½ und Garn A, an der Saumkante beginnend, 97 (101/105) M aus der rechten vorderen Öffnungskante bis zum Beginn des Halsausschnittes, dann 80 (84/88) M bis zur hinteren Armausschnittmitte, einschl. der 23 (24/25) M der 1. Hilfsnadel aufnehmen. 3 R im Rippenmuster stricken.
Knopflöcher: In der 4. R des Rippenmusters 5 Knopflöcher wie folgt einarbeiten: 4 M im Rippenmuster, * 3 M abk., 19 (20/21) M Rippenmuster; von * an 3mal wiederholen, dann 3 M abk. und bis zum Ende der R im Rippenmuster stricken. R 5 im Rippenmuster zurückstricken, dabei die 3 abgeketteten M jeweils an den gleichen Stellen wieder anschl. 4 weitere R im Rippenmuster arbeiten. Mit Garn D noch 1 R Rippenmuster stricken. Im Rippenmuster mit Garn D alle M abk.

Linkes Vorderteil

In der hinteren Halsausschnittmitte beginnend, mit Nadel Nr. 2½ und Garn A die ersten 23 (24/25) M der Hilfsnadel stricken, dann 57 (60/63) M bis zum Beginn des Halsausschnittes und weitere 97 (101/105) M bis zur Saumkante aufnehmen. Wie die rechte Blende, jedoch ohne Knopflöcher, arbeiten.

Armausschnittblenden

Auf der rechten Seite der Arbeit mit Nadeln Nr. 2½ und Garn A 145 (153/161) M aus dem Armausschnitt aufnehmen. 10 R Rippenmuster stricken. Mit Garn D noch 1 R Rippenmuster arbeiten. Mit Garn D im Rippenmuster abk. Die zweite Blende genauso fertigen.

Taschen

Taschenblenden

Auf der rechten Seite der Arbeit mit Nadeln Nr. 2½ und Garn A 28 (32/36) M aus der unteren abgeketteten Taschenschlitzkante aufnehmen. 11 R im Rippenmuster wie bei der linken Vorderteilblende arbeiten. Die zweite Taschenblende genauso fertigstellen.

Taschenfutter

Arbeit mit der Oberseite nach unten halten und auf der rechten Seite mit Nadeln Nr. 3 und Garn A 28 (32/36) M aus der Anschlagkante hinter der Taschenblende aufnehmen. 7 cm glatt rechts arbeiten, dabei mit einer R l M beginnen. Alle M abk. Das zweite Taschenfutter genauso fertigen.

Fertigstellung

Vorderteile und Rücken leicht von links dämpfen, dabei die Rippen aussparen. Seitennähte schließen. Rippen in der hinteren Mitte und Unterarmpunkte schließen. Das Taschenfutter auf der linken Seite der Weste anheften und die Taschenblenden festnähen. 5 Knöpfe, den Knopflöchern entsprechend, an die linke vordere Blende nähen.

FOXTERRIER

Pullover, Weste, Mütze, Stulpen für Sie und Ihn mit dem originellen kleinen Hundedesign in harmonierenden Farben. Die klassische Weste wird mit einer Zopfbordüre eingefaßt.

Strickschrift A

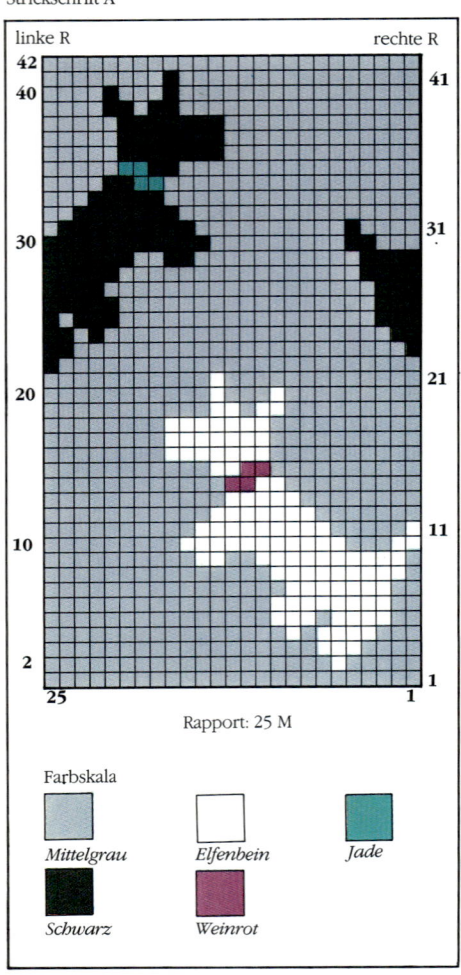

linke R   rechte R

Rapport: 25 M

Farbskala

Mittelgrau   Elfenbein   Jade

Schwarz   Weinrot

Rd 1: Garn A
Rd 2: Garn D
Rd 3: Garn B
Rd 1–3 wiederholen, mit einer Rd in Garn B enden. Mit Garn A in der nächsten R wie folgt zun.: 35 M r, in jede der nächsten 90 M 2mal r einstechen, 35 M r = 250 M.
Mit Nadeln Nr. 3½ das Strickmuster nach der Strickschrift in Rd arbeiten, wobei *jede* gestrickte R von rechts nach links gelesen wird. M 1–25 10mal in der Rd wiederholen. Im Muster fortfahren bis zur vollendeten 21. R des 2. Rapports.
Mütze: Nun wieder nach der 3farbigen Streifenfolge wie zuvor arbeiten (Garn A, D und B); dabei wie folgt abn.:
Rd 1: (Garn A) * 8 M r, 1 M abh., 1 M r, die abgeh. M über die abgestr. ziehen; von * an rundum wiederholen.
2 Rd gerade arbeiten (Garn D und B).
Rd 4: (Garn A) * 7 M r, 1 M abh., 1 M r, die abgeh. M über die abgestr. ziehen; von * an rundum wiederholen (200 M).
2 Rd gerade arbeiten (Garn D und B).
Rd 7: (Garn A) * 6 M r, 1 M abh., 1 M r, die abgeh. M über die abgestr. ziehen; von * an rundum wiederholen (175 M).
Weiterhin in jeder 3. Rd auf diese Weise abn. bis zur Rd * 2 M r, 1 M abh., 1 M r, die abgeh. M über die abgestr. ziehen; von * an bis zum Ende wiederholen (50 M). In der nächsten Rd rundum 2 M r zus.str. = 25 M. 2 Rd gerade arbeiten. Diese letzten 3 Rd zweimal wiederholen. Faden abschneiden, dabei ein 15 cm langes Ende übriglassen. Fadenende durch die restlichen M führen, anziehen und sichern.

Fertigstellung

Mütze leicht von links dämpfen, dabei die Rippen aussparen. Geripptes Mützenband zur Hälfte nach innen einschlagen und die Innenseite locker an die Mütze heften, so daß die Stiche sich beim Aufsetzen dehnen können.

Material: Stulpen

Garn

Nehmen Sie für die Stulpen ein 2fädiges Shetlandgarn.
Garn A   100 g (Mittelgrau)
Garn B   75 g (Schwarz)
Garn C   50 g (Elfenbein)
Garn D   25 g (Weinrot)
Garn E   25 g (Jade)

Stricknadeln

Je ein Paar Stricknadeln Nr. 3½ und Nr. 2½; Hutgummi (1,5 mm stark)

Größen

Einheitsgröße (siehe auch Schnittschema S. 123)

Maschenprobe

32 M und 32 R = 10 × 10 cm im Einstrickmuster mit Nadeln Nr. 3½

Unteres Bündchen

Mit Nadeln Nr. 2½ und Garn B 125 M anschl. 10 cm im Rippenmuster (1 M r, 1 M l) arbeiten. Mit Garn D noch 2 R Rippenmuster stricken.
Mit Nadeln Nr. 3½ glatt rechts im Einstrickmuster nach der Strickschrift arbeiten, wobei die ungeraden (rechtsgestrickten) R von rechts nach links und die geraden (linksgestrickten) R von links nach rechts gelesen werden. M 1–25 5mal in den R wiederholen. Im Muster gerade hocharbeiten bis zur vollendeten 42. R des 2. Rapports. (Für längere Stulpen die 42 R des Rapports nochmals arbeiten.) Mit Garn D 2 R im Rippenmuster, dann mit Garn B weitere 10 cm Rippenmuster stricken. Mit Garn D alle M im Rippenmuster abk. Den zweiten Stulpen genauso arbeiten.

Fertigstellung

Beide Teile leicht von links dämpfen, dabei die Rippen aussparen. Rückwärtige Naht jeweils schließen. Gummi zuschneiden und in die Ober- und Unterkante der Stulpen einziehen; die Enden sichern. Für weite Stulpen den Gummi nur oben einziehen.

Material: Mütze

Garn

Nehmen Sie für dieses Modell ein 2fädiges Shetlandgarn.
Garn A   50 g (Mittelgrau)
Garn B   25 g (Schwarz)
Garn C   25 g (Elfenbein)
Garn D   25 g (Weinrot)
Garn E   25 g (Jade)

Stricknadeln

Je ein Nadelspiel *oder* 1 Rundstricknadel Nr. 3½ und 1 Nadelspiel *oder* 1 Rundstricknadel Nr. 2½

Größen

Einheitsgröße (siehe auch Schnittschema S. 123)

Maschenprobe

32 M und 32 R = 10 × 10 cm im Einstrickmuster mit Nadeln Nr. 3½

Mützenband

In Runden stricken. Mit Nadeln Nr. 2½ und Garn B 160 M anschl. (je 53 M auf 2 Nadeln und 54 M auf der 3. Nadel des Nadelspiels). 11 cm im Rippenmuster (1 M r, 1 M l) nach folgender Farbsequenz arbeiten:

Strickschrift B

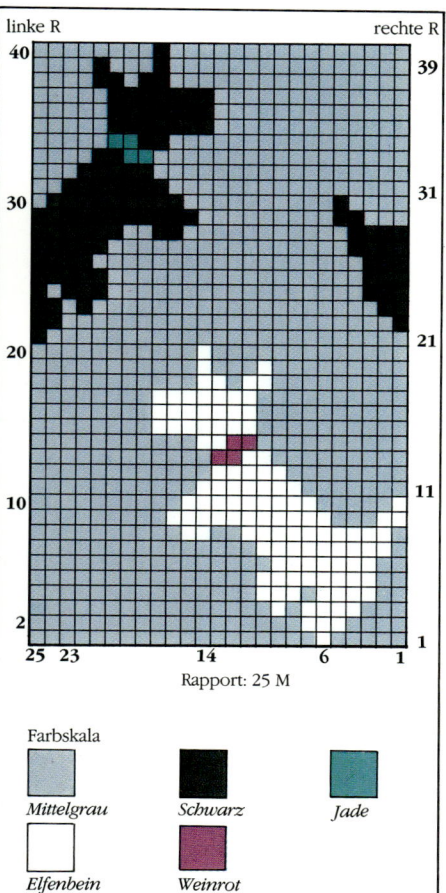

linke R   rechte R

Rapport: 25 M

Farbskala

Mittelgrau   Schwarz   Jade

Elfenbein   Weinrot

Material: Pullover

Garn

Nehmen Sie für dieses Modell ein 2fädiges Shetlandgarn. Verschiedene Größen erfordern verschiedene Mengen des Hauptgarnes.
Garn A 225 (250/250/250) g (Mittelgrau)
Garn B   100 g (Schwarz)
Garn C   75 g (Elfenbein)
Garn D   25 g (Weinrot)
Garn E   25 g (Jade)

Stricknadeln

Je ein Paar Stricknadeln Nr. 3½, Nr. 2½ und Nr. 2; 1 Nadelspiel Nr. 2½

Größen 38/40, 42, 44 und 46

Bei unterschiedlichen Angaben: Größen 42, 44 und 46 in Klammern (siehe auch Schnittschema S. 123)

Maschenprobe

32 M und 32 R = 10 × 10 cm im Einstrickmuster mit Nadeln Nr. 3½

Rückenteil

** Mit Nadeln Nr. 2 (2/2½/2½) und Garn B 132 (136/144/152) M anschl. 5 cm im Rippenmuster (1 M r, 1 M l) arbeiten, dabei in der letzten Rückreihe wie folgt zun.: 2 (8/2/6) M im Rippenmuster, * 7 (5/6/6) M Rippenmuster, zweimal im Rippenmuster in die nächste M einstechen; von * an 15 (19/19/19)mal wiederholen, dann 2 (8/2/6) M Rippenmuster = 148 (156/164/172) M.
Mit Nadeln Nr. 3½ glatt rechts im Einstrickmuster nach der Strickschrift arbeiten, wobei die ungeraden (rechtsgestrickten) R von rechts nach links und die geraden (linksgestrickten) R von links nach rechts gelesen werden. Das Muster in den rechtsgestrickten R wie folgt aufteilen: *Für Größe 38/40* M 1–25 5mal wiederholen, dann die R mit M 1–23 beenden; *für Größe 42* M 1–25 6mal wiederholen, dann 1mal M 1–6 arbeiten; *für Größe 44* M 1–25 6mal arbeiten, dann 1mal M 1–14 stricken; *für Größe 46* M 1–25 6mal arbeiten, dann 1mal M 1–22 stricken. Linksgestrickte R gegengleich arbeiten. Im Muster fortfahren bis zur vollendeten 2. (6./10./14.) R des 4. Rapports und einer Gesamthöhe von ca. 43 (44/45/48) cm.
Armausschnitte: Im Muster je 12 (12/14/16) M zu Beginn der nächsten 2 R abk. ** Dann gerade hocharbeiten bis zur vollendeten 28. (36./4./12.) R des 5. (5./6./6.) Rapports und einer Gesamthöhe von ca. 63 (66/70/71) cm.
Schulterschrägung: Im Muster je 14 (16/17/16) M zu Beginn der nächsten 2 R abk. Dann je 13 (13/13/14) M zu Beginn der nächsten 4 R abk. Die restlichen 44 (48/50/52) M auf eine Hilfsnadel legen.

Vorderteil

Wie den Rücken von ** bis ** arbeiten = 124 (132/136/140) M.
Halsausschnitt: Für den V-Ausschnitt die M wie folgt teilen: In der nächsten R auf der rechten Seite der Arbeit das Muster über die ersten 60 (64/66/68) M der R stricken, 2 M r zus.str. und wenden; die restlichen M auf eine Hilfsnadel nehmen. Im Muster über diese ersten M stricken, dabei an der Halskante in der nächsten und jeder folgenden 3. R 1 M abn., bis 40 (42/43/44) M übrigbleiben. Dann bis zur vollendeten 28. (36./4./12.) R des 5. (5./6./6.) Rapports und einer Gesamthöhe von ca. 63 (66/70/71) cm gerade hocharbeiten.
Schulterschrägung: Im Muster 14 (16/17/16) M zu Beginn der nächsten R abk., dann 2mal 13 (13/13/14) M zu Beginn jeder folgenden 2. R abk. Mit neuem Faden die 64 (66/68/70) M an der linken Halskante weiterstricken; 2 M zus.str. und im Muster bis zum Ende der R arbeiten. Linke Hals- und Schulterseite wie die rechte, jedoch mit gegengleicher Formung, beenden.

Ärmel

Mit Nadeln Nr. 2½ und Garn B 56 (60/64/70) M anschl. 9 cm im Rippenmuster stricken, dabei in der letzten Rückreihe wie folgt zun.: * 6 (4/7/13) M im Rippenmuster, zweimal im Rippenmuster in die nächste M einstechen; von * an 7 (11/7/4)mal wiederholen = 64 (72/72/75) M.
Mit Nadeln Nr. 3½ glatt rechts nach der Strick-

schrift arbeiten. Das Muster in den rechtsge- strickten R wie folgt aufteilen: *Für Größe 38/40* M 1–25 2mal wiederholen, dann 1mal M 1–14 stricken; *für Größe 42 und 44* M 1–25 2mal wiederholen, dann 1mal M 1–22 stricken; *für Größe 46* M 1–25 3mal wiederholen. Linksge- strickte R gegengleich arbeiten. Im Muster fort- fahren, dabei *gleichzeitig* beidseitig in der 5. (7./5./3.) und jeder folgenden 4. R 1 M zun., bis 132 (136/140/147) M auf der Nadel sind. Die Extramaschen sofort ins Muster aufnehmen. Nun bis zur vollendeten 24. (28./32./32.) R des 4. Rapports und einer Gesamthöhe von ca. 54 (55/56/56) cm gerade hocharbeiten. Alle M zu- gleich abk.; diese Kante sollte ca. 41 (43/46/48) cm lang sein.

Halsausschnittblende

Schulternähte schließen. Mit dem Nadelspiel und Garn B, an der linken Schulternaht begin- nend, 60 (64/68/72) M aus der linken Halskante aufnehmen, 1 M aus der Mitte r stricken, dann 59 (63/67/71) M aus der rechten Halskante auf- nehmen und die 44 (48/50/52) M der Hilfsnadel stricken = 164 (176/186/196) M. 11 Rd im Rip- penmuster (1 M r, 1 M l) arbeiten, dabei in jeder Rd zu beiden Seiten der vorderen Mitte 1 M abk. Mit Garn D 1 Rd Rippenmuster stricken, dabei wie zuvor abk. Im Rippenmuster mit Garn D abk., dabei noch einmal zu beiden Seiten der vorderen Mitte 2 M zus.str.

Fertigstellung

Alle Teile leicht von links dämpfen, dabei die Rippen aussparen. Seiten- und Unterarmnähte schließen, dabei oben jeweils 4 (4/5/5) cm of- fenlassen. Obere abgekettete Ärmelkante im Armausschnitt und die beiden offenen Teile der Ärmelnaht unten an der Armausschnittkan- te feststecken. Ärmel einnähen. Nähte leicht von links dämpfen.

FOXTERRIER

Material: Weste

Garn
Nehmen Sie für dieses Modell ein 2fädiges Shetlandgarn.

Garn A   125 g (Blaßgrau)
Garn B   125 g (Weiß)
Garn C   50 g (Schwarz)
Garn D   25 g (Weinrot)
Garn E   25 g (Jade)

Stricknadeln
Je ein Paar Stricknadeln Nr. 3½, Nr. 3, Nr. 2½; 1 Zopfnadel; 4 Knöpfe

Größen 38/40/42

Einheitsgröße (siehe auch Schnittschema S. 123)

Maschenprobe
32 M und 32 R = 10 × 10 cm im Einstrickmuster mit Nadeln Nr. 3½

Rückenteil

Mit Nadeln Nr. 2½ und Garn B 140 M anschl. 10 cm im Rippenmuster (1 M r, 1 M l) arbeiten. Mit Garn A in der nächsten R wie folgt zun.: * 6 M l, zweimal l in die nächste M einstechen; von * an bis zum Ende der R wiederholen = 160 M. Mit Nadeln Nr. 3½ glatt rechts im Einstrickmuster nach der Strickschrift arbeiten, wobei die ungeraden (rechtsgestrickten) R von rechts nach links und die geraden (linksgestrickten) R von links nach rechts gelesen werden. Die rechtsgestrickten R wie folgt arbeiten: M 1−3 1mal stricken, dann M 4−28 6mal arbeiten und die R mit M 4−10 beenden. Linksgestrickte R gegengleich fertigen. Gerade hocharbeiten bis zur 40. R des 4. Rapports und einer Gesamthöhe von ca. 60 cm. Alle M zugleich abk.

Vorderteile

Linkes Vorderteil
**Mit Nadeln Nr. 2½ und Garn B 60 M anschl. 10 cm im Rippenmuster arbeiten. Mit Garn A in der nächsten Rückreihe wie folgt zun.: * 4 M l, 2mal l in die nächste M einstechen; von * an bis zum Ende der R wiederholen = 72 M **.
Mit Nadeln Nr. 3½ glatt rechts nach der Strickschrift arbeiten, dabei das Muster in den rechtsgestrickten R wie folgt aufteilen: M 11−28 1mal arbeiten, dann M 4−28 2mal und M 29−32 1mal stricken. Linksgestrickte R gegengleich fertigen. Bis zur vollendeten 22. R des 2. Rapports und einer Gesamthöhe von ca. 29 cm weiterarbeiten. Es werden keine Armausschnitte gearbeitet.
Halsausschnitt: An der Halskante in der nächsten (R 23) und jeder folgenden 3. R insgesamt 32mal 1 M abk. = 40 M. Dann gerade hocharbeiten bis zur vollendeten 40. R des 4. Rapports und einer Gesamthöhe von ca. 60 cm. Alle M zugleich abk.

Rechtes Vorderteil
Von ** bis ** wie das linke Vorderteil stricken =

72 M. Mit Nadeln Nr. 3½ glatt rechts nach der Strickschrift wie das linke Vorderteil, jedoch mit gegengleicher Formung, arbeiten.

Zopfbordüren

Vorderteile
Anmerkung: Die Anweisung »6 M Zopf« wie folgt arbeiten: Die nächsten 3 M auf eine Zopfnadel vor die Arbeit legen, 3 M r, dann die 3 M der Zopfnadel r stricken (siehe auch S. 133). Schulternähte schließen.
Mit Nadeln Nr. 3½ und Garn B 12 M anschl., dann die Zopfbordüre wie folgt arbeiten:
R 1: r M
R 2: 3 M r, 6 M l, 3 M r
R 3: r M
R 4: 3 M r, 6 M l, 3 M r
R 5: r M
R 6: 3 M r, 6 M l, 3 M r
R 7: 3 M r, 6 M Zopf, 3 M r
R 8: 3 M r, 6 M l, 3 M r
R 9: r M
R 10: 3 M r, 6 M l, 3 M r
Diese 10 R bilden das Zopfmuster. R 1−4 wiederholen.
Knopflöcher: Das 1. Knopfloch in R 5 und 6 wie folgt einarbeiten. * (R 5) 5 M r, 2 M abk., 5 M r. In R 6 3 M r, 2 M l, 2 M anschl., 2 M l, 3 M r. Dann die nächsten 28 R im Zopfmuster stricken (R 7−10, 1−10, 1−10, 1−4) *.
Von * bis * noch 2mal wiederholen. Dann das 4. Knopfloch in den nächsten 2 R (R 5 und 6 des 1. Zopfmusterrapports) einarbeiten. Nun im Zopfmuster von R 7 an gerade hochstricken, bis der Streifen — leicht gedehnt — lang genug für die rechte vordere Öffnungskante, den Halsausschnitt und die linke vordere Öffnungskante ist. Abk.

Armausschnitte
Mit Nadeln Nr. 3½ und Garn B 12 M anschl. R 1−10 des Zopfmusters wie zuvor stricken und wiederholen, bis der Streifen 51 cm mißt. Alle M abk. Die zweite Armbordüre genauso arbeiten.

Fertigstellung

Alle Teile einschl. des Zopfmusters leicht von links dämpfen, dabei die Rippen aussparen. Seitennähte 25 cm unterhalb der Schulterkante (Armausschnitt) bis zur Saumkante schließen. Vordere Zopfbordüre an den Öffnungskanten feststecken — das oberste Knopfloch sollte direkt unterhalb des Halsausschnittes an der rechten vorderen Öffnungskante liegen. Bordüre auf der linken Seite der Arbeit mit einer flachen Naht befestigen.
Armausschnittbordüre: Die Schmalseiten der Bordüre übereinanderlegen, so daß sich die linke Seite des oben liegenden Teils auf der rechten Seite des unten liegenden befindet und die beiden Enden ein »V« bilden (siehe S. 140). So feststecken, daß das »V« unten am Armausschnitt liegt. Wie zuvor festnähen. Den zweiten Armausschnitt genauso fertigstellen. Knöpfe, den Knopflöchern entsprechend, an die linke Vorderteilblende nähen.

Strickschrift C

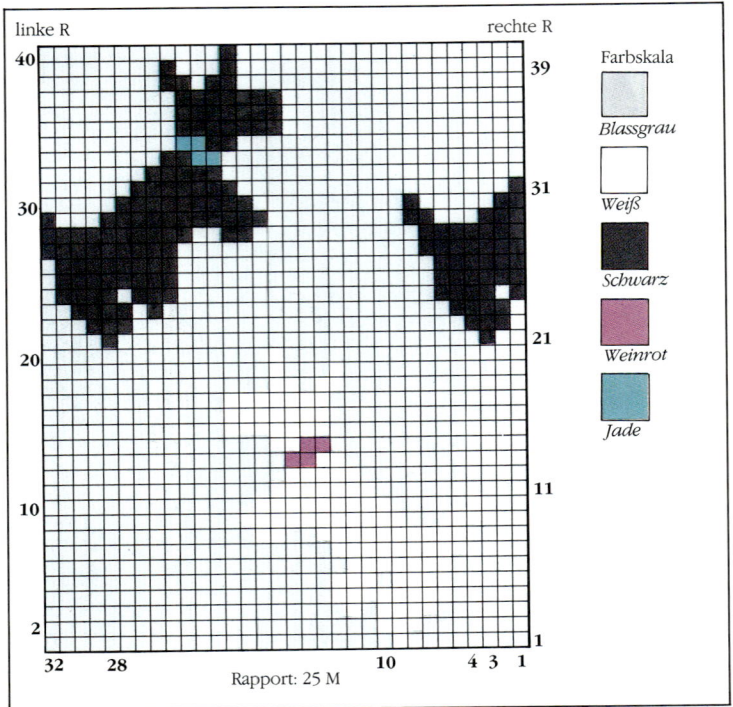

linke R   rechte R

Farbskala

Blassgrau

Weiß

Schwarz

Weinrot

Jade

Rapport: 25 M

MASSE UND GARNE

GEOMETRISCHE DESIGNS

Neben dem Schnittschema finden Sie Garnproben für die einzelnen Modelle. Die farbigen Kästchen in der jeweiligen Modellbeschreibung geben die Farbschattierung an, während es sich bei den Garnproben neben den Schnitt- schemata um Originalfarben handelt, die in manchen Fällen von der Farbschattierung abweichen können. Verschiedene Garnarten wie z.B. Mohair oder Baumwolle sind hier nicht berücksichtigt — diese Details finden Sie in der jeweiligen Modellbeschreibung.

SANDDÜNE
Größen 36/38/40 (S. 24)
A 46 cm Oberweite
B 51 cm Länge
C 31 cm Ärmellänge

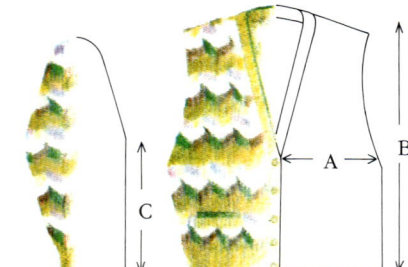

Sand

Elfenbein

Blaßlila

Mittelbraun

Perlmutt

Hellgrün

HERBST
Größen 40 und 42 (S. 20)
A 52 (54) cm Oberweite
B 86 (87) cm Länge
C 54 (54) cm Ärmellänge

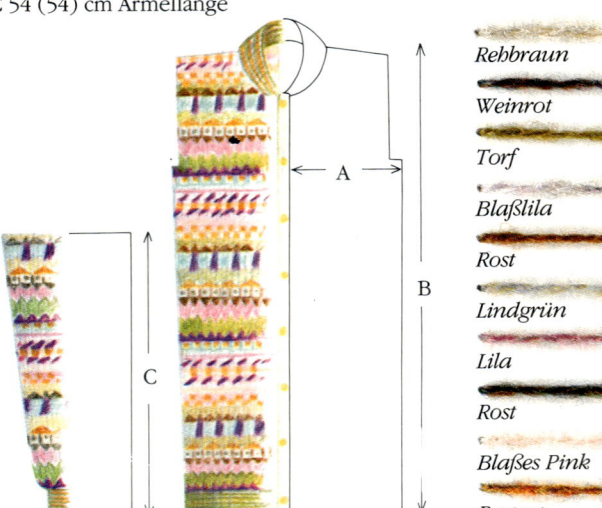

Rehbraun

Weinrot

Torf

Blaßlila

Rost

Lindgrün

Lila

Rost

Blaßes Pink

Rostrot

KUPFERGLANZ
Größen 36, 38/40 und 42/44 (S. 27)
A 43 (47/50) cm Oberweite
B 52 (54/56) cm Länge

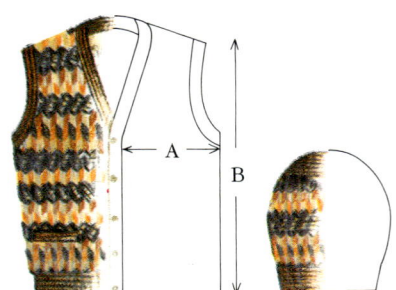

Schwarz

Kupfer

Rost

Torf

Weinrot

Mütze 33 cm von der Kuppel bis zur Hutbandkante

MALKASTEN
Größen 34, 38/40 und 44 (S. 22)
A 42 (46/51) cm Oberweite
B 58 (61/63) cm Länge

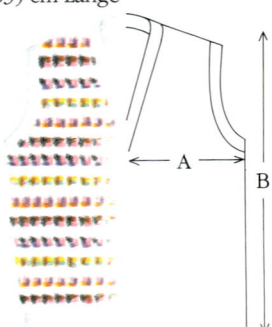

Weiß

Gelb

Braun

Blaßgrün

Pink

Rost

Mittelblau

Flaschengrün

Flieder

RIPPEN
Größen 38/40 (S. 30)
A 34 cm Oberweite
B 54 cm Länge
C 50 cm Ärmellänge

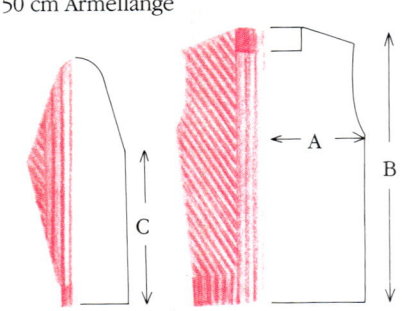

Kräftiges Pink

NOPPEN

Größen 38/40 (S. 30)
A 45 cm Oberweite
B 54 cm Länge
C 46 cm Ärmellänge

Petrolblau

QUADRATE AUF SCHWARZ

Größen 36, 38/40 und 42 (S. 36)
A 60 (62/67) cm Länge
B 43 (46/49) cm Oberweite
C 39 (43/44) cm Ärmellänge

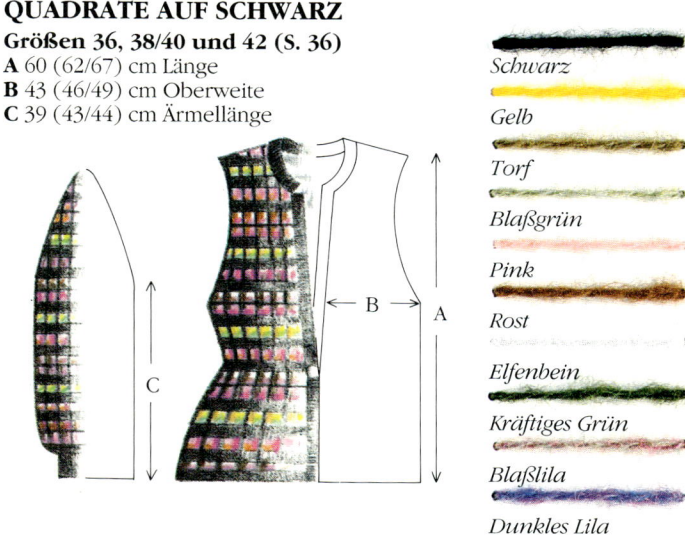

Schwarz
Gelb
Torf
Blaßgrün
Pink
Rost
Elfenbein
Kräftiges Grün
Blaßlila
Dunkles Lila

BUNTE BÄNDER

Größen 38/40 und 42 (S. 32)
A 46 (49) cm Oberweite
B 61 (62) cm Länge
C 49 (51) cm Ärmellänge

Torf
Schwarz
Rot
Grün
Taubenblau
Senf

Mütze 88 cm vom Rand bis zum Pompon

EDLES KUPFER

Größen 36, 38/40, 42/44 und 46 (S. 38)
A 44 (48/52/56) cm Oberweite
B 62 (65/68/71) cm Länge
C 49 (49/49/49) cm Ärmellänge

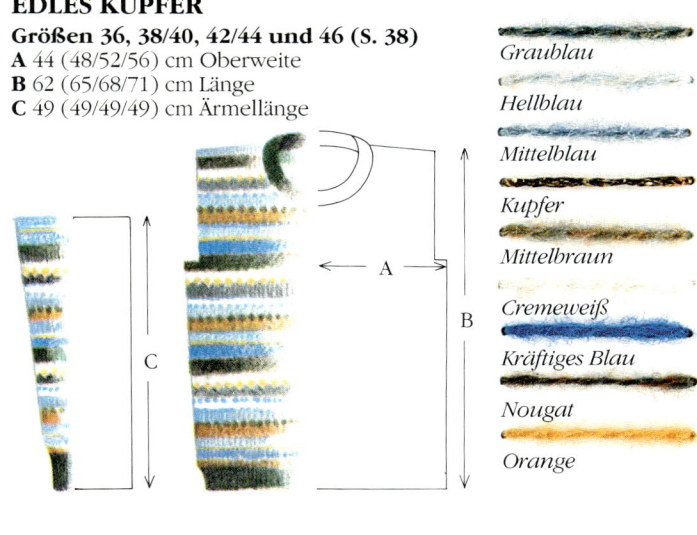

Graublau
Hellblau
Mittelblau
Kupfer
Mittelbraun
Cremeweiß
Kräftiges Blau
Nougat
Orange

SCHACHBRETT

Größen 38/40/42 und 44/46 (S. 34)
A 48 (54) cm Oberweite
B 70 (72) cm Länge
C 51 (53) cm Ärmellänge

Hellbraun
Elfenbein
Mittelbraun
Rost
Blaßlila
Graugrün
Flaschengrün
Purpur
Torf

HARMONIE

Größen 38/40, 42 und 44 (S. 40)
A 47 (50/53) cm Oberweite
B 53 (57/59) cm Länge

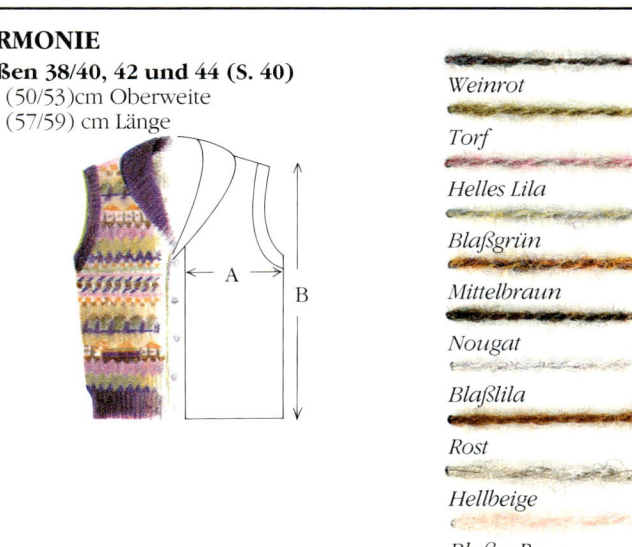

Weinrot
Torf
Helles Lila
Blaßgrün
Mittelbraun
Nougat
Blaßlila
Rost
Hellbeige
Blaßes Rosa

BLUMEN

HERBSTBLUMEN
Größen 38/40 und 42 (S. 44)
A 46 (49) cm Oberweite
B 57 (59) cm Länge
C 45 (45) cm Ärmellänge

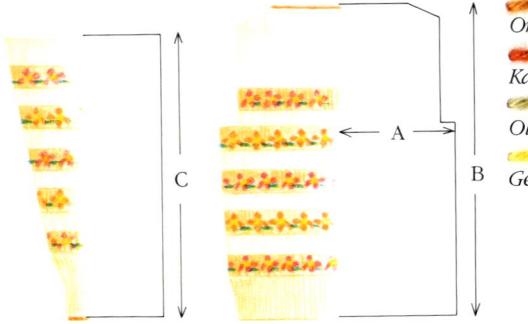

Ecru
Beige
Orange
Karmesin
Oliv
Gelb

FRÜHLINGSBLUMEN
Größen 36/38/40/42 (S. 50)
A 49 cm Oberweite
B 72 cm Länge
C 54 cm Ärmellänge

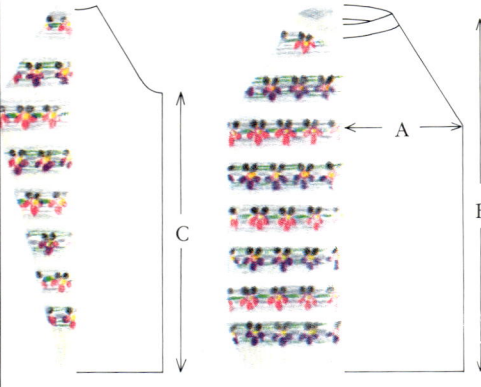

Elfenbein
Purpur
Creme
Gelb
Grasgrün
Blaßlila
Weinrot
Violett
Kräftiges Lila
Navy
Erika
Silber

IRIS
Größen 36 und 38/40 (S. 46)
A 44 (47) cm Oberweite
B 54 (55) cm Länge
C 45 (46) cm Ärmellänge

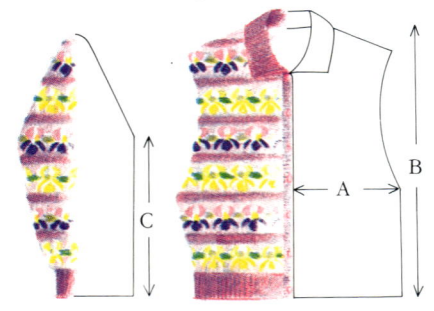

Blaßlila
Lila
Violett
Purpur
Blaßgrün
Weinrot
Blaßgelb
Gelb
Gold
Kräftiges Lila

ROSEN
Größen 36/38 und 40 (S. 52)
A 45 (47) cm Oberweite
B 59 (61) cm Länge
C 49 (49) cm Ärmellänge

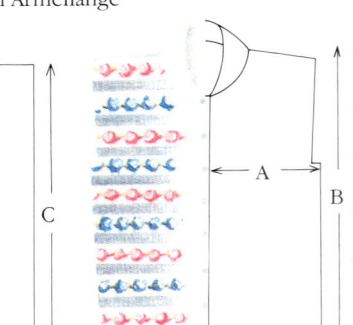

Ecru
Hellgrau
Hellblau
Mittelblau
Braun
Pink
Kräftiges Pink

RINGELBLUME
Größen 36, 38/40 und 42/44 (S. 48)
A 44 (46/50) cm Oberweite
B 54 (56/59) cm Länge

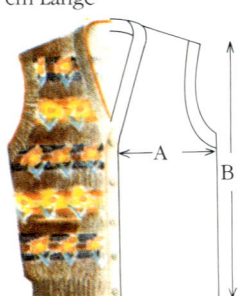

Mittelbraun
Rost
Gelb
Dunkles Orange
Kupfer
Schokolade
Hellgrün
Dunkelbraun

GÄNSEBLÜMCHEN
Größen 36, 38/40 und 42/44 (S. 54)
A 43 (47/50) cm Oberweite
B 52 (54/55) cm Länge

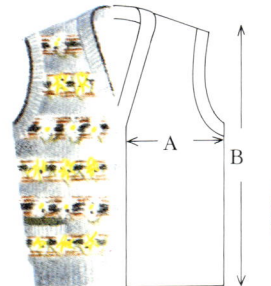

Blaßgrau
Elfenbein
Gelb
Dunkelgrau
Torf
Blaßgrün
Silber
Perlgrau

Mütze 30 cm von der Kuppel bis zum **Mützenband**

SOMMERBLUMEN
Größen 36 und 38/40 (S. 57)
A 38 (39) cm Oberweite
B 37 (38) cm Länge

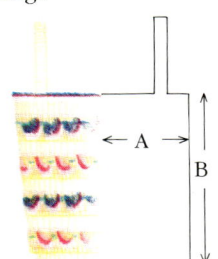

Ecru

Purpur

Mittelblau

Blaßgrün

Pink

Kräftiges Pink

Beige

KAKTUS
Größen 38, 42, 46 und 48 (S. 62)
A 45 (49/53/56) cm Oberweite
B 58 (61/63/66) cm Länge

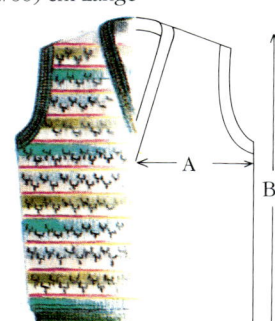

Blaugrün

Flaschengrün

Torf

Blaßgrün

Rehbraun

Beige

Blaßgrau

Senf

Dunkles Lila

Kräftiges Pink

STIEFMÜTTERCHEN
Größen 36/38/40 (S. 58)
A 46 cm Oberweite
B 53 cm Länge
C 31 cm Ärmellänge

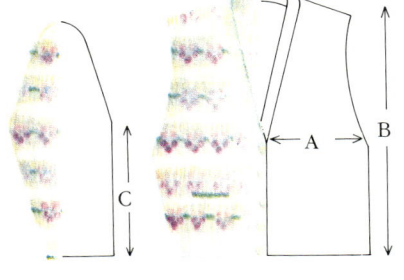

Elfenbein

Blaßgelb

Blaßlila

Puderblau

Erika

Lila

Schilfgrün

Blaßes Pink

Weiß

Silber

HOLLÄNDER
Größe 42 (S. 64)
A 52 cm Oberweite
B 67 cm Länge
C 52 cm Ärmellänge

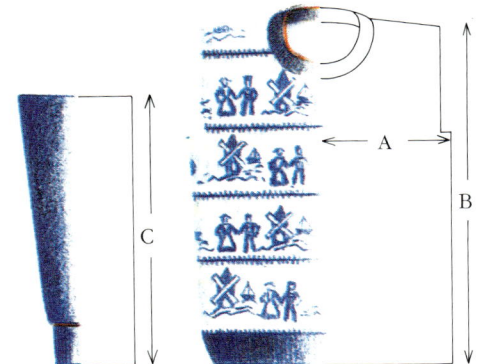

Navy

Elfenbein

Karmesin

NAVAJO
Größen 36, 38/40 und 42/44 (S. 66)
A 43 (47/50) cm Oberweite
B 57 (59/62) cm Länge

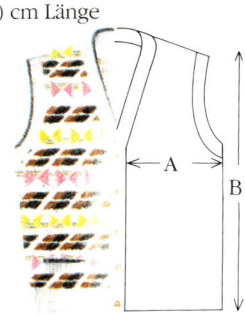

Beige

Rost

Schwarz

Senf

Blaßlila

Oliv

PIERROT

Größen 36 und 38/40 (S. 68)
A 44 (47) cm Oberweite
B 52 (54) cm Länge
C 44 (46) cm Ärmellänge

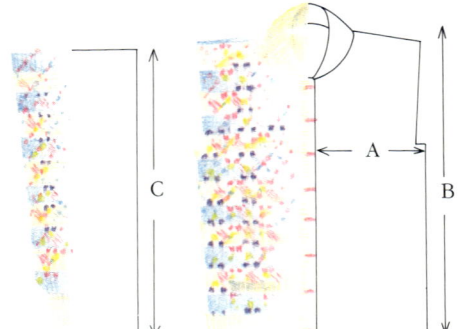

Ecru

Blaßblau

Blaßlila

Kräftiges Lila

Kräftiges Pink

Gelb

Purpur

CHITIMACHA

Größen 36/38/40 und 44/46 (S. 74)
A 45 (53) cm Oberweite
B 49 (58) cm Länge

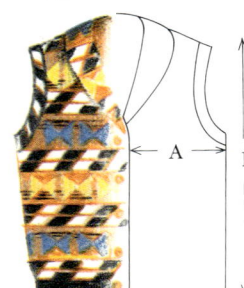

Rost

Senf

Jade

Beige

Schwarz

ZICKZACK

Größen 36, 38/40 und 42 (S. 70)
A 44 (46/48) cm Oberweite
B 62 (66/69) cm Länge
C 43 (44/45) cm Ärmellänge

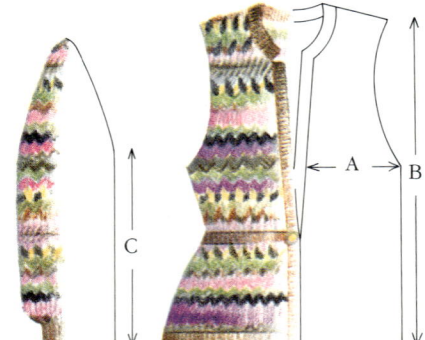

Kräftiges Lila

Oliv

Senf

Kupfer

Blaßlila

Rehbraun

Torf

Schokolade

Dunkles Lila

PORZELLAN

Größen 38/40 und 42 (S. 76)
A 46 (50) cm Oberweite
B 53 (55) cm Länge

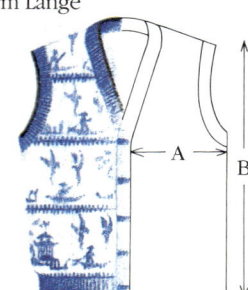

Mittelblau

Elfenbein

Navy

TOP

Größe 36 (S. 71)
A 33 cm Oberweite
B 29 cm Rückenlänge

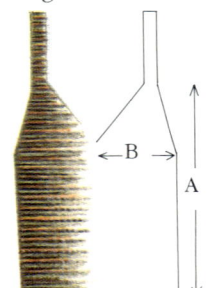

Torf

Kräftiges Lila

Kupfer

ISLAM

Größen 36, 38/40 und 42/44 (S. 78)
A 43 (47/50) cm Oberweite
B 53 (55/58) cm Länge

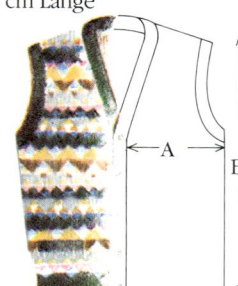

Schokolade

Torf

Weinrot

Puderblau

Elfenbein

Orange

Grau mit Orange

Helles Lila

Kräftiges Lila

BLÄTTER
Größen 36 und 38/40 (S. 80)
A 43 (46) cm Oberweite
B 55 (58) cm Länge
C 46 (47) cm Ärmellänge

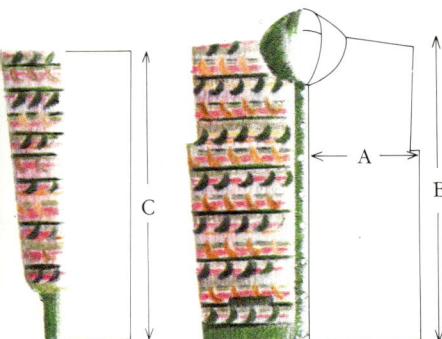

Flaschengrün

Hellbraun

Schokolade

Rost

Torf

Mittelbraun

Erika

Beige

Kräftiges Pink

Helles Rost

Senf

Blaßgrün

TERRIERPARADE
Größen 38 und 42 (S. 86)
A 45 (48) cm Oberweite
B 50 (51) cm Länge
C 30 (30) cm Ärmellänge

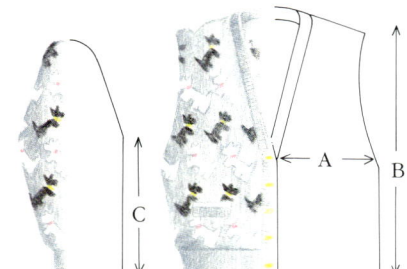

Grau

Schwarz

Weiß

Gelb

Helles Pink

MOSAIK
Größen 38/40, 44 und 48 (S. 82)
A 46 (52/57) cm Oberweite
B 60 (63/66) cm Länge

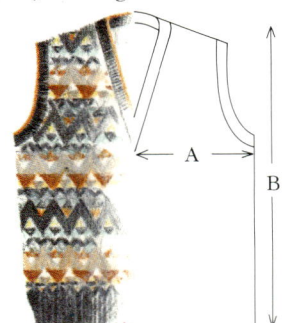

Navy

Rost

Oliv

Flaschengrün

Elfenbein

Senf

Rehbraun

Hellgrün

Orange

RENNLÄUFER
Größen 38/40 und 42 (S. 88)
A 47 (49) cm Oberweite
B 58 (60) cm Länge
C 51 (51) cm Ärmellänge

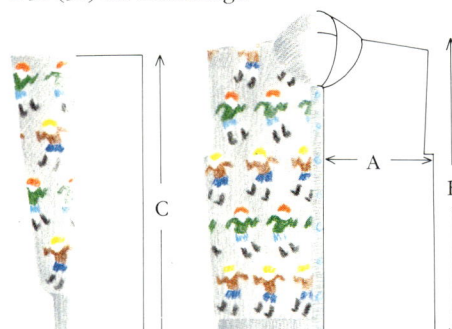

Blaßblau

Beige

Schwarz

Rot

Grün

Mittelblau

Gelb

Rost

Royalblau

TEDDYBÄR
Größen 36 und 38/40 (S. 90)
A 47 (50) cm Oberweite
B 56 (58) cm Länge

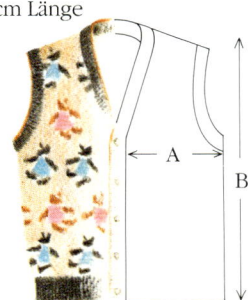

Rehbraun

Schokolade

Rot

Violett

Mittelbraun

Jade

Mittelblau

PLASTISCHE MUSTER

SEEMÖWE
Größen 38/40, 42 und 46 (S. 92)
A 46 (49/55) cm Oberweite
B 59 (59/69) cm Länge
C 47 (47/47) cm Ärmellänge

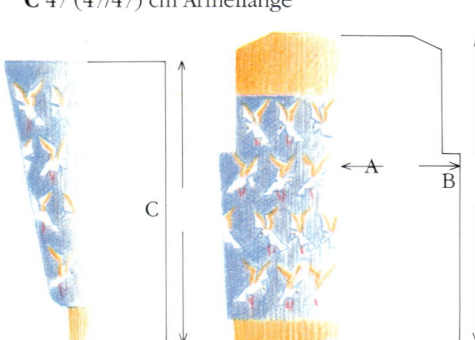

Hellblau

Weiß

Hellbraun

Rot

Schwarz

SCHMETTERLING
Größen 38/40/42 (S. 98)
A 49 cm Oberweite
B 61 cm Länge

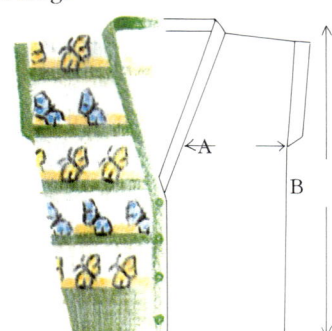

Oliv

Hellbraun

Senf

Hellblau

Mittelblau

Orange

Schokolade

Beige

KÄTZCHEN
Größen 38, 40, 42/44 und 46 (S. 94)
A 44 (47/50/53) cm Oberweite
B 65 (68/69/70) cm Länge
C 48 (48/50/50) cm Ärmellänge

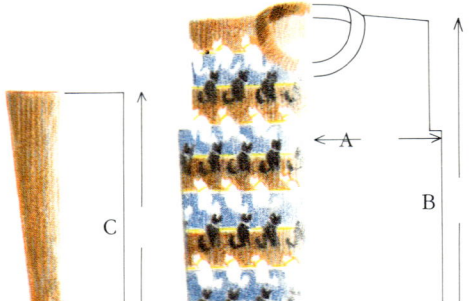

Pink

Mittelblau

Elfenbein

Schwarz

Rost

Gelb

DACKEL
Größen 36, 38/40 und 42/44 (S. 100)
A 42 (47/50) cm Oberweite
B 52 (55/57) cm Länge

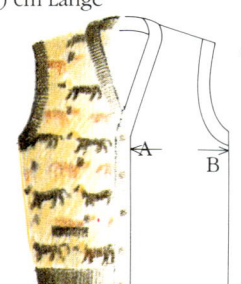

Sand

Mittelbraun

Schokolade

Dunkelbraun

Rost

FIGÜRCHEN
Größen 36/38/40 und 42/44 (S. 96)
A 50 (58) cm Oberweite
B 66 (69) cm Länge
C 49 (48) cm Ärmellänge

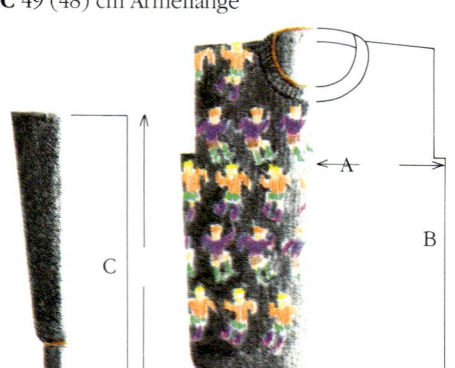

Schwarz

Lila

Rost

Gelb

Rot

Blattgrün

Sand

SCHWARZER KATER
Größen 38/40/42/44 (S. 102)
A 50 cm Oberweite
B 68 cm Länge
C 48 cm Ärmellänge

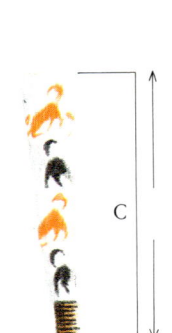

Beige

Schwarz

Rost

Pink

Jade

MAIKÄFER
Größen 36 und 38/40 (S. 104)
A 45 (48) cm Oberweite
B 58 (59) cm Länge

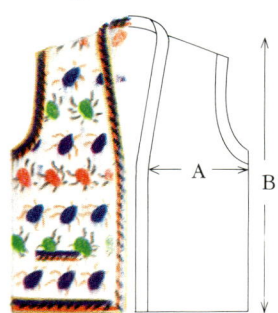

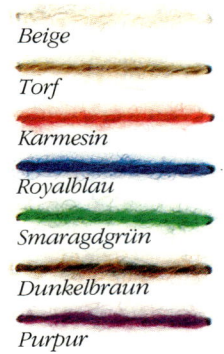

Beige

Torf

Karmesin

Royalblau

Smaragdgrün

Dunkelbraun

Purpur

FOXTERRIER
STULPEN UND MÜTZE
Einheitsgröße (S. 112)
A 37 cm Länge

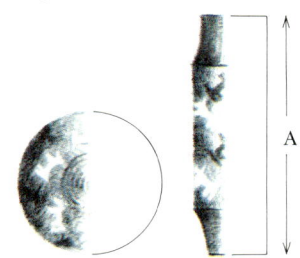

Mittelgrau

Schwarz

Elfenbein

Weinrot

Jade

35 cm von der Kuppel zur Kante des Hutbandes

REGENWEIBLEIN
Größen 36 und 38/40 (S. 106)
A 44 (46) cm Oberweite
B 50 (51) cm Länge
C 29 (29) cm Ärmellänge

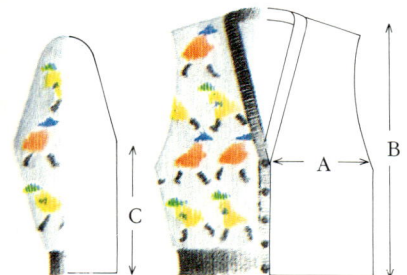

Beige

Rot

Gelb

Schwarz

Blasses Orange

Blattgrün

Kräftiges Blau

PULLOVER MIT V-AUSSCHNITT
Größen 38/40, 42, 44 und 46 (S. 113)
A 46 (49/51/54) cm Oberweite
B 65 (68/72/73) cm Länge
C 50 (51/51/51) cm Ärmellänge

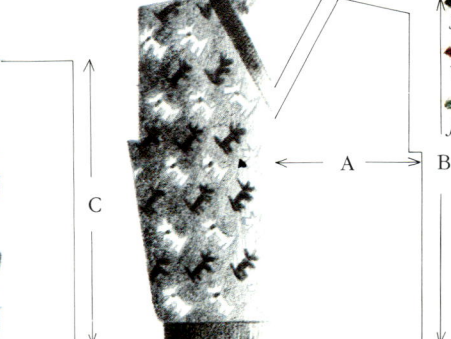

Mittelgrau

Elfenbein

Schwarz

Weinrot

Jade

KATZENKINDER
Größen 36, 38/40 und 42/44 (S. 108)
A 42 (47/50) cm Oberweite
B 54 (57/59) cm Länge

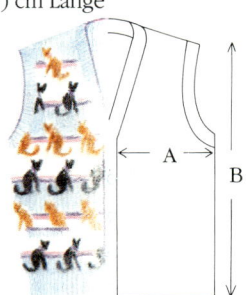

Blaßgrau

Ecru

Pink

Blaßlila

Braun

Schwarz

WESTE
Größen 38/40/42 (S. 114)
A 49 cm Oberweite
B 60 cm Länge

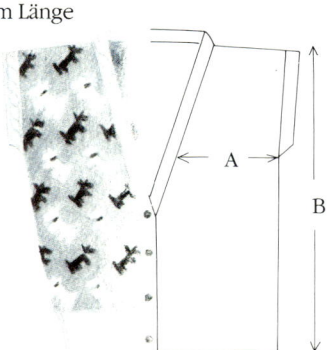

Blaßgrau

Weiß

Schwarz

Weinrot

Jade

Alles, was Sie zum Stricken brauchen, sind Nadeln und Wolle. Zusätzliche Materialien erleichtern jedoch die Arbeit, manchmal sind sie sogar unentbehrlich. Sie brauchen z. B. ein Nadelspiel oder eine Rundstricknadel, um Runden zu stricken und Zopfnadeln sind nützlich, wenn Sie im Zopfmuster arbeiten. Mit Hilfe von Maschenraffer und Garnspulen läßt sich das nicht benötigte Garn besser mitführen. Reihen- und Maschenzähler helfen, Zählfehler zu vermeiden. Schere, Stecknadeln, Nadeln mit stumpfer Spitze und eine Häkelnadel werden bei der Fertigstellung benötigt. Originelle Köpfe geben dem fertigen Modell den letzten Schliff.

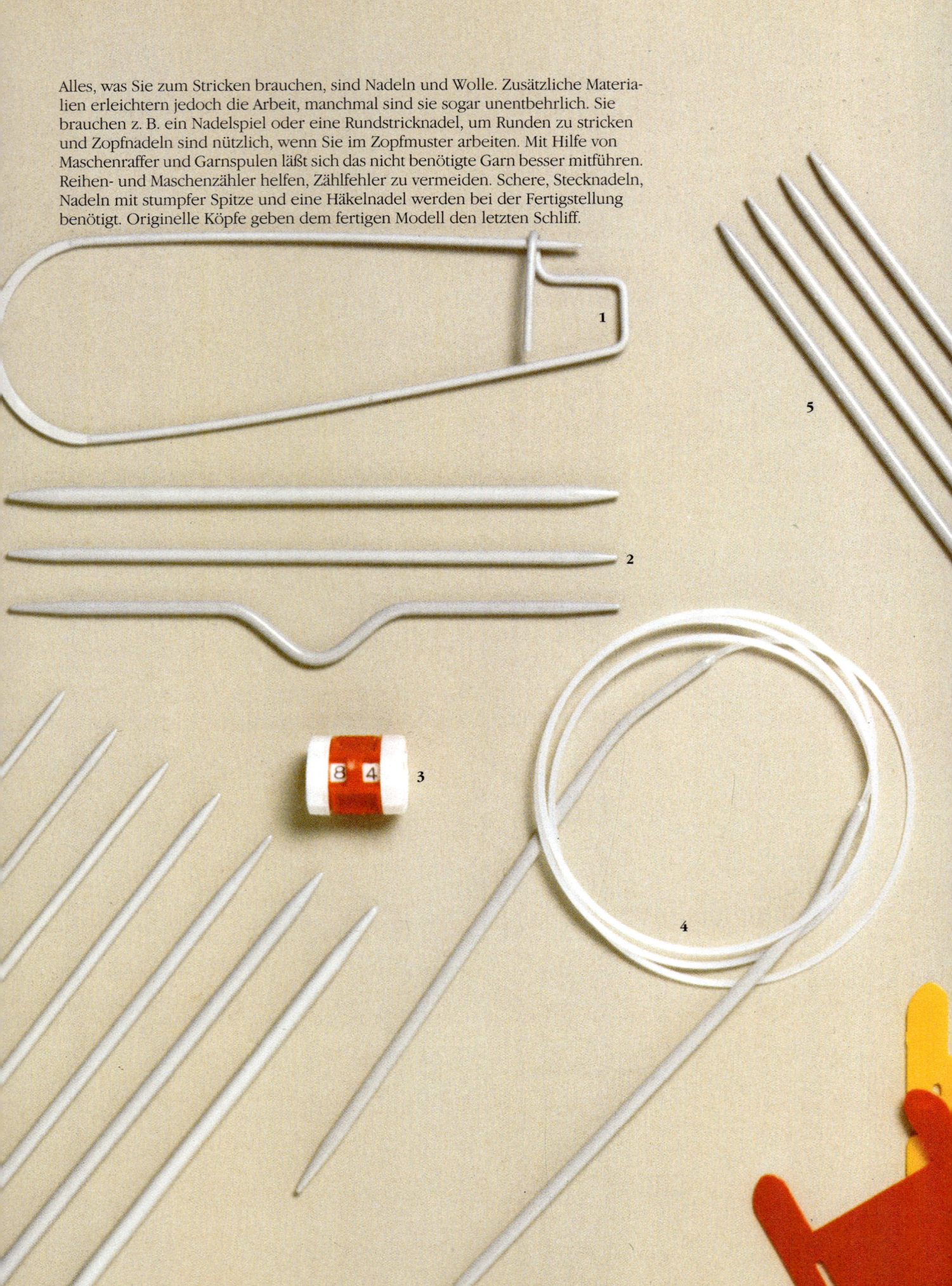

STRICKSCHULE

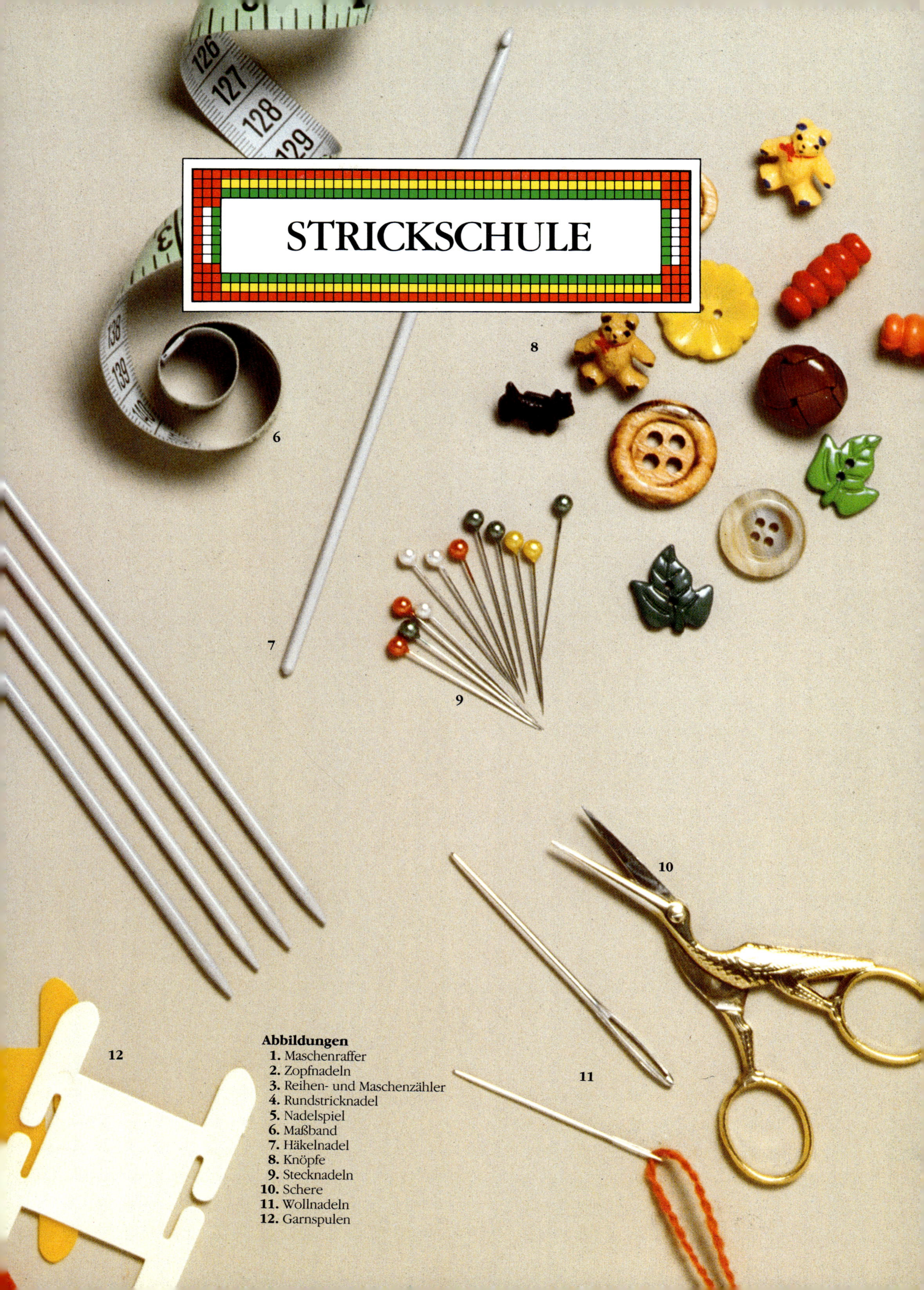

8

6

7

9

10

11

12

Abbildungen
1. Maschenraffer
2. Zopfnadeln
3. Reihen- und Maschenzähler
4. Rundstricknadel
5. Nadelspiel
6. Maßband
7. Häkelnadel
8. Knöpfe
9. Stecknadeln
10. Schere
11. Wollnadeln
12. Garnspulen

GRUNDTECHNIKEN

Die Informationen auf den folgenden Seiten sollen Ihnen sowohl als Hilfe bei der Fertigung der Modelle aus diesem Buch als auch Ihrer eigenen Entwürfe dienen.

Die Anleitungen sind für Rechtshänder geschrieben und illustriert. Wenn Sie linkshändig sind, kehren Sie die Instruktionen um. Bei der Umkehrung ist auch ein Spiegel nützlich, der Ihnen hilft, die Diagramme zu lesen.

Maschenanschlag

Die erste Maschenreihe auf der Nadel wird »Maschenanschlag« genannt. Alle weiteren Reihen werden aus diesen Anfangsschlingen entwickelt. Es gibt verschiedene Arten, Maschen anzuschlagen; wenn Sie ein Rippenbündchen stricken, empfiehlt es sich, von hinten in die Masche einzustechen.

Eine Schlinge bildet die 1. Masche sowie die Grundlage für alle weiteren Maschen.

Schlinge bilden

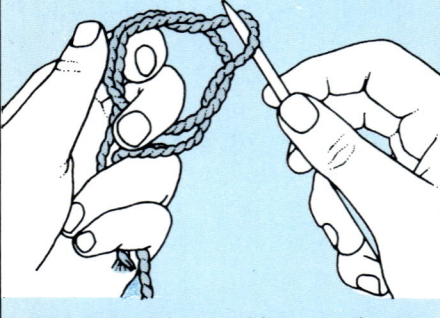

1. Das Garn zweimal um zwei Finger wickeln.

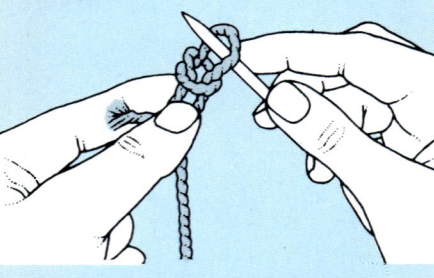

2. Mit der Nadel eine Schlinge aus dem Garn ziehen.

3. Beide Garnenden anziehen, um die Schlinge zu festigen.

Anschlag mit zwei Nadeln

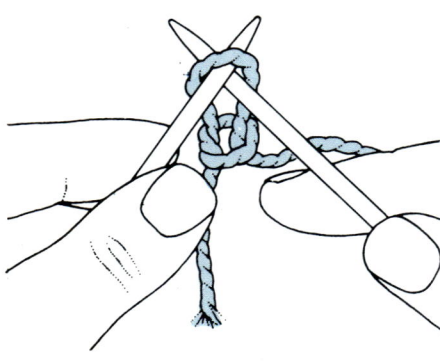

1. Die Nadel in der rechten Hand von vorne nach hinten durch die Schlinge führen.

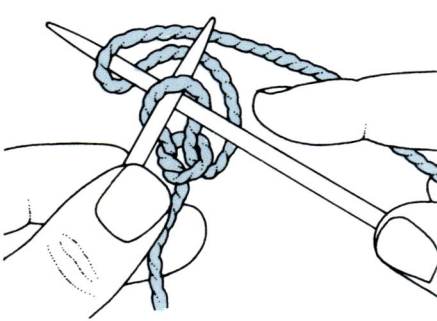

2. Den Faden unter und über die Nadel in der rechten Hand legen.

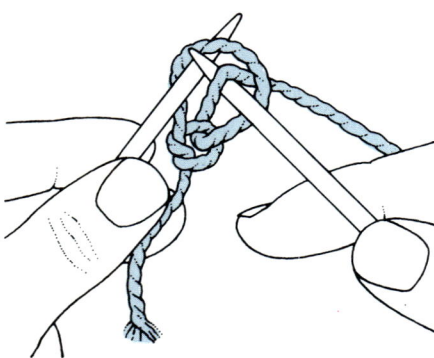

3. Den Faden durch die Schlinge führen, um eine Masche zu bilden.

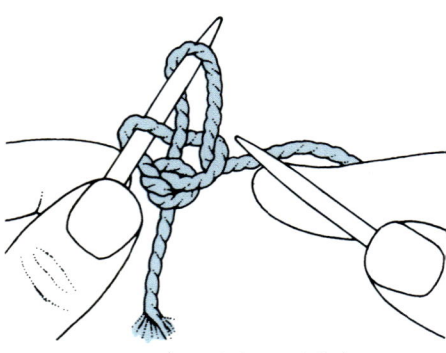

4. Die Masche auf die linke Nadel gleiten lassen *. Auf diese Art weitere Maschen bilden, dabei den Faden stets durch die letzte Masche auf der linken Nadel führen.

Anschlag mit einer Nadel

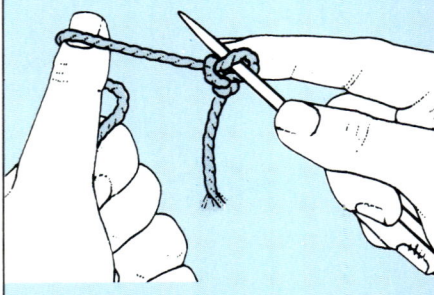

1. Die Nadel mit der Schlinge in der rechten Hand halten. Das Ende des Garns, mit dem Sie arbeiten, um den linken Daumen legen und mit den übrigen Fingern festhalten.

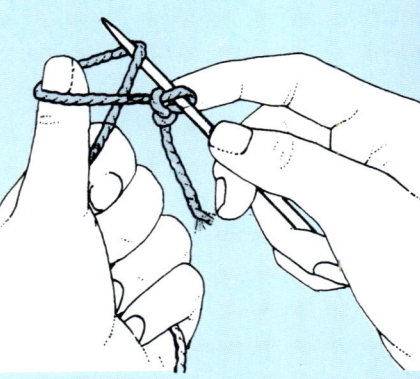

2. Die Nadel durch das Garn hinter dem Daumen führen. Den Daumen aus der Schlinge herausziehen und das Garnende festziehen.

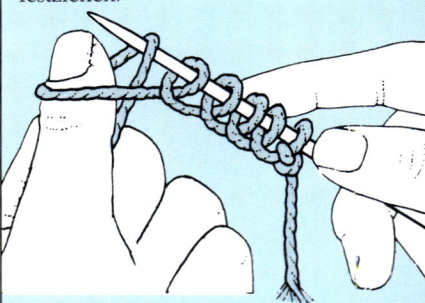

3. Den Vorgang wiederholen, bis die gewünschte Maschenzahl erreicht ist.

Wolle aufwickeln

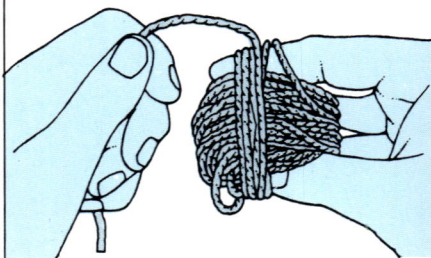

Um ein Knäuel aus einem ungewickelten Strang zu formen, das Garn von der Spule oder dem Strang abwickeln, fest um drei Finger schlingen und zum Knäuel abwickeln.

Maschenanschlag durch Einstich von hinten

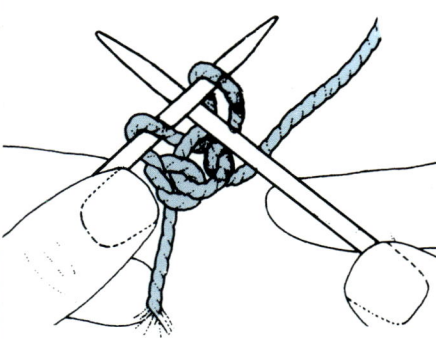

1. Folgen Sie Schritt 1–4 des Maschenanschlages mit 2 Nadeln bis zum Sternchen * (s. S. 126, mittlere Spalte). Die Nadel der rechten Hand zwischen Schlinge und erste Masche bringen.

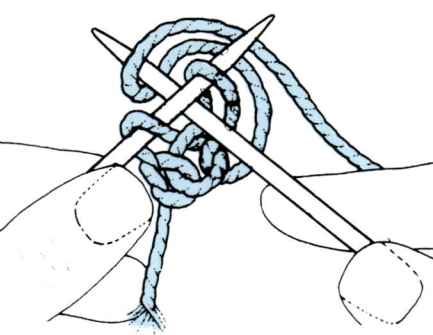

2. Den Arbeitsfaden unter und über die Nadel in der rechten Hand legen.

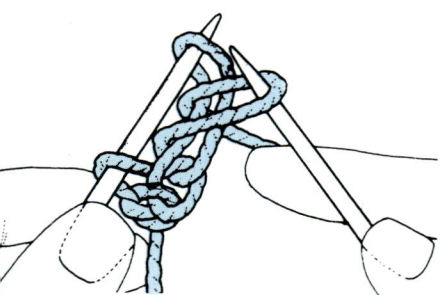

3. Die rechte Nadel durchziehen, um eine neue Masche zu formen.

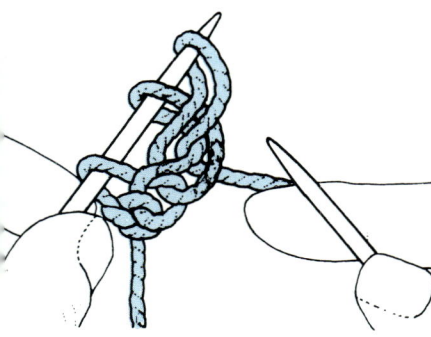

4. Die neue Masche auf die linke Nadel gleiten lassen. Vorgang wiederholen, bis die gewünschte Maschenzahl erreicht ist.

Nadeln und Garn halten

Die Art, wie Sie die Arbeit halten, beeinflußt die Festigkeit und Gleichmäßigkeit des Strickteils. Wenn Sie den Arbeitsfaden durch die Finger ziehen, stricken Sie nicht nur schneller, sondern auch fester und gleichmäßiger.

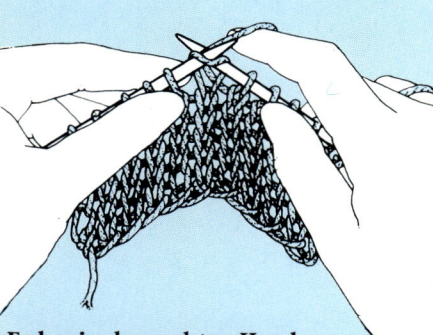

Faden in der rechten Hand
Linkshänder halten den Faden in der rechten Hand und benutzen den rechten Zeigefinger.

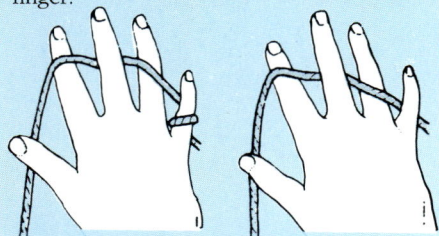

Den Faden anziehen
Linkshänder ziehen den Arbeitsfaden auf eine der beiden oben angegebenen Arten durch die Finger der rechten Hand.

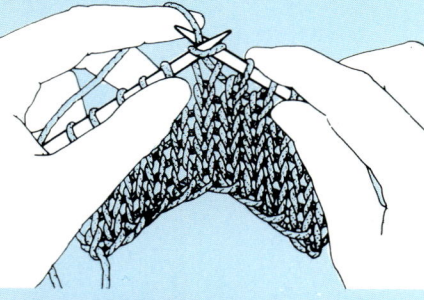

Faden in der linken Hand
Rechtshänder halten den Arbeitsfaden in der linken Hand und führen mit dem linken Zeigefinger das Garn, während mit der rechten Nadel eine neue Schlinge gebildet wird.

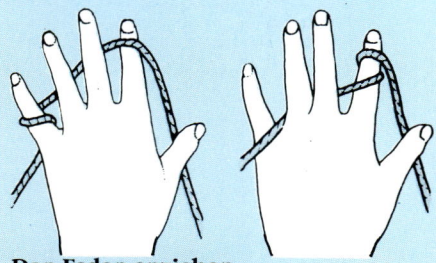

Den Faden anziehen
Rechtshänder ziehen den Arbeitsfaden auf eine der beiden oben angegebenen Arten durch die Finger der linken Hand.

Abketten

Wenn Sie ein Strickteil, z.B. einen Ärmel, oder einen Teil der Arbeit, z.B. den Halsausschnitt, beenden, müssen Sie die Maschen durch »abketten« sichern. Meistens kettet man in rechtsgestrickten Reihen ab, dieselbe Technik läßt sich aber auch bei linken Maschen anwenden. Man sollte rechte wie linke Maschen möglichst locker abketten. Beim Rippenmuster werden, dem Muster folgend, rechte und linke Maschen im Wechsel abgekettet.

Rechte Maschen abketten

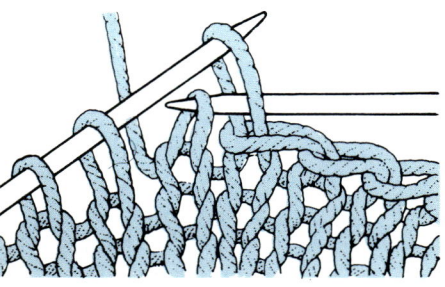

1. Die ersten beiden Maschen rechts stricken (s. S. 128) und die linke Nadel durch die erste Masche führen.

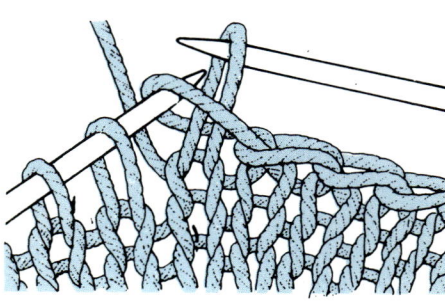

2. Die erste Masche über die zweite heben und von der Nadel gleiten lassen. Die nächste M stricken und weiterhin bis zum Ende der Reihe die erste über die zweite Masche ziehen; dabei nicht zu fest stricken. Bei der letzten Masche den Faden abschneiden, das Ende durch die Masche führen und das Garn zur Sicherung festziehen.

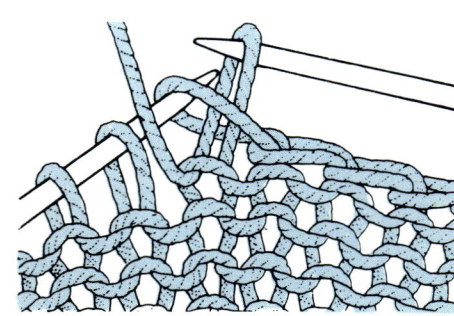

Linke Maschen abketten
Die beiden ersten Maschen links stricken und wie beim Abketten rechter Maschen fortfahren.

Grundmaschen

Rechte und linke Maschen sind die Grundmaschen. Wird rechts hin- und zurückgestrickt, ergibt dies ein kraus rechts gestricktes Strick-

bild. Wird eine Reihe rechts und die nächste links gearbeitet, entsteht ein glatt rechts gestricktes Strickbild.

Rechte Maschen (r M)

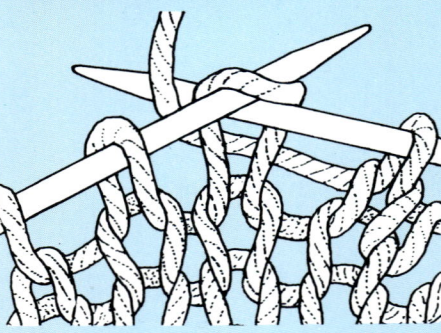

1. Faden hinter die Nadel legen und die rechte Nadel von vorne nach hinten in die erste Masche der linken Nadel stechen.

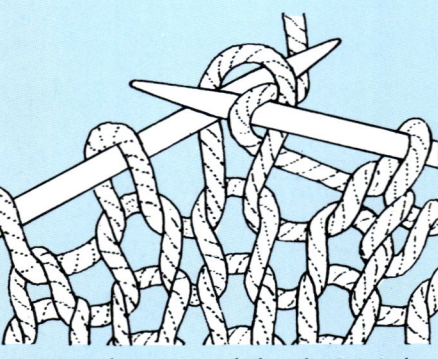

2. Den Faden unter und über die Spitze der rechten Nadel legen.

3. Eine Schlinge durchziehen und die Masche von der linken Nadel gleiten lassen, während die Masche von der rechten Nadel gehalten wird. Bis zum Ende der Reihe fortfahren.

4. Um die nächste Reihe rechts zu stricken, wenden Sie die Arbeit, so daß Ihnen die Rückseite zugewandt ist und die gearbeiteten Maschen sich auf der linken Nadel befinden. Weiterhin wie oben angegeben stricken, wobei die anfangs leere Nadel in der rechten Hand liegt.

Linke Maschen (l M)

1. Faden vor die Arbeit legen und die rechte Nadel von hinten nach vorne in die erste Masche der linken Nadel stechen.

2. Den Faden über und um die Spitze der rechten Nadel legen.

3. Eine Schlinge durchziehen und die Masche von der linken Nadel gleiten lassen, während die Masche von der rechten Nadel gehalten wird. Bis zum Ende der Reihe fortfahren.

4. Um die nächste Reihe links zu stricken, wenden Sie die Arbeit, so daß Ihnen die Rückseite zugewandt ist und die gearbeiteten Maschen sich auf der linken Nadel befinden. Weiterhin wie oben angegeben stricken, wobei die anfangs leere Nadel in der rechten Hand liegt.

Maschenprobe

Bevor Sie mit dem Stricken beginnen, sollten Sie eine Maschenprobe machen, um Ihren individuellen Garnverbrauch und die erforderliche Maschenzahl berechnen zu können. Die Maschenprobe ist auch zu empfehlen, wenn Sie ihr eigenes Modell entwerfen oder ein Modell verändern wollen.

Die Maschenprobe ist meistens zu Beginn der Modellbeschreibung aufgeführt. Hier werden die Anzahl der Maschen und Reihen bei einem

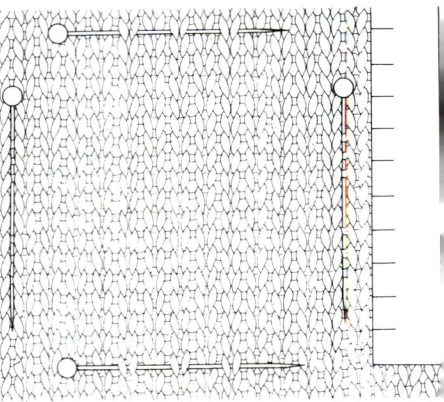

spezifischen Muster, wenn z. B. glatt rechts gestrickt wird, für eine bestimmte Größe, z. B. auf 10 × 10 cm berechnet, zusammen mit der benötigten Garn- und Nadelstärke angegeben. Ein Beispiel: 32 Maschen und 32 Reihen ergeben 10 × 10 cm im Einstrickmuster mit Nadeln Nr. 4.

Variationen in der Maschenprobe sind die Ursache für ein abweichendes Aussehen des fertigen Modells. Wenn Sie mit der angegebenen Anzahl von Maschen und Reihen zuvor ein Probestück arbeiten, können Sie sehen, ob die von Ihnen gewählte Garn- und Nadelstärke die gewünschte Größe und Form ergibt Bei der Fertigung des Probestückes müssen Sie das Muster und die Methode, das Garn mitzuführen, berücksichtigen (s. S. 137).

Die Garnbanderole ist wichtig für die Maschenprobe. Sie gibt Auskunft über die Zusammensetzung des Garns, Gewicht und Lauflänge, die benötigte Strick- oder Häkelnadelstärke, die optimale Maschenprobe sowie über die Pflege des Materials. Wenn Sie ein anderes als in der Modellbeschreibung angegebenes Garn verwenden, ist es ratsam, sich an die Empfehlungen auf der Banderole zu halten und dementsprechend die Maschenprobe zu fertigen.

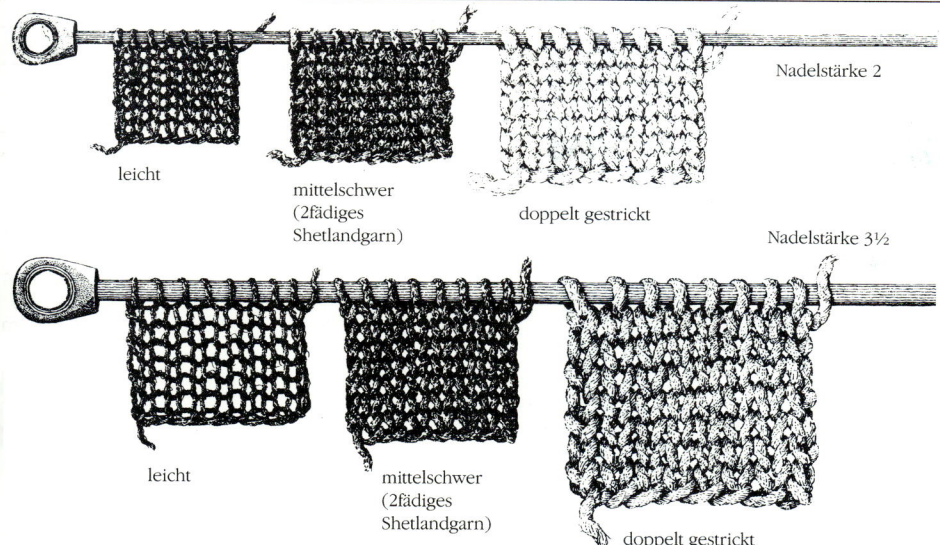

leicht

mittelschwer
(2fädiges
Shetlandgarn)

doppelt gestrickt

Nadelstärke 2

leicht

mittelschwer
(2fädiges
Shetlandgarn)

doppelt gestrickt

Nadelstärke 3½

Größen

Bevor Sie mit dem Stricken beginnen, sollten Sie sich vergewissern, daß die angegebenen Größen Ihren persönlichen Maßen entsprechen. Eine Maßtabelle finden Sie auf S. 17 und einzelne Modellgrößen sind auf den S. 116–123 aufgeführt. Die Maßangaben beziehen sich auf die Länge des Modells, auf die Länge der Unterarmnaht und die Oberweite. Die Angaben können um einige Zentimeter differieren.

Maßnehmen

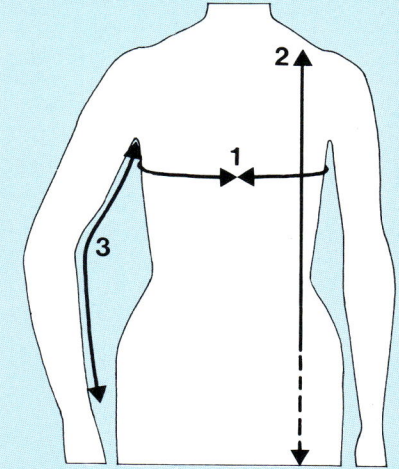

1. Oberweite/Brustumfang An der stärksten Stelle gemessen.

2. Länge Vom Beginn des Halsausschnittes bis zur Saumkante gemessen.

3. Ärmel Vom Armausschnitt bis zur Bündchenkante gemessen.

Ob die angegebene Länge des Modells Ihren Maßen entspricht, läßt sich am einfachsten feststellen, in dem Sie die Maßangaben mit einem bereits vorhandenen, gut sitzenden Pullover vergleichen.

Maschenprobe fertigen

Mit der in der Modellbeschreibung angegebenen Garn- und Nadelstärke das vorgeschriebene Muster arbeiten; dafür ein Probestück stricken, das etwas größer als 10 × 10 cm mißt. Das fertige Probestück, ohne es zu dehnen, auf einer glatten Fläche ausbreiten. Mit Sicherheitsnadeln die angegebene Maschenprobe markieren.

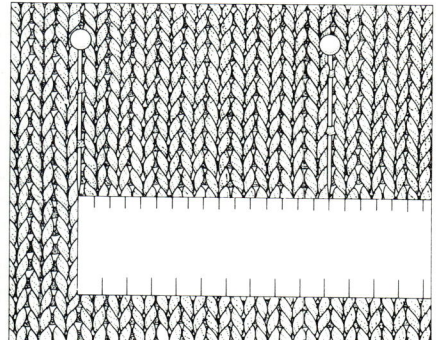

Die Maschenzahl ausmessen

Um die Breite des Strickteils zu berechnen, sollten Sie einen Zählrahmen oder ein Maßband auf das Probestück legen und die Maschen zwischen den Markierungspunkten (z.B. Stecknadeln) auszählen. Berücksichtigen Sie dabei auch die halben Maschen, die über die Breite hinausgehen, da diese in der Gesamtbreite einige Zentimeter ausmachen können.

Die Anzahl der Reihen messen

Um die Länge des Strickteils zu berechnen, legen Sie einen Zählrahmen oder ein Maßband senkrecht auf das Probestück und zählen die Anzahl der Reihen, die auf einen Zentimeter entfallen.

Die Maschenprobe verändern

Fällt das Probestück zu groß aus, sollten Sie dünnere Nadeln verwenden. Ist es zu klein, stricken Sie zu fest und sollten stärkere Nadeln nehmen.
Die Verwendung von dickeren bzw. dünneren Nadeln macht normalerweise auf 5 cm eine Masche mehr oder weniger aus. Meistens ist es ausreichend, die Nadelstärke zu wechseln, um die Maschenprobe passend zu verändern. Manchmal stimmt jedoch die Breite, nicht aber die Länge überein. Wenn Sie mehr Reihen als angegeben erhalten, müssen Sie die Länge des Modells anhand Ihres Probestückes berechnen und entsprechend mehr oder weniger Reihen

arbeiten. Bei den meisten Modellen in diesem Buch ist die Form von der Anzahl der Reihen abhängig. Wenn die Länge, nicht aber die Breite Ihres Modells mit dem angegebenen Maß übereinstimmt, sollte man weniger Maschen aufnehmen. Das gilt insbesondere für Einstrickmuster, die auf festgelegten Wiederholungen der Rapporte aufbauen.

Mützen

Um den notwendigen Mindestumfang für eine Kappe oder Mütze zu berechnen, sollten Sie Ihren Kopfumfang an der breitesten Stelle messen. Messen Sie außerdem von einem Ohr über die höchste Stelle des Kopfes bis zur Spitze des anderen Ohres und teilen Sie die Maßzahl durch zwei, um die Länge des Kopfes von der Kuppel bis zum Mützenband zu errechnen.

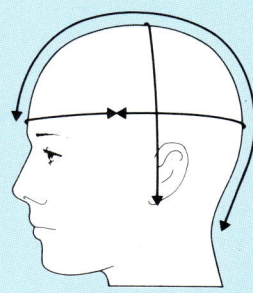

Kraus rechts oder kraus links

Wenn jede Hin- und Rückreihe entweder nur rechts oder links gestrickt wird, entsteht ein kraus rechts oder kraus links gestricktes Muster.

Glatt rechts gestrickt

Werden die erste und jede weitere ungerade Reihe rechts und die zweite und jede weitere gerade Reihe links mit zwei Nadeln gestrickt, ergibt sich ein glatt rechts gestricktes Muster. Mit Rundstricknadeln wird jede Runde rechts gearbeitet (s. S. 133).

Türkisches Muster

Das Türkische Muster unterbricht sehr dekorativ waagerechte Einstrickmusterreihen. Es ist in den Modellen „Rosen" (S. 52), „Herbstblumen" (S.44) und „Sommerblumen" (S. 57) zu finden. Hierbei handelt es sich um ein lockeres Netzmuster, das auf beiden Seiten der Arbeit gleich erscheint. Stricken Sie die erste Masche der Reihe rechts und fahren Sie fort wie folgt:

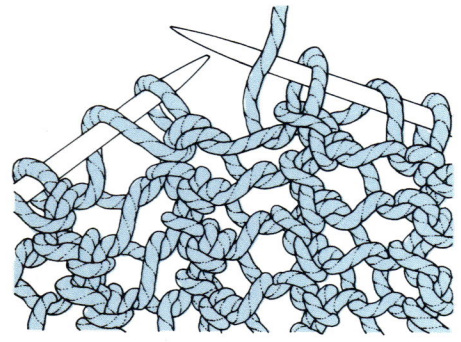

1. Den Faden vor die Arbeit legen.

Rippenmuster

Eine Kombination aus rechten und linken Maschen in derselben Reihe bezeichnet man als Rippenmuster. Es wird oft für das Bündchen verwendet, welches durch das Rippenmuster

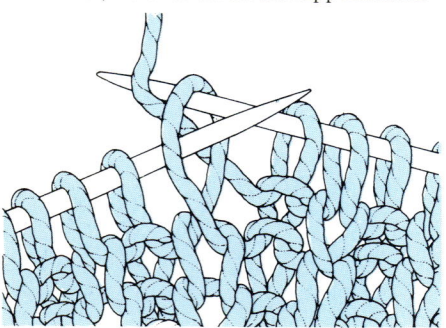

1. In den hinteren Teil jeder rechten Masche einstechen und eine rechte Masche stricken.

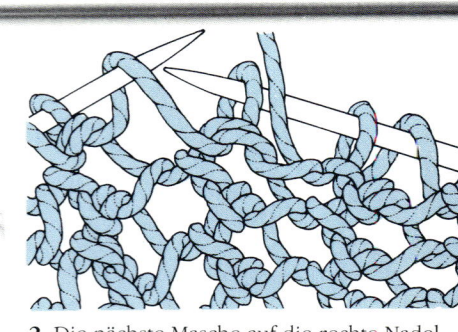

2. Die nächste Masche auf die rechte Nadel gleiten lassen.

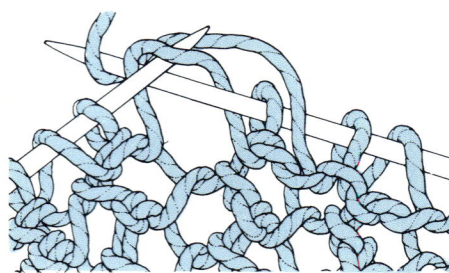

3. Die folgende Masche rechts stricken.

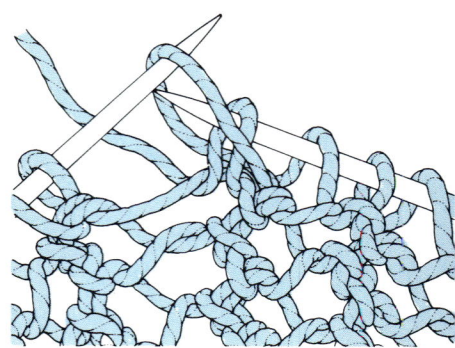

4. Die abgehobene Masche über die rechtsgestrickte ziehen. Bis zur letzten Masche der Reihe wiederholen. Die letzte Masche rechts stricken.

elastischer wird. Normalerweise strickt man es mit dünneren Nadeln als das Hauptteil. In diesem Buch wird das Rippenmuster 1 M r, 1 M l gearbeitet, um einen festeren Abschluß zu erhalten. Mit der rechten Nadel wird dabei in den *hinteren* anstatt in den vorderen Teil der rechten Maschen eingestochen.

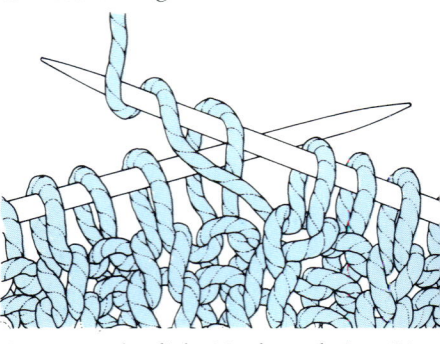

2. Wie gewohnt linke Maschen arbeiten. Die nächste Reihe genauso stricken, mit einer rechten Masche beginnen.

Fallengelassene Maschen

Es kann passieren, daß Sie eine Masche fallen-lassen, besonders dann, wenn Sie mitten in einer Reihe die Arbeit unterbrechen.

Rechte Maschen auffangen

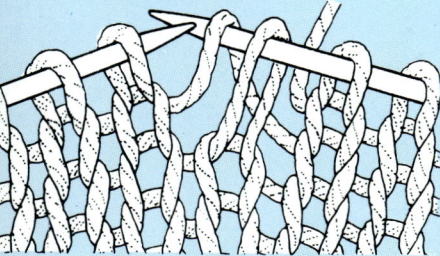

1. Nehmen Sie sowohl die Masche als auch den Querfaden auf die rechte Nadel und stechen Sie dabei von vorne nach hinten ein.

2. Führen Sie die linke Nadel von hinten nach vorne *nur* durch die Masche. Ziehen Sie mit der rechten Nadel den Querfaden durch die Masche und formen Sie eine Extramasche. (Lassen Sie die Masche von der linken Nadel gleiten.)

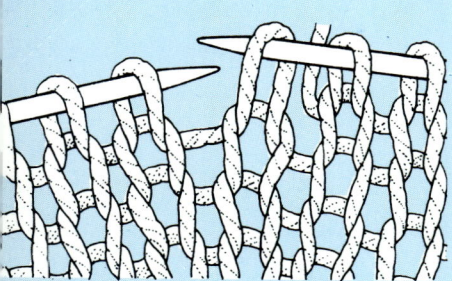

3. Nehmen Sie die neu geformte Masche so auf die linke Nadel, daß sie richtig ausgerichtet ist. Jetzt können Sie weiterarbeiten.

Linke Maschen auffangen

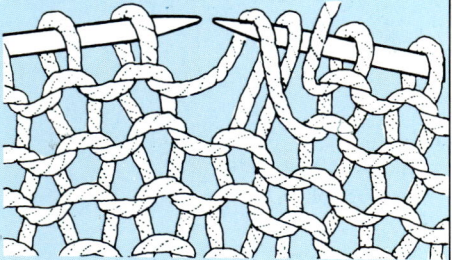

1. Nehmen Sie sowohl die Masche als auch den Querfaden auf die rechte Nadel und stechen Sie dabei von hinten nach vorne ein.

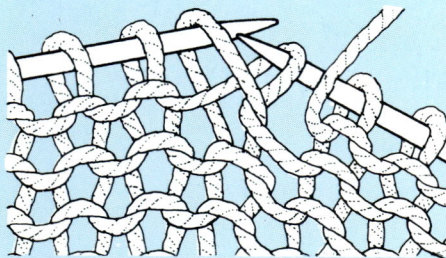

2. Führen Sie die linke Nadel von vorne nach hinten *nur* durch die Masche. Ziehen Sie mit der rechten Nadel den Querfaden durch die Masche und formen Sie eine Extramasche. (Lassen Sie die Masche von der linken Nadel gleiten.)

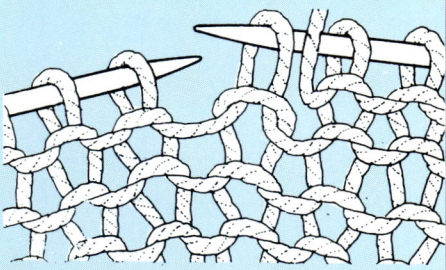

3. Nehmen Sie die neu geformte Masche so auf die linke Nadel, daß sie richtig ausgerichtet ist. Jetzt können Sie weiterarbeiten.

Strickfehler korrigieren

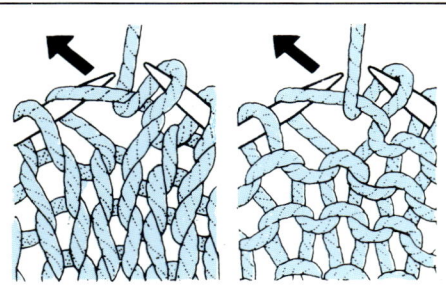

Halten Sie die Masche auf der rechten Nadel und stechen Sie mit der linken Nadel in die darunterliegende Reihe ein, um die Masche aufzulösen. Nehmen Sie die Masche nun auf die rechte Nadel und lösen Sie weiterhin auf, bis Sie die fehlerhafte Masche erreicht haben. Korrigieren Sie die Masche wie eine Leiter (siehe rechts).

Leitern

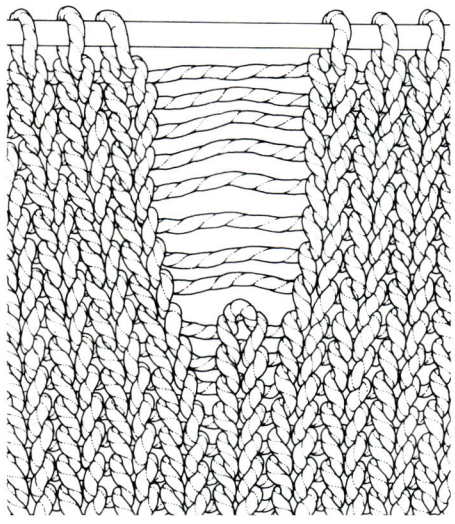

Wenn eine fallengelassene Masche übersehen wird, bildet sich schnell eine »Leiter«. In diesem Fall ist es einfacher, die Maschen mit der Häkelnadel als mit Stricknadeln aufzufangen. Auch wenn Sie einen Strickfehler korrigieren, kann eine Leiter entstehen. Stricken Sie jede fallengelassene Masche einzeln hoch und sichern Sie alle anderen mit einer Sicherheitsnadel, um weiteres Auftrennen zu verhindern.

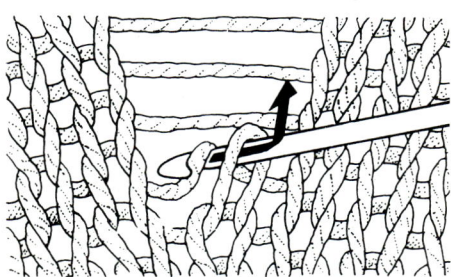

Rechte Maschen hochstricken
Mit einer Häkelnadel von vorne in die fallengelassene Masche einstechen. Einen Querfaden heraus- und durch die Masche ziehen; so entsteht eine Reihe darüber eine neue Masche. Diesen Vorgang bis zum Ende der Leiter wiederholen, dann im Muster fortfahren.

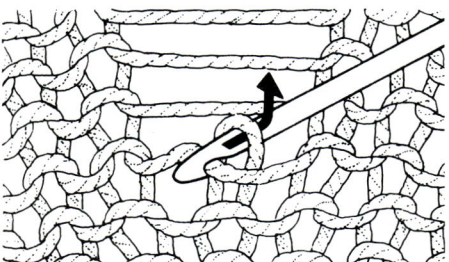

Linke Maschen hochstricken
Mit einer Häkelnadel von hinten in die fallengelassene Masche einstechen. Einen Querfaden heraus- und durch die Masche ziehen; so entsteht eine Reihe darüber eine neue Masche. Diesen Vorgang bis zum Ende der Leiter wiederholen, dann im Muster fortfahren.

Zunehmen

Für die Formung der Modelle ist es oft notwendig, weitere Maschen zuzunehmen. Diese können an den Seiten des Strickteiles, z.B. an den Ärmelkanten, oder gleichmäßig in einer Reihe, um für mehr Fülle zu sorgen, z.B. in der letzten Rippenreihe bei Vorder- oder Rückenteil, aufgenommen werden. Es gibt mehrere Arten zuzunehmen, wobei die unten gezeigte sich am besten für unsere Modelle eignet. Wenn die Maschen »unsichtbar« zugenommen werden, entstehen keine Lücken oder Löcher im Gewebe. Bei der »unsichtbaren« Methode wird aus einer bereits vorhandenen Masche eine neue Masche gebildet.

In einer rechtsgestrickten Reihe

Wie üblich von vorne in die Masche einstechen. Ohne die Masche von der linken Nadel gleiten zu lassen, nochmals von hinten in die Masche einstechen und eine rechte Masche stricken.

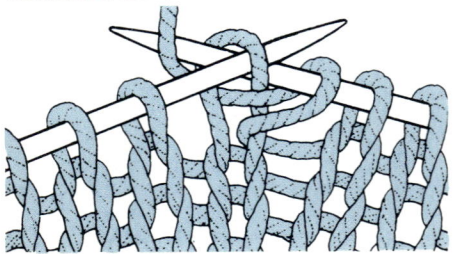

In einer linksgestrickten Reihe

Wie üblich von vorne in die Masche einstechen. Ohne die Masche von der linken Nadel gleiten zu lassen, nochmals von hinten in die Masche einstechen und eine linke Masche stricken.

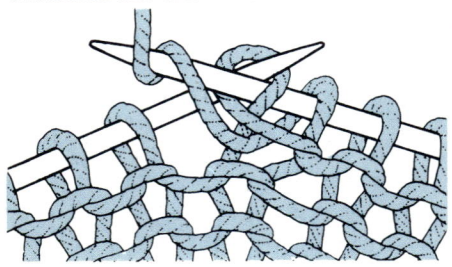

Am Anfang oder Ende rechts- oder linksgestrickter Reihen

In derselben Technik stechen Sie entweder zweimal in die erste oder in die letzte Masche der Reihe ein.

Abnehmen

Es gibt zwei Arten, Maschen für die Formung abzunehmen: Entweder stricken Sie zwei Maschen rechts bzw. links am Anfang, am Ende oder an jeder beliebigen Stelle einer Reihe zusammen (2 M r zus.str.) oder Sie arbeiten einen einfachen Überzug (1 M abh.). Die erstere ist die einfachere Methode und wird am häufigsten verwendet, obwohl die zweite dekorativer wirkt. Abnahmen sind stets an der leicht geneigten Kante erkennbar. Es ist für die Gleichmäßigkeit der Formungen wichtig, immer an beiden Seiten parallel abzunehmen.

Überzogen abnehmen

(Abgekürzt: 1 M abh., 1 M r, die abgeh. über die abgestr. ziehen) Diese Abnahme bewirkt auf

In rechtsgestrickten Reihen

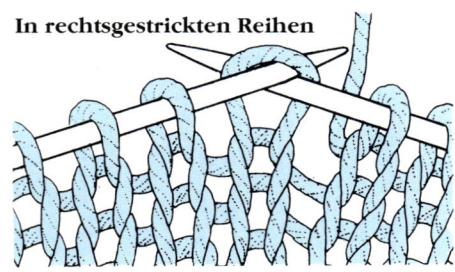

1. Die rechte Nadel wie beim Rechtsstricken einstechen und die erste Masche der linken Nadel abheben.

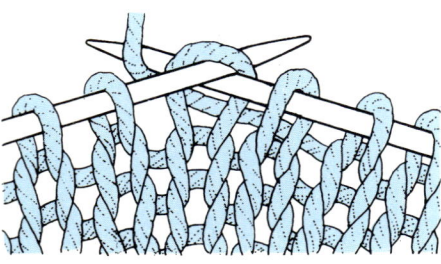

2. Die Masche auf der Nadel lassen und die nächste Masche auf der linken Nadel wie gewöhnlich rechts stricken.

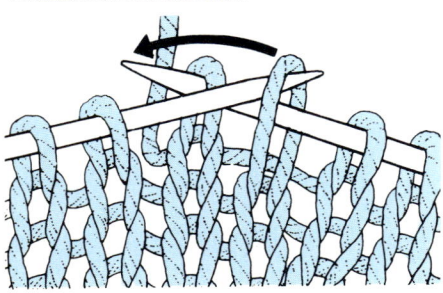

3. Mit der linken Nadelspitze die abgehobene Masche über die gestrickte ziehen.

In linksgestrickten Reihen

1. Die rechte Nadel wie beim Linksstricken einstechen und die erste Masche der linken Nadel abheben.

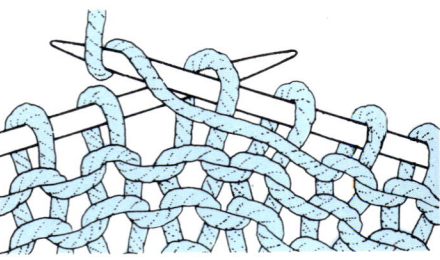

2. Die Masche auf der Nadel lassen und die nächste Masche auf der linken Nadel wie gewöhnlich links stricken.

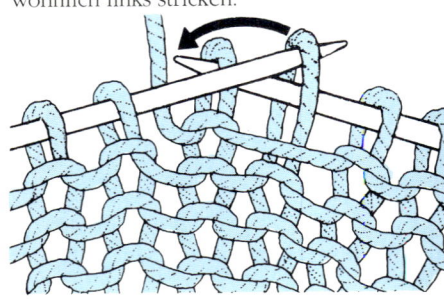

3. Mit der linken Nadelspitze die abgehobene Masche über die gestrickte ziehen.

der Vorderseite der Arbeit eine Kantenneigung nach links. Eine Kantenneigung nach rechts entsteht, wenn in einer linksgestrickten Reihe 1 M abgeh., 1 M r gestr. und die abgeh. M über die abgestr. gezogen wird.

Zwei Maschen zusammenstricken

(Abkürzung: 2 M r zus.str. oder 2 M l zus.str.) Diese Abnahmemethode bildet eine rechts geneigte Kante, wenn von vorne, und eine links geneigte Kante, wenn beim Zusammenstricken von hinten eingestochen wird.

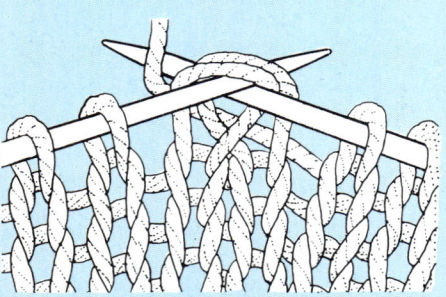

In einer rechtsgestrickten Reihe

Die rechte Nadel von vorne in die ersten beiden Maschen der linken Nadel einstechen. Wie eine einzige Masche rechts zusammenstricken.

In einer linksgestrickten Reihe

Die rechte Nadel von vorne in die ersten beiden Maschen der linken Nadel einstechen. Wie eine einzige Masche links zusammenstricken.

Rundstricken

Manchmal ist es einfacher, in Runden oder mit dem Nadelspiel zu stricken. Dadurch entfallen die Nähte, und da Sie stets auf der Vorderseite arbeiten, läßt sich die Musterentwicklung leichter verfolgen. Rundstricknadeln eignen sich zum Stricken größerer Strickteile, während ein Nadelspiel mehr der Maschenaufnahme, z.B. am Halsausschnitt, oder für die Finger eines Handschuhes dient. Bei der Fertigung besonders großer Strickstücke benutzt man am besten 2 Rundstricknadeln.

Mit Rundstricknadeln arbeiten

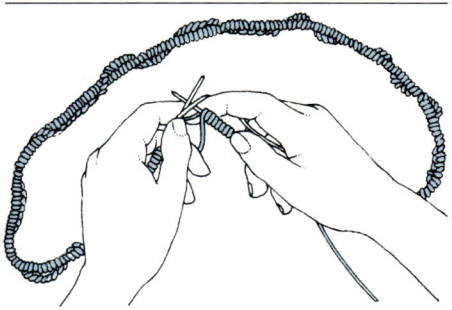

Gestrickt wird mit einer flexiblen Nylonnadel, die zwei Metallenden in genormter Stärke hat. Für das Rundstricken schlagen Sie die benötigte Maschenzahl wie gewöhnlich an und stechen wieder in die erste Masche ein, um die Runde zu schließen. Sie sollten den Beginn einer neuen Runde mit einem kontrastierenden Faden markieren. Die Vorderseite der Arbeit ist Ihnen immer zugewandt, so daß Sie beim glatt rechts Stricken jede Reihe rechts arbeiten müssen. Wollen Sie nicht in Runden, sondern gerade hochstricken, benutzen Sie die beiden Nadelenden wie normale Nadeln, ohne die Runde zu schließen.

Mit drei oder mehr Nadeln stricken

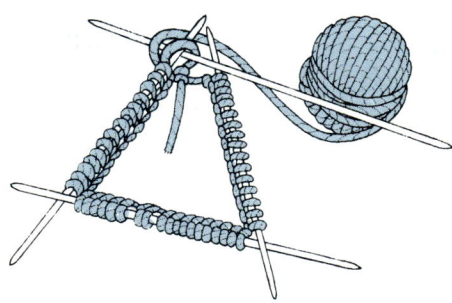

Nadelspiele gibt es in genormten Größen. Bei großen Strickteilen können Sie sogar sechs Nadeln verwenden. Beim Nadelspiel werden die Maschen auf alle Nadeln — bis auf eine — gleichmäßig verteilt. Jeweils eine der Nadeln wird zum Abstricken gebraucht, so daß alle Nadeln abwechselnd die Maschen halten und abstricken.
Verteilen Sie Ihre Maschen gleichmäßig auf die Nadeln und stricken Sie eine Runde. Um die Runde zu schließen, stricken Sie die erste Masche mit dem Arbeitsfaden der letzten Masche. Die erste und die letzte Nadel so eng wie möglich zusammenhalten. Die erste gestrickte Masche (sie sollte markiert sein) dicht neben die letzte Nadel bringen, so daß kein Loch entsteht.
So weiterarbeiten, wobei mit der jeweils freigewordenen Nadel die Maschen abgestrickt und gleichmäßig verteilt werden. Die beiden Arbeitsnadeln wie gewöhnlich halten und die nicht gebrauchten Nadeln hinten herunterhängen lassen.

Zopfmuster

Kleine Spezialnadeln mit zweifacher Spitze, sog. »Zopfnadeln«, helfen bei der Fertigung verschiedener Zopfmuster. Zöpfe entstehen durch Verkreuzung von Stricksträngen. Die Zopfnadel hält dabei die, je nach Arbeitsanleitung, vor oder hinter die Arbeit gelegten Maschen.
Mit der Zopfnadel werden die Strickstränge geformt. Wird die Zopfnadel vor die Arbeit gelegt, erhalten Sie einen links gekreuzten Zopf; wird sie hinter die Arbeit gelegt, erhalten Sie einen rechts gekreuzten Zopf.

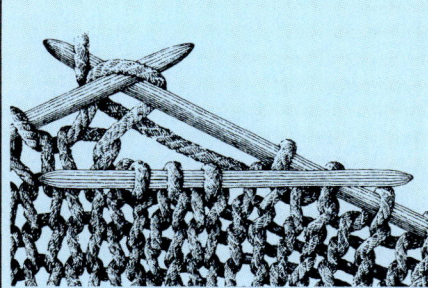

Zopfmuster

Bei einem Zopf über sechs Maschen, wie auf der Abbildung, werden die ersten drei Maschen auf die Zopfnadel genommen und vor die Arbeit gelegt. Zuerst die drei Maschen der linken Nadel, dann die drei Maschen der Zopfnadel rechts abstricken. Dieser Zopf verläuft von rechts nach links.

Reihe 1, 3, 5 und 9: Nur r M stricken.
Reihe 2, 4, 6, 8 und 10: 3 M r, 6 M l, 3 M r.
Reihe 7: 3 M r, die nächsten 3 M auf eine Zopfnadel vor die Arbeit legen, 3 M r, dann die 3 M der Zopfnadel r, 3 M r.

SPEZIALTECHNIKEN

Strickschriften lesen

Da fast alle Entwürfe in diesem Buch auf Einstrickmustern basieren, ist es wichtig, die Strickschrift korrekt zu lesen. Einzelne Muster erstrecken sich über verschiedene Maschen einer Reihe, und sowohl die Anzahl der Maschen als auch der Reihen im Hauptblock des Musters müssen in der richtigen Proportion zum fertigen Modell stehen. Oft sind bei einem kleineren oder größeren Modell zusätzliche Maschen am Anfang oder Ende der Reihen notwendig,

um die erforderliche Maschenzahl für die jeweilige Größe zu erhalten. In den meisten Modellanleitungen sind mehrere Größen angegeben und es ist notwendig, jeweils an verschiedenen Stellen der Strickschrift zu beginnen, wodurch das Muster auf die jeweilige Größe abgestimmt wird. Die Strickschriften werden in den rechtsgestrickten Reihen von rechts nach links und in den linksgestrickten Reihen von links nach rechts gelesen. Das heißt, daß Sie in der ersten Reihe mit der Masche in der unteren rechten Ecke beginnen und bis zur linken Ecke arbeiten. Die Strickschrift wird im-

mer von unten nach oben gelesen. Die Reihen sind rechts und links neben der Strickschrift numeriert; ungerade (rechtsgestrickte) Reihen sind auf der rechten, gerade (linksgestrickte) Reihen auf der linken Seite aufgeführt. Hier ist die Maschenzahl des Rapports unterhalb der Strickschrift für die erste rechtsgestrickte Reihe in Klammern angegeben.

Nach einer einfachen Strickschrift arbeiten

Rechts ist die Strickschrift für ein Modell abgebildet, in der ein Muster beschrieben wird, das auf einer bestimmten Maschenzahl basiert, und, wenn es vervielfältigt wird, über die gesamte Breite des Modells in beiden angegebenen Größen geht. Das ist die einfachste Methode, die Musterreihen anzugeben. Die Anleitungen für diese Strickschrift sind folgendermaßen zu lesen (Die Anweisungen in Klammern beziehen sich auf die größere Größe): Wiederholen Sie die 25 Maschen des Rapports 6 (7)mal in der Reihe.

Das heißt, daß Sie mit Masche 1 der Reihe 1 beginnen und dann von rechts nach links bis zur 25. Masche weiterarbeiten. Dann müssen Sie den Rapport noch 5 (6)mal wiederholen, um an das Ende der Reihe zu gelangen. Nach der 25. Masche beginnen Sie deshalb wieder mit Masche 1 und stricken insgesamt 5 (6)mal bis Masche 25, um die erste Reihe zu beenden. (Weben Sie die verschiedenen Garne ein oder führen Sie nicht benötigte Fäden mit, siehe S. 137). Die nächste Reihe, Reihe 2, wird links gestrickt. Linksgestrickte Reihen werden gegengleich gearbeitet, das bedeutet, daß Sie mit Masche 25 beginnen und bis Masche 1 zurückarbeiten. Dann wiederholen Sie Masche 25–1 insgesamt 5 (6)mal, um die Reihe zu beenden. Fahren Sie auf diese Weise im Muster fort, bis Sie die Anzahl der in der Strickschrift angegebenen Reihen gearbeitet haben (hier Reihe 68). Nun haben Sie den ersten Rapport fertiggestellt. Um die nötige Länge zu erhalten, müssen Sie den Rapport wahrscheinlich ein-, zwei- oder mehrmals wiederholen. Das heißt, daß Sie, nachdem Sie Reihe 68 gestrickt haben, erneut mit Reihe 1 unten in der Strickschrift anfangen und bis Reihe 68 arbeiten.

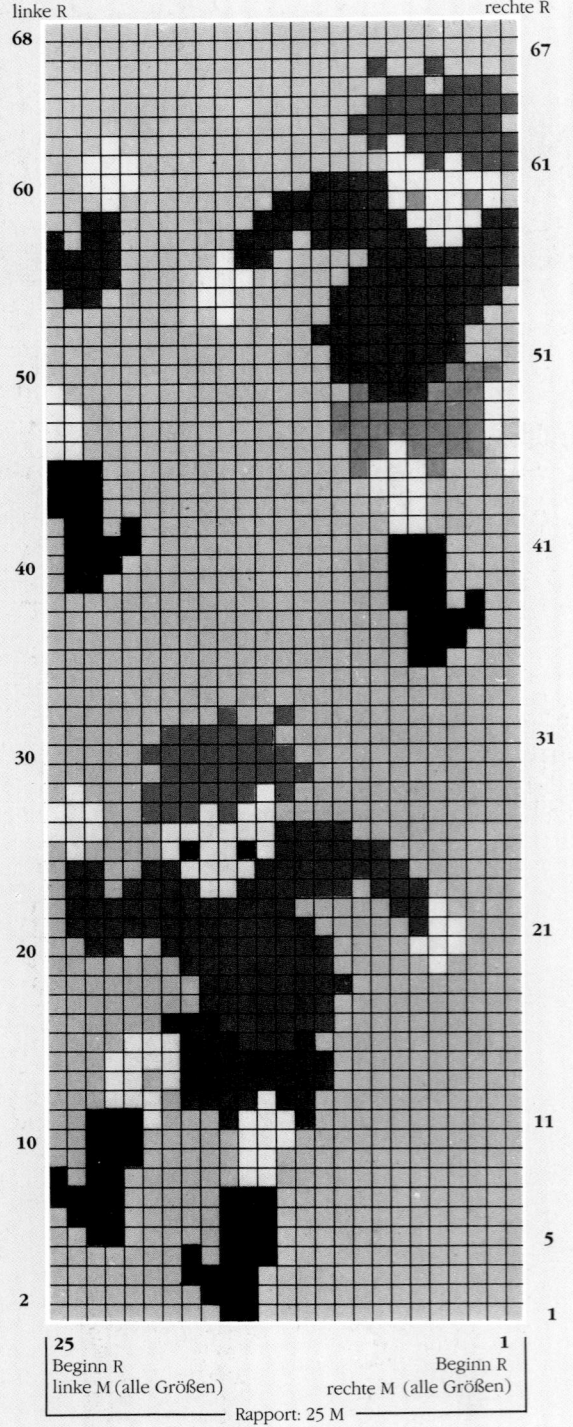

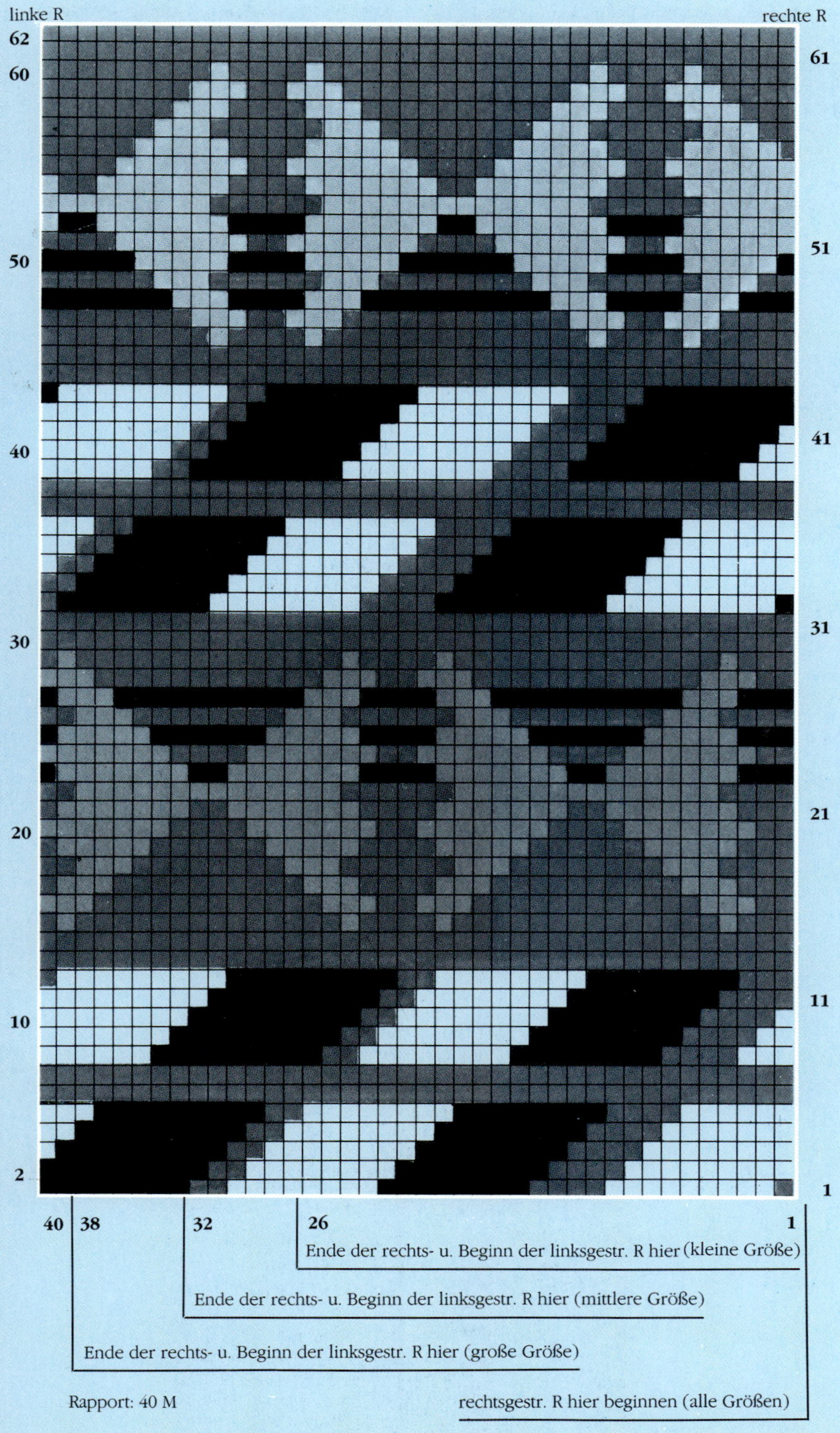

linke R
62
60

50

40

30

20

10

2

rechte R
61

51

41

31

21

11

1

40 | 38 | 32 | 26 | 1

Ende der rechts- u. Beginn der linksgestr. R hier (kleine Größe)

Ende der rechts- u. Beginn der linksgestr. R hier (mittlere Größe)

Ende der rechts- u. Beginn der linksgestr. R hier (große Größe)

Rapport: 40 M   rechtsgestr. R hier beginnen (alle Größen)

Extramaschen in den Rapport aufnehmen

Bei manchen Strickstücken werden die Seitenkanten geformt, indem die dafür benötigten Maschen an den Seiten zugenommen und die Extramaschen sofort in das Muster aufgenommen werden. Dafür müssen Sie mit der Masche genauso verfahren, als handelte es sich um die nächste Masche der Reihe. Wenn Sie z. B. mit Masche 16 eines Rapports, der 16 Grundmaschen umfaßt, Ihre Reihe beendet und Masche 16 verdoppelt haben, arbeiten Sie die neue Masche genauso wie Masche 1.

Den Rapport in der Höhe wiederholen

Die Anzahl der Wiederholungen des Rapports in der Höhe ist in den Modellbeschreibungen angegeben. Beim Hochstricken werden Sie sehen, daß die Anzahl der Reihen in bezug zu der ungefähren Länge des Strickstückes an einem bestimmten Punkt steht, und daß diese Maßangabe von der jeweiligen Maschenprobe abhängig ist. Wenn Sie nicht der Maschenprobe entsprechend arbeiten, werden Sie feststellen, daß die Maßangaben und die Anzahl der Reihen nicht übereinstimmen.

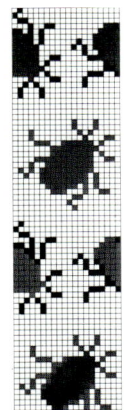

Ein Rapport in der Höhe

Am Pullover unten wird illustriert, wie der waagerechte und senkrechte Rapport wiederholt werden.

Nach komplizierten Strickschriften arbeiten

Manchmal paßt eine Strickschrift nicht in die Breite des Modells oder die Proportionen des Modells stimmen, wenn man die Größe verändert, nicht mehr mit den Angaben der Strickschrift überein. Um das Muster in den Reihen exakt zu arbeiten, ist es daher notwendig, einen weiteren Teil der Strickschrift hinzuzufügen. Das gilt auch für bestimmte Strickteile, z. B. für Ärmel. Obwohl man bei Vorder- und Rückenteil mit der ersten Masche des Rapports beginnt, muß man vielleicht bei den Ärmeln an einer anderen Stelle der Strickschrift beginnen. Z. B. kann ein Rapport für drei verschiedene Größen folgendermaßen geschrieben und gelesen werden: Teilen Sie das Muster in den rechtsgestrickten Reihen wie folgt auf: *Für die kleine Größe* M 1–40 1mal, dann M 1–26 1mal arbeiten; *für die mittlere Größe* M 1–40 1mal, dann M 1–32 1mal stricken; *für die große Größe* M 1–40 1mal, dann M 1–38 1mal stricken. Linksgestrickte R gegengleich arbeiten (d. h., M 26–1 1mal, dann M 40–1 1mal für die kleine Größe stricken usw.).

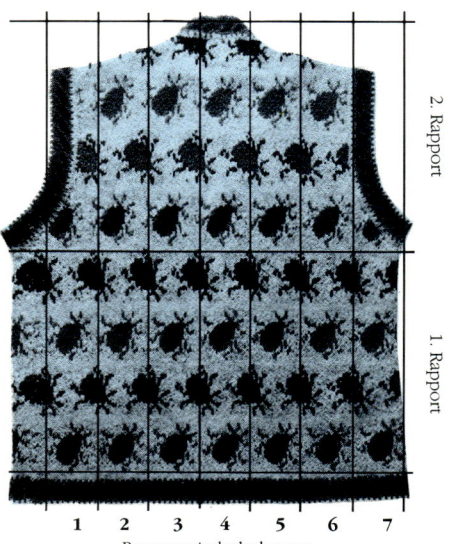

2. Rapport

1. Rapport

1   2   3   4   5   6   7
Rapportwiederholungen

135

Mit mehreren Farben stricken

Da die meisten Sasha-Kagan-Modelle mehrfarbig sind, sollten Sie mit verschiedenen Techniken vertraut sein, damit Ihr Modell auch gelingt. Wenn in einer Reihe mehr als eine Farbe verwendet wird, muß das nicht benötigte Garn auf der Rückseite der Arbeit mitgeführt werden, damit es jederzeit verfügbar ist. Da durch das Mitführen der Garne die Festigkeit des Gewebes beeinflußt wird, ist es wichtig, daß man es

richtig macht. Es gibt verschiedene Methoden, die Farbe zu wechseln und das Garn mitzuführen, welche sich auch nach der jeweiligen Art des Strickteiles richten; diese Methoden werden unten im einzelnen erklärt. Garnspulen sind eine große Hilfe.

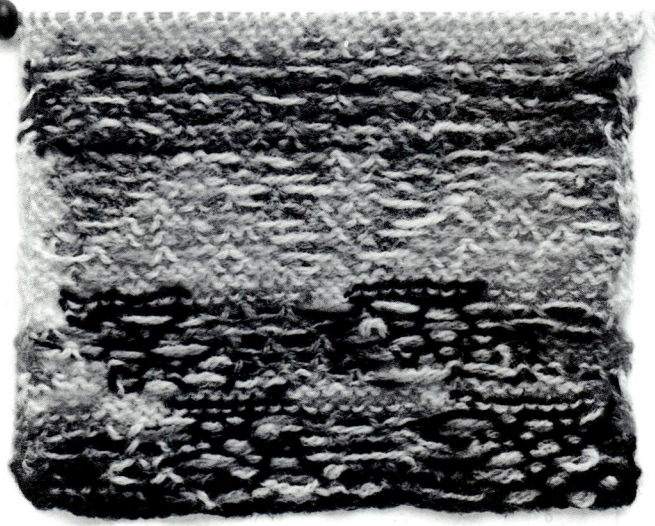

Versäubern sie die Fäden auf der Rückseite so gut wie möglich.

Farbwechsel am Anfang der Reihe

Wenn Sie z.B. ein mehrfarbiges Bündchen oder Rückenteil im Rippenmuster stricken, sollten Sie jeweils zu Beginn einer Reihe die Farbe wechseln. Wenn Sie mit zusätzlichen Farben arbeiten, ist es am besten, das Garn an den Seiten der Arbeit hängen zu lassen, bis es wieder benötigt wird. Nach Beendigung des Farbwechsels die Fäden an den Kanten oder auf der Rückseite glattstreichen.

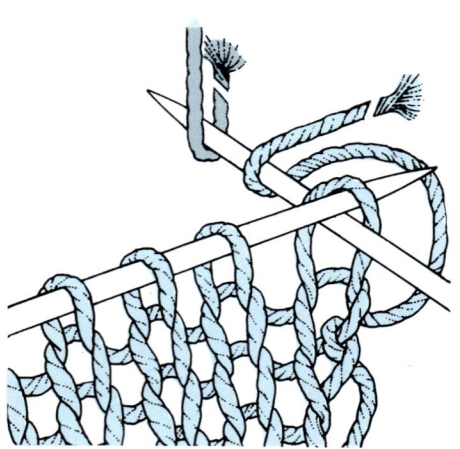

1. Die rechte Nadel in die erste Masche der linken Nadel einstechen und zuerst das alte, dann das neue Garn darumlegen. Mit beiden Fäden die Masche rechts oder links abstricken.

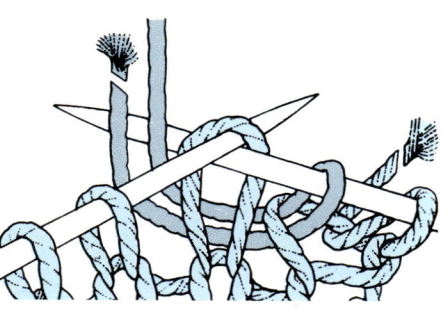

2. Das alte Garn auf der Rückseite hängenlassen und die nächsten beiden Maschen mit dem doppelten Ende des neuen Fadens abstricken.

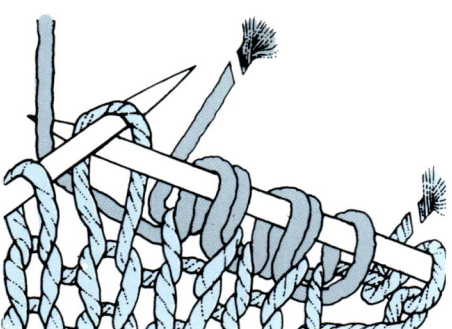

3. Das kurze Ende des neuen Fadens hängenlassen und wie gewöhnlich weiterstricken. In der folgenden Reihe die drei Doppelmaschen wie eine Masche abstricken.

Farbwechsel in der Mitte der Reihe

Diese Methode ist nur dann von Vorteil, wenn ein kleiner Bereich in einer anderen Farbe gestrickt werden soll, aber nicht, wenn eine Farbe in derselben Reihe wiederholt wird. Wenn Sie für jeden Farbblock innerhalb eines großflächigen Musters das Garn neu ansetzen, werden Sie feststellen, daß Ihre Maschenprobe nicht mehr stimmt, das Modell viel größer ausfällt und an den Ansatzstellen Löcher entstanden sind.

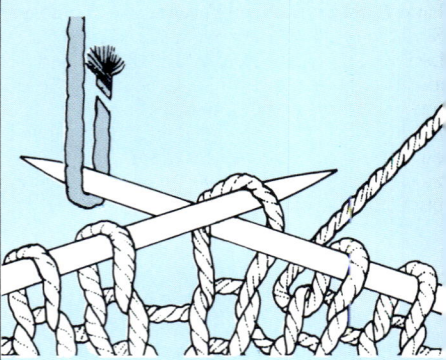

1. Stechen Sie mit der rechten Nadel in die erste Masche der linken Nadel ein. Legen Sie den neuen Faden um die Nadel und stricken Sie die erste Masche mit dem neuen Garn rechts (oder links). Lassen Sie das alte Garn auf der Rückseite herunterhängen.

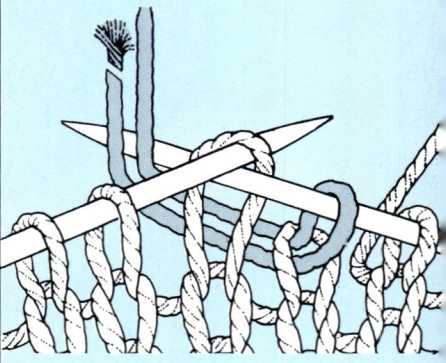

2. Stricken Sie die nächsten beiden Maschen mit dem doppelten neuen Faden rechts (oder links) ab.

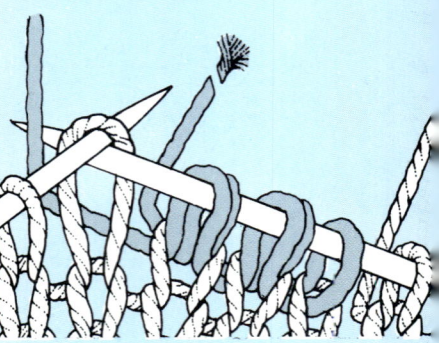

3. Lassen Sie das kurze Ende des neuen Fadens herunterhängen und arbeiten Sie wie gewöhnlich weiter. In der folgenden Reihe stricken Sie die Doppelmasche wie eine Masche ab.

Das Garn auf der Rückseite mitführen

Die beiden folgenden Methoden eignen sich, wenn verschiedene Farbwechsel innerhalb einer Reihe vorgeschrieben sind. Bei beiden Methoden wird vermieden, daß Löcher an den Ansatzstellen entstehen. Entscheiden Sie sich für die Ihnen angenehmste Art. Das Einweben hat den Vorteil, daß die Rückseite der Arbeit sauber und fest ist, während die Fäden beim Mitführen locker herunterhängen und leicht herausgezogen werden können. Ob Sie die Fäden mitführen oder einweben − versuchen Sie, sich so exakt wie möglich an die vorgegebene Maschenprobe zu halten. Sie können auch beide Techniken gleichzeitig anwenden, indem Sie die unregelmäßig benutzten Garne mitführen und die regelmäßig erscheinenden einweben. Im allgemeinen sollten Fäden über zwei bis maximal fünf Maschen mitgeführt, darüber hinaus eingewebt werden.

Das Garn mitführen

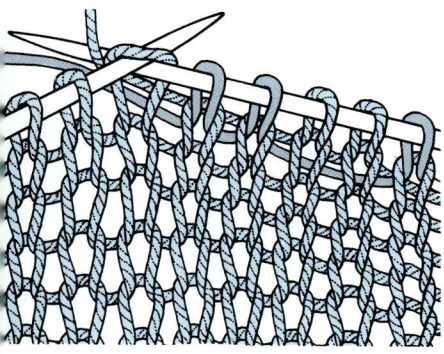

In einer rechtsgestrickten Reihe
Während beide Garne auf der Rückseite der Arbeit liegen, stricken Sie die erforderliche Anzahl von Maschen rechts mit Garn A (in diesem Fall 2 M) und lassen es dann hängen. Stricken Sie mit Garn B die erforderliche Anzahl von Maschen links und lassen es ebenfalls hängen. Beide Garne sollten locker auf der Rückseite mitgeführt werden.

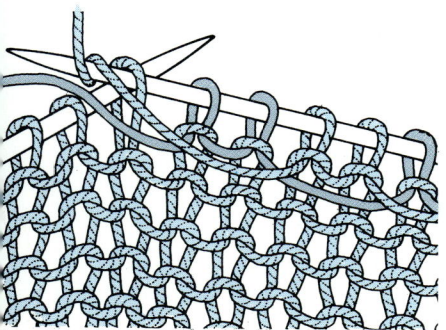

In einer linksgestrickten Reihe
Während beide Garne auf der Vorderseite der Arbeit liegen, stricken Sie die erforderliche Anzahl von Maschen links mit Garn A (in diesem Fall 2 M) und lassen es dann hängen. Stricken Sie mit Garn B die erforderliche Anzahl von Maschen links und lassen es ebenfalls hängen. Beide Garne sollten locker auf der (Ihnen zugewandten) Seite mitgeführt werden.

Das Garn einweben

In einer rechtsgestrickten Reihe

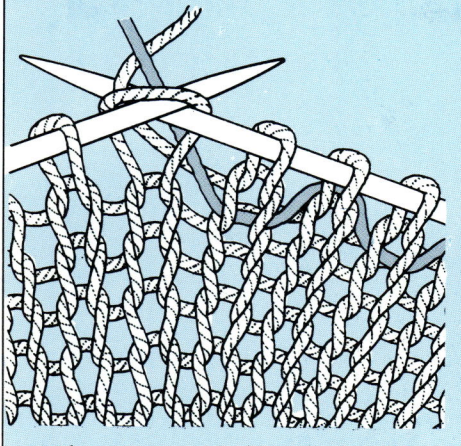

1. Halten Sie Garn A in der rechten und Garn B in der linken Hand auf der Rückseite der Arbeit.

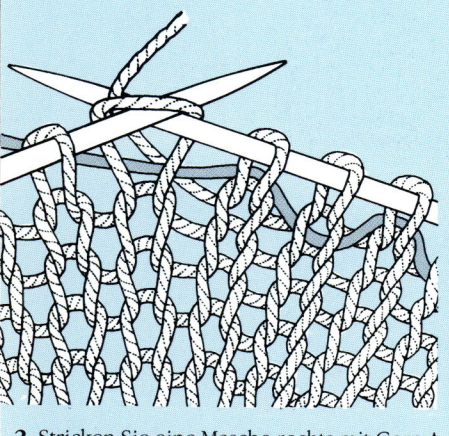

2. Stricken Sie eine Masche rechts mit Garn A und legen Sie gleichzeitig Garn B unter Garn A. Wird Garn B benötigt, Garn A wie oben beschrieben einweben.

In einer linksgestrickten Reihe

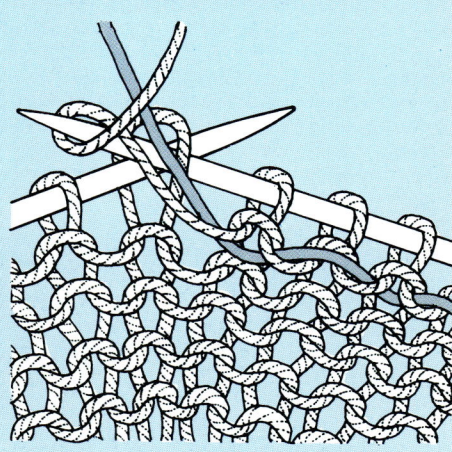

1. Halten Sie Garn A in der rechten und Garn B in der linken Hand auf der Vorderseite der Arbeit.

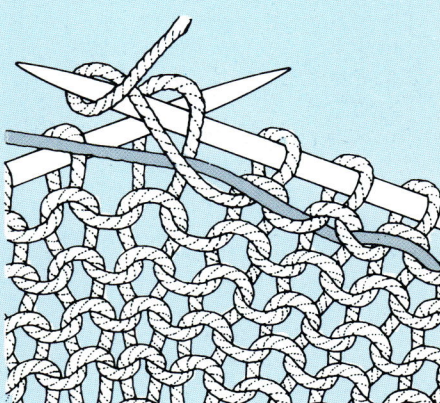

2. Stricken Sie eine Masche links mit Garn A und legen Sie nun Garn B unter Garn A. Wird Garn B benötigt, Garn A wie oben beschrieben einweben.

Überprüfung der Technik

Um zu verhindern, daß sich die verschiedenen Garne verheddern, müssen sie auf der Rückseite der Arbeit ausgerichtet werden, ohne das Muster zu beeinträchtigen oder unbeabsichtigte Effekte zu verursachen.

Wenn Sie die Garne richtig eingewebt haben, liegen die Fäden glatt und gleichmäßig hoch. Zieht sich das Gewebe zusammen, haben Sie die Fäden zu stark angezogen. Es ist besser, die Fäden etwas lockerer als zu fest mitzuführen.

Wenn Sie die Garne richtig mitgeführt haben, laufen die Fäden gleichmäßig und so fest wie das übrige Strickteil auf der Rückseite der Arbeit mit. Ausbuchtungen deuten darauf hin, daß Sie das Garn zu fest angezogen haben.

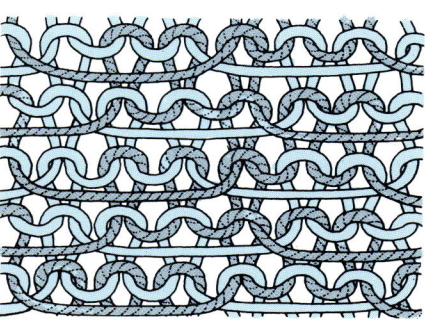

Maschen aufnehmen und im Rippenmuster stricken

Nachdem Sie Vorder-, Rückenteil und Ärmel fertiggestellt haben, werden normalerweise die vorderen Blenden, Arm- und Halsausschnittblenden sowie die Taschenblenden gearbeitet. Hat das Modell einen Kragen, wird dieser nach der Fertigstellung der Hauptteile gestrickt und angenäht. Alle diese kleineren Strickteile sind im Rippenmuster, 1 Masche rechts, 1 Masche links, gestrickt (s. S. 130), und werden normalerweise an einer abgeketteten oder Seitenkante angesetzt. Dafür muß man aus den Kanten Maschen aufnehmen und das Rippenmuster aus diesen Maschen herausstricken. Manchmal müssen zuvor die Schulternähte geschlossen und bestimmte Maschen aufgetrennt werden. (Genaue Anleitung siehe rechts.)

Maschen aufnehmen

Maschen werden immer auf der rechten Seite der Arbeit aufgenommen. Wo Sie damit beginnen, ist von der Art des Strickteiles abhängig, da Sie stets von rechts nach links arbeiten. Wenn Sie z. B. Maschen aus der rechten vorderen Öffnungskante einer Weste aufnehmen möchten, beginnen Sie an der Saumkante. Für die linke vordere Öffnungskante fangen Sie in der hinteren Halsausschnittmitte an. Die Anzahl der aufzunehmenden Maschen entspricht nicht zwangsläufig der Anzahl der Reihen an der Kante, aus der Sie die Maschen aufnehmen. Die Anzahl der benötigten Knopflöcher und die Anzahl der Maschen, die dazwischen liegen, ergeben die aus der vorderen Öffnungskante aufzunehmende Maschenzahl. Um einen festen, sauberen Abschluß zu erhalten, sollten Sie die Maschen aus der letzten Strickreihe vor der abgeketteten oder Seitenkante aufnehmen. Wenden Sie diese Methode, Maschen aufzunehmen, für Knopflöcher, Knopfleisten, Arm- und Halsausschnittblenden sowie Taschenblenden und -futter an. Nach der Maschenaufnahme arbeiten Sie wie beim Bündchen im Rippenmuster, 1 Masche rechts, 1 Masche links, weiter. Manchmal wird in der letzten Rippenmusterreihe ein kontrastierendes Garn verwendet. In diesem Fall sollten Sie alle Maschen auch in der neuen Farbe abketten.
Maschen, die auf einer Hilfsnadel stillgelegt wurden, übernimmt man einfach auf die Stricknadel und strickt sie zusammen mit den übrigen Maschen im Rippenmuster ab.

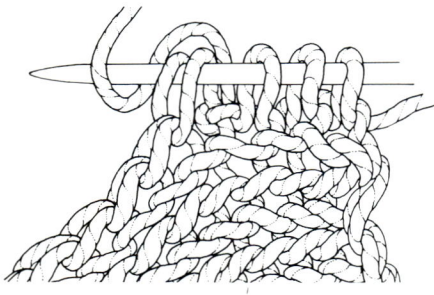

1. Die Nadel unter der abgeketteten Masche einstechen und das Garn wie beim rechts Stricken um die Nadel legen.

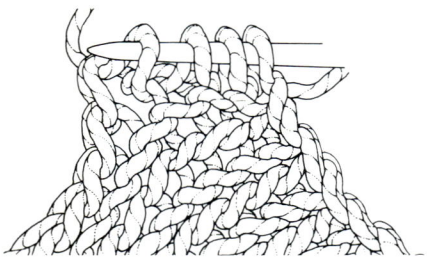

2. Das Garn durch die abgekettete Masche ziehen und die Schlinge auf der Nadel lassen.

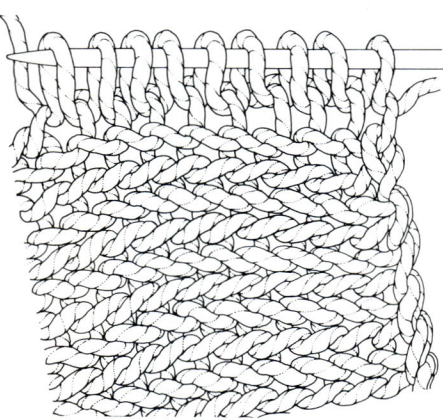

3. Weitere Maschen so aufnehmen, wobei die Nadel stets in einen festen Teil der Arbeit einsticht, bis die erforderliche Maschenzahl erreicht ist. Die Fadenenden nach der Fertigstellung vernähen.

Kanten

Die Seiten eines Strickteils werden auch Kanten genannt. Diese sollten möglichst gerade gearbeitet werden. Es gibt verschiedene Arten, die Randmaschen zu stricken; wir empfehlen Ihnen, sie glatt rechts oder links zu arbeiten. Die erste und letzte Masche sollten fest sein, besonders an den vorderen Öffnungs- und Armausschnittkanten, da später Maschen daraus aufgenommen werden. In rechtsgestrickten Reihen werden die Randmaschen rechts, in linksgestrickten links gearbeitet.

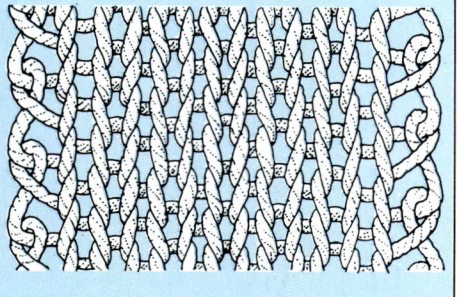

Knopfleiste

Schließen Sie die Schulternähte. Arbeiten Sie nach der Maschenaufnahme die erforderliche Reihenzahl im Rippenmuster wie für das Modell beschrieben. Die erste Knopflochkante befindet sich normalerweise in einer Hinreihe. Knopflöcher werden meistens über drei Maschen gearbeitet, was zu berücksichtigen ist, wenn Sie die Maschenzahl zwischen den Knopflöchern berechnen wollen. Für unsere Modelle sind die Knopflochpositionen bereits festgelegt. Arbeiten Sie die nötige Maschenzahl wie gewöhnlich im Rippenmuster, dann ketten Sie drei Maschen ab, stricken die angegebene Maschenzahl zwischen dieser und der nächsten Knopflochkante im Rippenmuster usw., bis Sie die richtige Anzahl Knopflöcher gefertigt haben. In der nächsten Reihe stricken Sie wie zuvor im Rippenmuster zurück, aber schlagen, wenn Sie die abgeketteten Maschen der Vorreihe erreichen, diese direkt darüber wieder an. Dann fahren Sie im Rippenmuster fort und ketten alle Maschen wie angegeben ab.

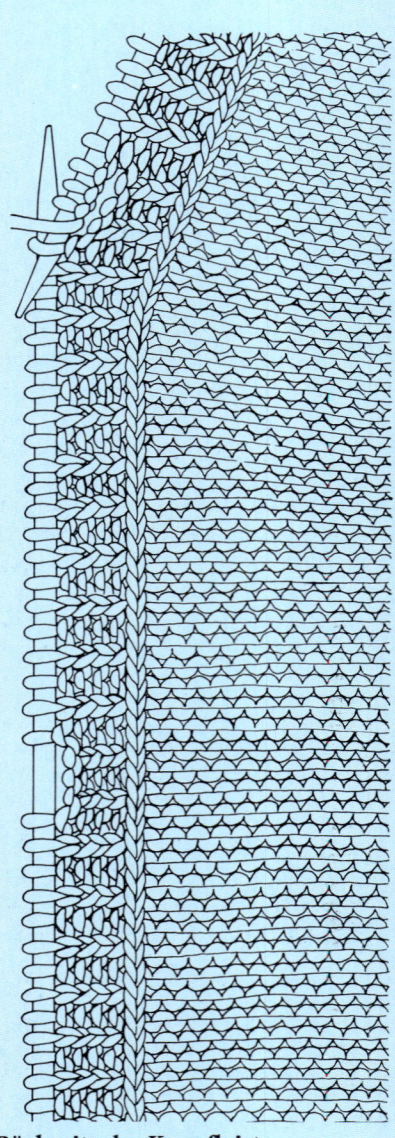

Rückseite der Knopfleiste

Halsausschnittblenden

Die Maschen aus dem Halsausschnitt können entweder mit einem Nadelspiel oder Rundstricknadeln bzw. mit zwei Nadeln wie bei der Knopfleiste aufgenommen und dann mit einer flachen Naht zusammengefügt werden. Wenn Sie zwei Nadeln verwenden, müssen Sie zuvor eine Schulternaht schließen. Wenn Sie in Runden stricken, sollten beide Schulternähte geschlossen werden (s. S. 133, Rundstricken). Die Halsausschnittblende wie alle anderen Blenden fertigstellen.

Taschen

Bei Taschen wird entweder die untere Kante der Taschenöffnung abgekettet oder diese Maschen werden auf eine Hilfsnadel gelegt. Die notwendige Maschenzahl wird aus der abgeketteten Kante aufgenommen. Die Taschenblende wird dann wie üblich im Rippenmuster gearbeitet. Sind die Maschen auf einer Hilfsnadel stillgelegt, werden sie von der Hilfsnadel im Rippenmuster abgestrickt.
Taschenfutter werden auf ähnliche Weise direkt aus einer abgeketteten Kante aufgenommen oder in das Vorderteil eingearbeitet. Werden sie aus einer Anschlagkante herausgestrickt, nehmen Sie die Maschen wie gewohnt auf, aber stricken Sie das Futter glatt rechts und nicht im Rippenmuster.

Fertigstellung

Viele Modelle in diesem Buch basieren auf sechs Grundformen; für sie gelten dieselben Methoden der Fertigstellung. Umseitig werden die wichtigsten Schritte am Beispiel einer Weste, eines Pullunders, eines Pullovers mit U-Boot-Ausschnitt, einer Jacke im Cardigan-Stil und rundem Ausschnitt erklärt. Detaillierte Anweisungen sind bei jedem Modell, z. B. bei Schößchenjacken, Mützen und Stulpen angegeben. Vor der Fertigstellung sollten Sie die einzelnen Teile spannen (siehe rechts).

Nähte

Es gibt verschiedene Methoden, Strickteile zusammenzufügen. Folgende eignen sich besonders für die im Buch angegebenen Modelle. Nehmen Sie hierfür ein auf die Hauptfarbe oder den Hintergrund abgestimmtes Garn.

Kammnaht

Verwenden Sie diese Technik bei Ärmel-, Schulter- und Seitennähten. Da hier von rechts nach links gearbeitet wird, läßt sich das Muster leichter beachten. Bei der Kammnaht entsteht auf der Innenseite eine sichtbare Erhöhung; die rechte Seite der Arbeit wirkt jedoch sauberer als bei einer Flachnaht. Legen Sie die zusammenzunähenden Teile Kante an Kante mit der rechten Seite nach oben genau, d. h., Reihe neben Reihe und Masche neben Masche, ne-

beneinander. Mit dem Arbeitsfaden, von rechts angefangen, wie bei einer Flachnaht arbeiten, dabei aber nicht in die Randmaschen, sondern eine Masche daneben einstechen.

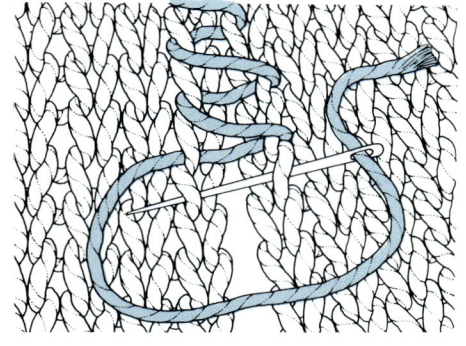

Flachnaht

Sie eignet sich besonders zum Zusammensetzen von Vorderteil-, Hals- und Armausschnittblenden und wird auf der rechten Seite der Strickteile gearbeitet.
Legen Sie die zusammenzusetzenden Teile Kante an Kante mit der rechten Seite nach oben, d. h., Reihe neben Reihe und Masche neben Masche, nebeneinander. Mit dem Arbeitsfaden die Maschen so zusammennähen, daß die Kanten exakt aufeinandertreffen.

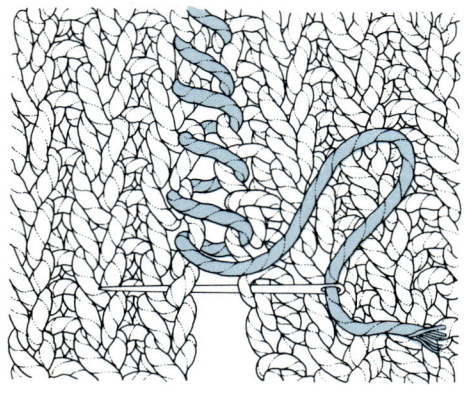

Rückstichnaht

Teile vorher dem Muster entsprechend zusammenstecken, da von links zusammengenäht wird.

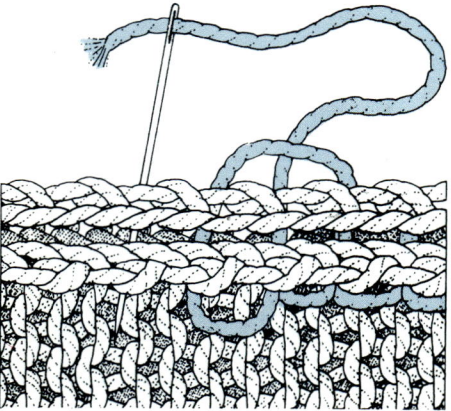

Techniken bei der Fertigstellung

Bevor die einzelnen Strickteile zusammengenäht werden, sollten Sie sie spannen und dämpfen, um einen tadellosen Sitz zu gewährleisten. Richten Sie sich dabei gegebenenfalls nach den Anweisungen auf der Garnbanderole. Die Teile werden trocken gespannt und unter einem feuchten Tuch gedämpft.
Manche Teile müssen vor dem Zusammennähen gespannt oder in Form gebracht werden. Breiten Sie eine gefaltete Decke oder ein Tuch glatt auf dem Tisch aus. Legen Sie das Strickteil mit der linken Seite nach oben darauf. Stecken Sie die Kanten mit rostfreien Stecknadeln auf der Unterlage fest und ziehen Sie das Teil leicht in Form, um die Konturen zu korrigieren. Achten Sie darauf, daß die Reihen gerade verlaufen. Das Gewebe nicht zu stark verziehen oder dehnen, da es sonst beim Tragen wieder die Originalform annimmt.

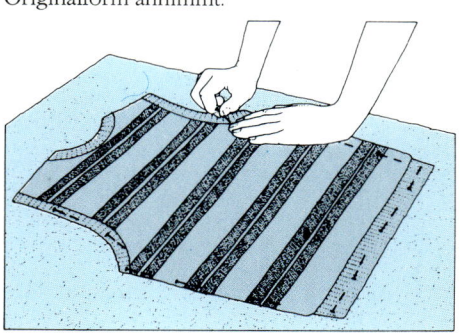

Spannen

Nach dem Spannen werden die Strickteile gedämpft. Dazu brauchen Sie ein warmes Bügeleisen und ein sauberes, saugfähiges und feuchtes Tuch. Setzen Sie das Bügeleisen leicht auf das Tuch und heben Sie es an, ohne es über die Oberfläche zu ziehen. Nicht zu stark aufdrücken, damit das Gewebe nicht flachgedrückt wird. Die Nadeln erst herausnehmen, wenn die Teile abgekühlt und trocken sind.
Rippenmuster und bestimmte Reliefmuster, wie z. B. das Türkische Muster, dürfen nicht gedämpft werden, da das Gewebe sonst seine Elastizität verliert.

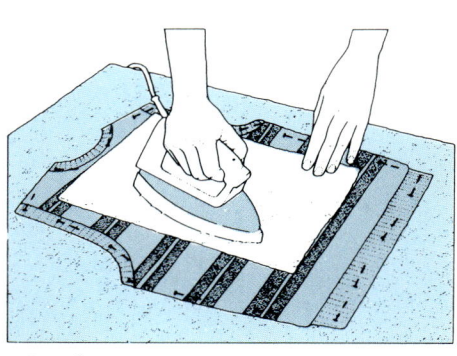

Dämpfen

Weste

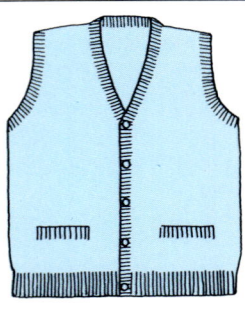

Bevor Sie die Vorderteil- und Armausschnittblenden stricken, müssen Sie die Schulternähte schließen. Wenn Sie die Vorderteil- und Armausschnittblenden sowie die Taschen fertiggestellt haben, schließen Sie die Seitennähte. Beginnen Sie an der Saumkante, aber achten Sie beim Bündchen darauf, daß es am Saum nicht beult. Schließen Sie beide Armausschnittblenden an den Unterarmpunkten mit einer flachen Naht. Schließen Sie die Vorderteilblenden in der hinteren Halsausschnittmitte ebenfalls mit einer flachen Naht. Arbeiten Sie die Taschen wie rechts angegeben.

Zopfbordüren

Die Zopfbordüren (s. Modell »Schmetterling« S. 98 und »Foxterrier« S. 114) an den Armausschnitten und vorderen Öffnungskanten werden separat gearbeitet und angenäht. Zuvor müssen die Schulter- und Seitennähte der Weste geschlossen werden. Die Bordüren werden an der Unterkante des Armausschnittes angesetzt und sollten flach liegen. Legen Sie die Schmalseiten der Zopfbordüre übereinander, so daß die linke Seite der oberen auf der rechten Seite der unteren liegt. Feststecken und eventuell den Sitz korrigieren. Dann um die überlappenden Enden herumnähen. Das »V« unten in den Armausschnitt einpassen und am Armausschnitt festnähen. Mit der Bordüre für das zweite Armloch genauso verfahren.

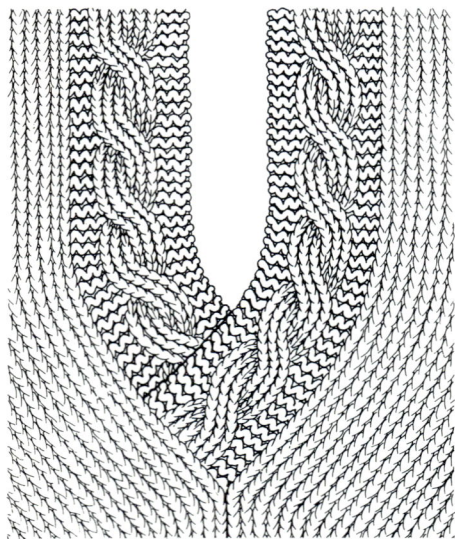

Taschen

Kehren Sie die Innenseite der Weste nach außen und legen Sie das Taschenfutter jeweils auf die Rückseite des Vorderteils. Heften Sie die drei freien Futterseiten mit schmalen, auf der Vorderseite unsichtbaren Stichen an. Kehren Sie die Außenseite der Weste wieder nach außen und nähen Sie die Seiten der Taschenblenden mit schmalen, unsichtbaren Stichen an die Vorderteile der Weste.

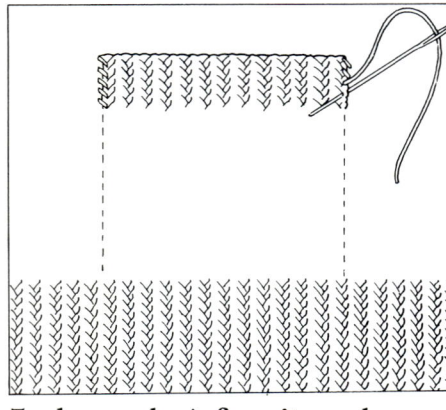

Tasche, von der Außenseite gesehen

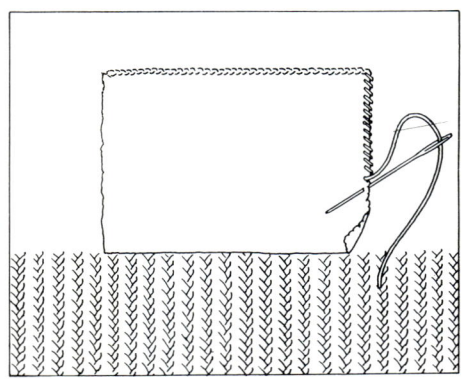

Tasche, von der Innenseite gesehen

Pullunder

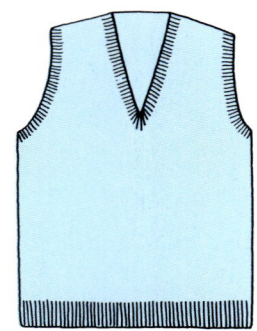

Schließen Sie eine Schulternaht und stricken Sie die Halsausschnittblende, wie angegeben, im Rippenmuster. Schließen Sie die 2. Schulternaht und arbeiten Sie nun die Armausschnittblende. Schließen Sie die Enden der Halsausschnittblende mit einer flachen Naht. Schließen Sie, an der Saumkante beginnend, die Seitennähte bis zur Armausschnittblende, und nähen Sie die beiden Enden der Armausschnittblende an den Unterarmpunkten mit einer Flachnaht zusammen.

Pullover mit U-Boot-Ausschnitt

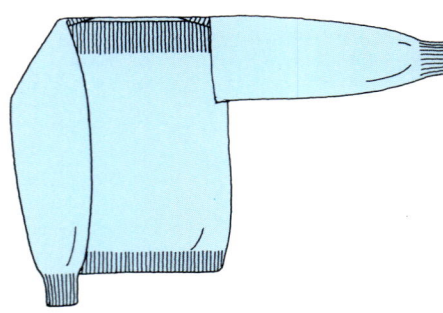

Seitennähte schließen. Die vordere Rippenblende des Ausschnittes an den Schultern jeweils 4 cm breit über die hintere legen. Feststecken und sauber, an der Außenkante der Schulter beginnend, jeweils 5 cm nähen. Die Naht nicht direkt auf die Rippenkante, sondern 1 cm daneben setzen.

Ärmel

Schließen Sie, am Bündchen beginnend, die Ärmelnähte (wobei Sie darauf achten sollten, daß keine Beulen entstehen) und lassen Sie oben jeweils 4 cm offen. Setzen Sie den Ärmel in den Armausschnitt ein; die beiden Abschnitte der 4 cm offenen Naht werden dabei an der geraden abgeketteten Unterkante des Armausschnittes festgesteckt. Die Ärmelweite oben leicht einhalten. Den Ärmel rundum feststekken, dann annähen.

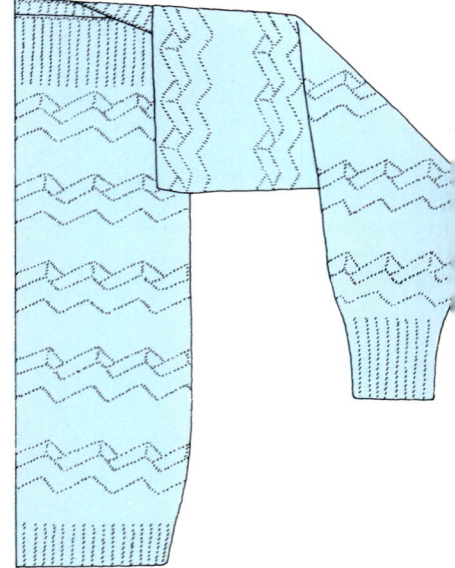

Pullover mit rundem Ausschnitt

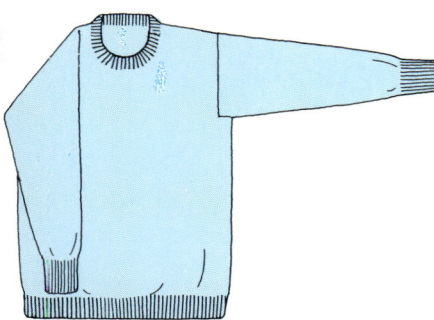

Bevor Sie die Halsausschnittblende arbeiten, Schulternähte schließen. Halsausschnittblende mit einer Flachnaht (wenn sie nicht rundgestrickt ist) schließen. Die Seitennähte schließen und Ärmel wie beim Pullover mit U-Boot-Ausschnitt einsetzen.

Jacke mit V-Ausschnitt

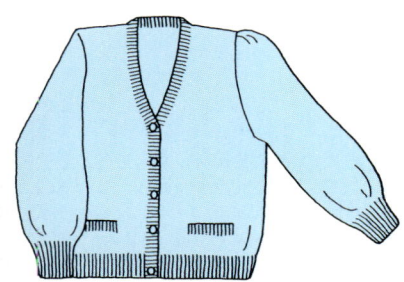

Schulternähte schließen, bevor Sie die vorderen Blenden stricken. Die vorderen Blenden in der hinteren Halsausschnittmitte mit einer flachen Naht zusammennähen. Seitennähte schließen; dabei an der Saumkante beginnen und darauf achten, daß keine Beulen entstehen. Die Taschen wie bei der Weste annähen.

Ärmel

Die obere Ärmelkante ist größer als der Armausschnitt und wird daher gefältelt eingenäht. Ärmelnähte jeweils schließen, Ärmel im Armausschnitt feststecken und oben jeweils in 4 schmale Falten legen, so daß er in den Armausschnitt paßt. Einnähen.

Jacke mit rundem Ausschnitt

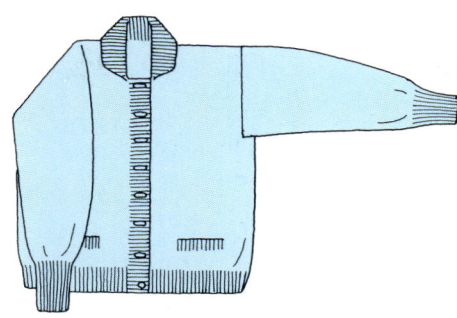

Arbeiten Sie die vorderen Blenden nur an den vorderen Öffnungskanten entlang. Schulter- und Seitennähte schließen. Die Taschen wie bei der Weste annähen. Die Ärmelnähte schließen und die Ärmel wie beim Pullover mit U-Boot-Ausschnitt einsetzen.

Kragen

Der Kragen wird separat gearbeitet und dann angenäht. Die geformte Anschlagkante des Kragens im Halsausschnitt, an der Innenkante der linken vorderen Blende beginnend, bis zur rechten vorderen Blende feststecken und annähen. Dann den Kragen zur Hälfte zusammenlegen, so daß die abgekettete Kante über der soeben festgenähten Anschlagkante liegt. Die abgekettete Kante so feststecken, daß sie die Halsnaht bedeckt, und rundum anheften.

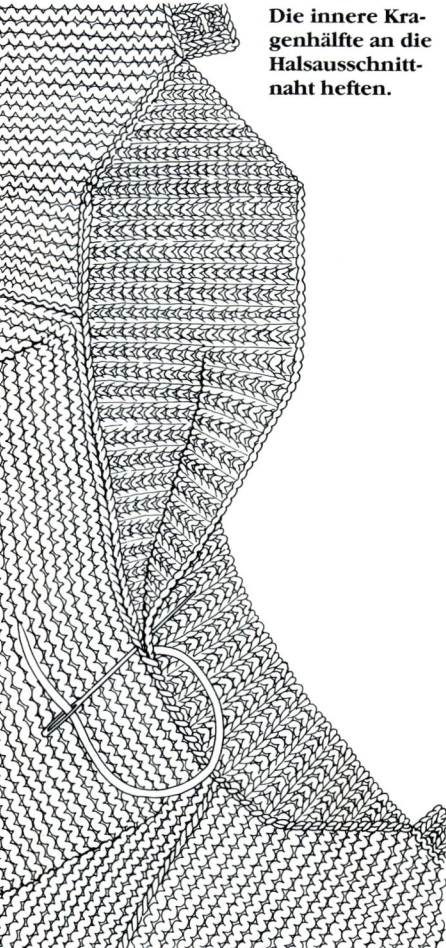

Die innere Kragenhälfte an die Halsausschnittnaht heften.

Knopfloch häkeln

Die Schößchenjacken (Modell „Zickzack" S. 71 und „Quadrate auf Schwarz" S. 36) werden in der Taille mit einem gehäkelten Knopfloch Kante auf Kante geschlossen. Dieses Knopfloch besteht aus einer Luftmaschenkette, die mit dem Hauptgarn gearbeitet wird.

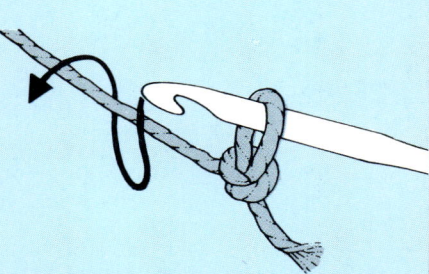

1. Formen Sie eine Luftmaschenschlinge (s. S. 126). Spannen Sie den Faden in Ihrer linken und halten Sie die Häkelnadel mit der Luftmasche in der rechten Hand. Führen Sie die Nadel erst unter, dann über den Faden durch und holen Sie ihn zur Schlinge.

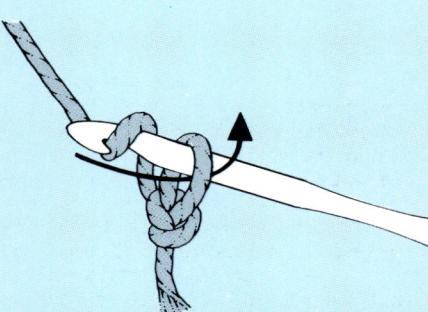

2. Ziehen Sie die Häkelnadel mit dem Faden durch die Luftmasche; so entsteht eine Luftmaschenkette.

3. Wiederholen Sie Schritt 2, bis die Kette die erforderliche Länge hat. Nähen Sie die Kette mit passendem Garn in Taillenhöhe an das Modell.

Abkürzungen

abgeh. M	Abgehobene Masche
abh.	Abheben
abgestr. M	Abgestrickte Masche
abk.	Abketten
abn.	Abnehmen
anschl.	Anschlagen
g	Gramm
Hinr.	Hinreihe
l	Links
M	Masche
Perlm.	Perlmuster = 1 M r, 1 M l; nächste R: 1 M l, 1 M r
r	Rechts
R	Reihe
Rd	Runde
Rückr.	Rückreihe
verk. R.	Verkürzte Reihe
zun.	Zunehmen
zus.str.	Zusammenstricken
*	Alle Anweisungen nach dem Sternchen wiederholen
()	Alle Anweisungen in Klammern so oft wie angegeben wiederholen

Sasha-Kagan-Garn-Service

Wenn Sie an den Original-Sasha-Kagan-Garnen interessiert sind, schicken Sie bitte Ihre Bestellung zusammen mit einer Fotokopie des Modells, das Sie gerne stricken möchten, an folgende Adresse:

Sasha Kagan Yarns
P.O. Box 12
Newtown
Powys
Wales SY16 1AB
Großbritannien

Falls Sie sich für fertige Modelle interessieren, schreiben Sie bitte an folgende Adresse:

Sasha Kagan (Sweater Service)
12 Great Oak Street
Llandiloes
Powys
Wales SY16 6AA
Großbritannien

Strickwaren waschen

Waschen Sie Ihr Strickstück immer mit einem milden Wollwaschmittel und mit handwarmem Wasser. Prüfen Sie vor dem Waschen, ob Ihr Kleidungsstück farbecht ist, indem Sie einen kleinen Teil ins Wasser halten. In einem weißen Tuch ausdrücken. Bleibt eine Farbspur zurück, sollten Sie es in kaltem Wasser waschen.

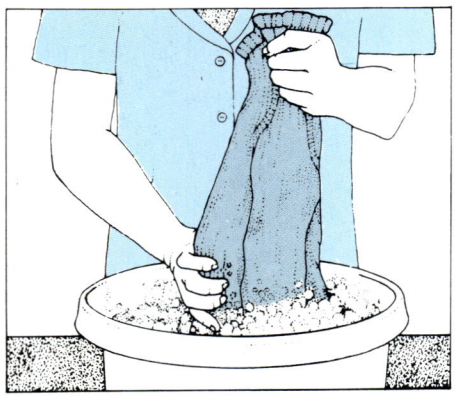

1. Das Kleidungsstück leicht in der Lauge ausdrücken, niemals rubbeln. Nicht in der Lauge einweichen, sondern schnell klarspülen und herausnehmen. Erst wenn das Wasser sauber bleibt, den Nachspülgang beenden. Eventuell Weichspüler in den letzten Spülgang geben.

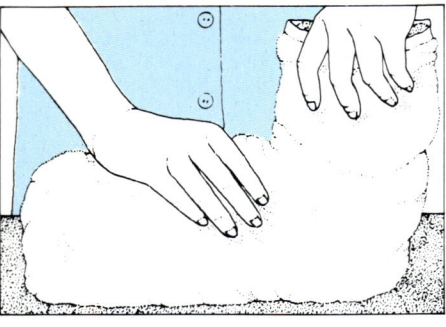

2. Das Kleidungsstück auf ein nach Möglichkeit weißes Handtuch legen und beides zusammen aufrollen. Sie können weitere Handtücher darauflegen, damit das Wasser besser abgesaugt werden kann. Die Rolle mit den Händen zusammendrücken oder mit den Fäusten »klopfen« Ist das Kleidungsstück noch sehr naß oder wollen Sie den Trockenvorgang verkürzen, weitere Handtücher zu Hilfe nehmen und den Arbeitsgang wiederholen.

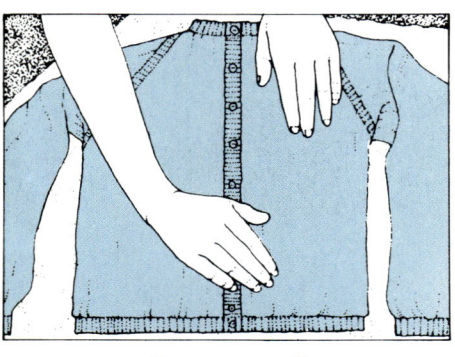

3. Zum Schluß das Kleidungsstück flach auf einem trockenen Handtuch ohne zusätzliche Wärmeeinwirkung ausbreiten. Das Strickmodell in Form ziehen. Legen Sie es in den Schrank, anstatt es auf den Bügel zu hängen, damit es nicht die Form verliert.

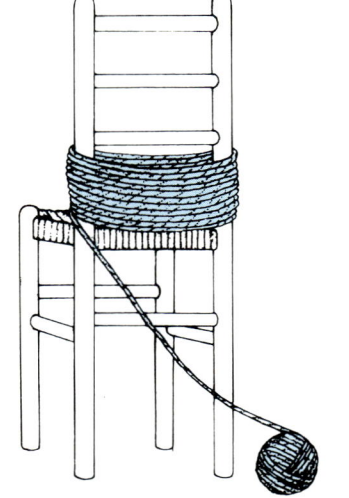

Garn wiederbenutzen

Wenn Sie ein Strickmodell auftrennen möchten, öffnen Sie zunächst die Nähte und markieren Sie die letzte abgekettete Masche. Trennen Sie von dieser Stelle ausgehend auf und winden Sie das Garn um die Rücklehne eines Stuhles damit es nicht verwickelt oder verzogen wird und sich anschließend leichter waschen läßt. Befestigen Sie den Strang an beiden Seiten und das Garnende im Strang. Das Garn handwarm waschen und nach dem Trocknen zu lockeren Knäueln aufwickeln.

Selbstnähen ist „in":

Im Kleiderbuch finden Sie 50 Modelle
mit vier Schwierigkeitsgraden,
außerdem eine ausführliche und gründliche Nähschule
für Anfänger und Ungeübte.

160 Seiten, durchgehend 4farbig, Großformat!

Mosaik
M